EU ME LEMBRO

SELTON MELLO

EU ME LEMBRO

EU ME LEMBRO

FOTOS DA CAPA E DO ENSAIO PRINCIPAL: *Maurício Nahas*
DEMAIS FOTOS: *Caiuá Franco (p. 341), Chico Lima (p. 184 fundo), Guilherme Maia/Vania Catani/Bananeira Filmes (p. 263 meio, 264 fundo, 266 e 268), Gustavo Zylbersztajn/Moonshot Pictures (p. 265), LFC Produções Artísticas e Raquel Couto (p. 189 topo e esq.), Mariza Leão/Morena Filmes (p. 184 topo e 264 meio), Paula Huven/Vania Catani/Bananeira Filmes (p. 262 e 263 topo e fundo), Paula Lavigne/Uns Produções e Filmes (p. 264 topo), Rodrigo Monte (p. 183 dir. e fundo), Walter Carvalho/LFC Produções Artísticas e Raquel Couto (p. 189)*
TRANSCRIÇÃO DE ÁUDIOS: *Neto Ponte, Elisa Guimarães, Glauco Lessa*
PREPARAÇÃO DE TEXTO: *Leonel Caldela*
REVISÃO: *Emerson Xavier, Maria Suzana Neumann, Victória Cernicchiaro*
PROJETO GRÁFICO E DIAGRAMAÇÃO: *André Carvalho*
EDIÇÃO: *Guilherme Dei Svaldi*
EDITORA-CHEFE: *Karen Soarele*

Copyright © 2023 JAMBÔ EDITORA LTDA.
Todos os direitos reservados. Proibida a reprodução, no todo ou em parte, por qualquer meio, sem autorização prévia e por escrito da editora.

Rua Coronel Genuíno, 209 • Porto Alegre, RS
contato@jamboeditora.com.br
www.jamboeditora.com.br
❶ ◉ ❷ ❸ ❹ @jamboeditora

4ª impressão: fevereiro de 2024 | ISBN 978658863472-1

M527e	Mello, Selton
	Eu me lembro / Selton Mello. Porto Alegre: Jambô, 2023.
	344p. il.
	1. Mello, Selton. 2 Atores e atrizes de cinema - Biografia. 3. Autobiografia. I. Nahas, Maurício. II. Título.
	CDU 929:Mello

Este livro possui fotografias do acervo pessoal de Selton Mello, cujos fotógrafos são desconhecidos. A editora agradece quaisquer informações relativas à autoria dessas fotos, e se compromete a incluí-las em futuras reimpressões.

SUMÁRIO

Fernanda Montenegro	12	Pedro Bial	194
Matheus Nachtergaele	18	Simone Spoladore	200
Paulo José	21	Raí	206
Marjorie Estiano	28	Nathalia Timberg	212
Rodrigo Santoro	34	Leticia Colin	218
Alice Wegmann	40	Rolando Boldrin	224
Lázaro Ramos	50	Aracy Balabanian	232
Moacyr Franco	58	Christian Malheiros	236
Oberdan Júnior	64	Jackson Antunes	242
Leticia Sabatella	78	Fernanda Torres	246
Fábio Assunção	98	Luana Xavier	274
Zezé Motta	108	Débora Falabella	282
Jeferson Tenório	114	Tonico Pereira	286
Johnny Massaro	124	Ana Paula Maia	292
Pedro Paulo Rangel	130	Camila Pitanga	298
Larissa Manoela	136	Zuenir Ventura	304
Lívia Silva	140	Emilio Orciollo Netto	308
Wagner Moura	152	Arthur Dapieve	314
Guel Arraes	162	Dira Paes	322
Patricia Pillar	168	Danton Mello	328

Quarenta anos separam o homem que escreve estas linhas do menino que empunha aquele microfone em um programa de calouros na TV.

Ele está imutavelmente concentrado, vulnerável e firme. Sua jornada vai começar, com a plateia como aliada. O garoto sobe pela primeira vez em um palco e sabe que ali é seu lugar.

Minha missão começava ali.

Um livro impregnado de recordações, lacunas, dores, memórias, realizações, vazios, sonhos, temores, conquistas. Bons elementos para se fazer uma poesia.

Os grandes artistas que cruzaram meu caminho com olhos cheios de paixão, meus dedos vacilantes ainda hoje atrás de respostas para tantas perguntas, poderiam me ajudar a tecer uma poesia.

Minha mãe, força da natureza, que se chama não por acaso Selva, foi talhada para virar poesia.

Meu pai, Dalton, com sua história gigante no corpo de um homem simples, nasceu para virar poesia.

No entanto, não sou poeta e poesia este livro não é.

Um desejo clandestino, que começou na pandemia, me impulsionou a comemorar essa volta ao mundo em 40 anos.

Mundo arte, mundo família, mundo circular.

Convidei quarenta pessoas que me inspiraram na vida para me enviar perguntas.

Elas me ajudaram nessa abertura de caixas.

Eu precisava me lembrar. Era uma necessidade.

Daqui, do lado de dentro, sinto que sempre procurei preservar meu espírito livre, a alma transbordante, a curiosidade sem fim, o encantamento da primeira vez.

O leitor tem agora em suas mãos a minha estrada.

Intuitivamente sabia que a arte seria meu norte.

O desejo de construir coisas elevadas, espiritualmente falando.

Esculpindo o tempo, delicadamente.

A infância me levando pelas mãos.

Cuidando das asas que meus pais me ajudaram a construir.

A imaginação como minha ferramenta mais preciosa.

Com sonhos maiores que o céu.

E sigo escrevendo minha história.

Obrigado a vocês, por tudo e por tanto,

SELTON MELLO

FERNANDA
Montenegro

Selton, querido.

Sempre vi você em cena com muita atenção. No cinema, na TV e nos palcos também.

Mãe da gente, você me viu. Me viu com atenção, me sinto abençoado.

Dona Fernanda, nosso farol maior, você me ouviu e me guiou mais do que pode supor. Sabe, só de ouvir que, quando teve a chance, você me viu em ação, já me preenche. Já me dá força, me energiza, me dá vontade de seguir adiante, mesmo que muitas vezes de uma forma titubeante. Você fala sempre sobre vocação e eu, muitas vezes, duvidei da minha, inclusive neste momento.

Eu duvido sempre da minha capacidade e sobretudo da minha vocação. Um dia, com tudo isso mais acentuado aqui dentro, eu te enviei um longo áudio, e você me devolveu outro, generosamente, com palavras tão certeiras, tão encorajadoras. Combustível de primeira, seus pensamentos e acolhimento.

Aproveito para agradecer publicamente por tudo que você fez por este país. Tudo que você fez por cada artista desta terra. Obrigado por ter iluminado o caminho de todos nós todo esse tempo.

Fernanda, mãe natureza, nossa maior representante das artes cênicas, viver no mesmo tempo que o seu é um privilégio. Abrir este livro com sua representatividade é mais que uma honra — é um banho maternal, uterino, feminino. Eu acho cada vez mais que este livro é sobre isso.

Eu percebo claramente que, através dos anos, você foi se livrando de todo o histrionismo didático tão comum na nossa tradição teatral. Como você percebe isso na sua trajetória?

Olha, a única resposta é: intuição.

Eu aprendi fazendo. Fui fazer escola de teatro quando tinha 19, 20 anos, no Tablado, mas comecei criança, então já levava uma bagagem de 10 anos aproximadamente. Eu fui aprendendo com vocês, com os grandes atores que cruzavam o meu caminho. Desde menino olhava fascinado os colegas trabalhando, seus métodos, suas dificuldades, seus talentos. Acho que fui virando uma mistura de tudo que vi, ouvi, senti, percebi, apreendi. Muito do ator que sou tem a ver com minha relação com a infância. Terra mineira e asfalto paulistano. Eu sentia coisas ali que até hoje me nutrem. O menino que fui conduz o homem que sou.

Sobre sua percepção de eu ter me livrado do histrionismo didático, a resposta está no Paulo José.

O Paulo passou pela minha vida e influenciou para sempre meu caminho. Ele me deu a confirmação do que antes eu apenas intuía. A simplicidade no ato de atuar, a exclusão do esforço, percebendo a atuação como um lugar leve. Se tiver dor envolvida, você vive a dor daquele momento e acabou, fim de papo. Atuar é divertido. Deve ser divertido, deve ser uma grande brincadeira. Atuar é contar histórias, iluminando a vida do outro, é um ato generoso.

Atuar é, na essência, algo simples.

Você é essa grandeza do Brasil, essa dama, essa gigante, muito pela sua simplicidade. Pela simplicidade de se colocar como você se coloca no mundo, em cena, nas entrevistas. Existe um ato generoso e simples. Sem grandes esforços.

Acompanhei sua série *Sessão de Terapia*. Nesse trabalho, você nos apresentou uma interpretação (não *representação*) na sua absoluta e espantosa essência. Algo mediúnico, mas não demagógico. Ao mesmo tempo isento e imantado. Stanislavski [Constantin Stanislavski, teatrólogo, ator e diretor russo] aplaudiria de pé.

Fernanda... Por onde começar?

Eu sou um observador de nascença e um ótimo ouvinte. *Sessão de Terapia* é o lugar da escuta e da observação. Essa série é um encontro muito feliz. Um encontro com a minha profissão, enaltecendo outra grande profissão, que me é muito cara e oferecendo ao mundo doses generosas de humanidade. Cláudio Cavalcanti passou por lá, ficou encantado e falou um negócio que a gente até hoje reproduz: "*Sessão de Terapia* pode não acabar nunca, porque basicamente é gente falando com gente — e isso sempre será fascinante".

Sua amiga Nathalia Timberg também esteve comigo e ficou comovida com o manejo do tempo. Ela estava com saudades de ter tempo na frente de uma câmera. O tempo, tão desperdiçado nos dias de hoje. *Sessão de Terapia* é um templo para os atores saborearem cada momento. Pausas grandes, que normalmente são cortadas, me interessam muitas vezes mais do que o texto. Porque nessas brechas muitas vezes eu enxergo o que o personagem pensa. Como diretor, me interessa tentar tocar com as mãos o que está por trás das palavras, portanto é uma série construída nas entrelinhas. Eu coleciono o que não é dito como pepitas de ouro.

Tenho um amor muito grande por esse trabalho. É uma mistura muito peculiar. É teatro, mas não é. Um lugar, duas pessoas. Parece uma peça, mas não é. É TV porque é ali que a gente vê. Começou no GNT, migrou pro Globoplay, continua sendo exibido em uma tela: em um celular, em um laptop, na televisão. Só que eu filmo tudo aquilo de um jeito cinematográfico, é bem mais próximo do cinema. Acho que muita gente, quando assiste, imagina que é uma grande peça, que eu ligo duas câmeras e a gente fala vinte ou vinte e cinco minutos, que é mais ou menos o tempo de um episódio. Não. Muitas vezes trabalhamos fala por fala, eu troco as lentes o tempo inteiro. Todo o processo é muito vivo e transformador.

"Eu acho que dei a volta ao mundo pra voltar pro menino."

O trabalho com os atores é um trabalho de ourives. Às vezes é assim: "Menos essa palavra, troca essa aqui, fala um pouco mais baixo essa palavra. Não precisa dizer esse trecho porque já entendi tudo quando você olhou para a janela". É um trabalho tão meticuloso com os atores, e tão picotadinho, que é impressionante quando o público descobre como é feito. As pessoas falam: "Como assim a série é filmada em mil pedacinhos? Existe uma fluidez tão grande!". Essa fluidez existe na minha cabeça. Na montagem faço parecer que foi uma conversa contínua, corrida.

O trabalho do diretor tem algum parentesco com a magia, com o oculto. Preparo zelosamente um terreno sagrado para meus atores e para minha equipe. É um processo espiritualmente grande, ritualístico. Para deixar brotar a natureza daquelas pessoas. A condução que dou é: os atores não precisam fazer nem mais, nem menos. É do tamanho da verdade. É o que é. A gente precisa acreditar que aqueles pacientes existem, que aquele terapeuta existe. Um documentário sobre aquelas pessoas. Então, se você atua muito, o público vê o ator. Se você não atuar nada, é nada. Essa linha tênue é minha busca constante como realizador.

Esse trabalho me preenche muito, me enriquece, me salva, e a mesma coisa se dá com o público. O público se salva, o público se descobre, o público faz análise junto — e descobre que terapia é uma coisa importante. É uma missão e passou da hora de isso ser exibido na TV aberta. Nunca precisamos tanto de uma série como essa nos lares de tanta gente que, certamente, sairia modificada pela experiência.

Percebo que você buscou esse refinamento através dos seus últimos anos como ator. Para chegar a essa essência interpretativa, pediria que você nos falasse sobre essa sua busca como intérprete.

Eu fui limpando, limpando, limpando. Sigo interessado, cada vez mais, nessa essência, nessa pureza.

Nossa... É tão legal poder falar com você! Minha busca como intérprete vem... desde menino. Eu já comecei a te responder dizendo que essa minha busca começou na infância. Por quantos lugares a gente andou, né? Quanta coisa vimos e ouvimos. A dublagem, o teatro, os diretores intuitivos, os diretores meticulosos, os atores fabulosos, os bufões, os atores minimalistas, os autores que nos instigam... É como se eu tivesse dado a volta ao mundo em 40 anos.

Eu parti para as artes bem menino. Minha mãe, dona de casa; meu pai, bancário. Eu pressenti que o meu lugar era no mundo das artes e pedi a eles que me levassem na TV. Era como se já soubesse de tudo que viria. Talvez até este livro já existisse na cabeça imaginativa daquele garoto. Descobri logo de cara que o segredo da profissão é brincar de ser algo. Nosso trabalho é lúdico.

Eu acho que dei a volta ao mundo pra voltar pro menino. Pra voltar pra simplicidade do menino. O menino que não tinha vício de nenhum outro trabalho, o menino que não tinha referências de grandes atores, o menino que intuitivamente fazia tudo com a emoção sincera dele.

Então acho que foi uma volta. Para voltar para esse menino.

Tem uma frase do Dostoiévski que eu amo: "A beleza salvará o mundo". Eu acho que temos duas formas de atingir um encontro divino e se deparar com a beleza humana. Uma forma é a contemplação da natureza. A outra é o prazer estético. Em um mundo tão adoecido, tão cheio de ressentimento, de palavras truncadas, de palavras-pedras, de pessoas que não se entendem, você tem duas opções: também ficar furioso, espumando, e lutar com as mesmas armas, ou oferecer flores. Oferecer arte, em todas as suas manifestações, oferecer o que tem de melhor dentro de você. A prática artística, a representação do infinito, o encontro do sensível com o material, manter vibrante o espírito poético, a gentileza nos sentimentos.

A minha busca é pela bem-aventurança, a minha busca é pela luz. O que eu ofereço é a minha luz. A luz do meu menino.

MATHEUS
Nachtergaele

Lá vai o cabrito montanhês, fronte ornada em cornos magníficos, coração invisível batendo sob o tronco firme, pernas finas e terminadas em delicados cascos, subindo, obstinado e sozinho, a colina pedregosa que leva ao cume vertiginoso do topo de um mundo.

Daqui, vê-se o perigo da marcha, a fenda em cada encosta, a solitude do "quase cair sempre" e as pedrinhas que rolam após cada passo perigoso à beira do precipício.

Vejo cada passo. Sinto cada susto. Tropeço junto. Pulo na cadeira.

De lá, a cabra montesa, a de olhar doce e doce balido, convoca os bovídeos abaixo para a marcha lenta e constante rumo ao pico do monte. Desde lá, a paisagem do que ficou para trás já não importa mais: ali é mais frio ou infernalmente mais quente, o vento castiga e assobia, mas aquilo que espera depois do rochedo pontiagudo é mais bonito que qualquer saudade, e o capim mais verde (que talvez exista) rebrilha mais que a dor dos perigos ou a tristeza pelos que rolaram terra abaixo por vacilo ou traição do abismo.

Ali na estrada inclinada há sustos e tropeços, mas há também um silêncio bom e um sopro divino.

Olhando para o tudo distante, e quase para sempre só, o bode expiatório, aquele que tira os pecados do mundo, o sempre imolado para o rir ou o chorar, rumina a relva, planeja um futuro.

Vejo daqui, mais de longe que de perto, a solidão e a ternura do lindo caprino.

Olho com alguma inveja e muito espanto para as trocas sazonais em seu manto protetor: uma capa de lã cinzenta e resistente para os invernos, um couro macio e dourado para os dias de sol ardente.

Ouço o balido: é um lamento? Não. É o capricórnio partindo e chamando para a longa travessia... Já não importa se faz calor ou se há tempestade à vista. Ficar dói mais que partir.

— Me espera, Selton, vou com você! Porque te gosto bom. E porque agora, lá bem longe, vi também a mesma estrela.

Matheus, meu amigo amado Grilo.

Será que fomos amigos em uma outra vida?

Será que isto que nos uniu, nesta vida, fez nascer mais flores em asfalto do que podemos supor?

Inundamos os peitos de muita gente através de nossa arte.

Bonito, né?

Não seria isso um dos fundamentos mais nobres do nosso ofício?

Eu te vendo, me vejo. Por aí dá-se o mesmo, confere?

Dois capricornianos, dois caprinos, dois cabritos.

Dois.

Sinto que somos ajudados por mãos invisíveis.

Você sente isso, meu amigo Grilo?

Vou caminhando, sinto desamparo, sinto uma força descomunal, tudo junto.

Ao caminhar, sei que portas se abrirão, mesmo em lugares onde julgava não haver portas.

Penso muito, imagino mais do que penso, e finalmente chego à transcendência (queria morar lá).

O caminho é tortuoso, pedregoso, duro, tórrido (queima minhas patas), mas chego.

Chego baleado, esfarrapado, mas aliviado, sem peso nas costas finalmente.

Então começo tudo de novo, porque a terra é redonda e tudo é cíclico, circular.

A natureza somos nós.

Sou filho da Selva, repito o nome: Selva.

Eu morei na minha mãe.

Sou bicho do mato.

Sou bicho do mato criado no asfalto, sou uma pororoca de extremos complementares.

Gosto de cheiros, sou amante das águas profundas.

Cachoeiras, minha mãe vive ali, me banho nas águas dela.

Meu pai, também capricorniano, um homem abençoado com a leveza (queria).

Tudo que balança a barriga, que chamam de riso, eu trago do meu pai.

Sabia disso, meu amigo Grilo?

Nosso encontro tem jeito brincante, e só foi possível porque Seu Dalton injetou no meu sangue doses cavalares de chacota, troça, galhofa, zombaria.

Minha profundidade exacerbada vem dela, a que pariu depois de muito desejar-me.

Sou grato por tê-lo encontrado e brincado com você.

Você, artista-coração-delirante-puro-sangue.

Nossa arte, em comunhão, produziu instantes espontâneos e solares.

Banhamos corações de um país inteiro.

Inundamos de uma boa onda infinita uma população inteira.

Registros preciosos, raros e vitais.

Que alegria ter sido ao seu lado.

Meu amigo Grilo.

Em frente!

Vamos ver aquela estrela de perto!

"Sou filho da Selva,
repito o nome: Selva.
Eu morei na minha mãe."

PAULO
José

O que vale mais a pena: o ator, o diretor ou o palhaço?

Paulo, meu ídolo maior, que curioso. Essas foram as últimas coisas que você me perguntou... Você mandou estas perguntas e, depois de um tempo, você partiu. Então você não vai ler este livro. Mas, como traquinas que é, como o mestre que você é, vai, em algum lugar, receber esta mensagem.

Então vamos lá, o que vale mais a pena: o ator, o diretor ou o palhaço?

Paulo, o que mais vale a pena? E o que você quis dizer com essa pergunta, né, Paulo? "O que vale mais a pena?" Acho que o que mais vale a pena, no fim das contas, são os encontros, né? O meu encontro com você, Paulo, e que bom que eu te disse isso claramente em vida! Então eu deixo registrado em um livro pra sempre que você foi o ator mais importante que cruzou o meu caminho. Você foi o ator que me deu a chave pra algo que eu intuía.

A simplicidade, meu amigo.

A simplicidade na atuação. Você foi o mestre dessa fina economia. Mestre absoluto. Você é o ator brasileiro que dizia muito, fazendo pouco. Com muito pouco esforço. E eu acho isso fascinante, Paulo! Você era uma figura comovente. E, pra quem não sabe, você fez *O Palhaço* enquanto lutava contra o Parkinson, uma doença que te acompanhou nos últimos anos da sua vida. *O Palhaço* talvez tenha sido a sua última chance de fazer um trabalho físico. Porque depois os movimentos já ficaram mais difíceis. Então, pra quem não sabe, a filmagem era baseada nas limitações físicas que o Parkinson impunha.

De manhã você funcionava melhor, porque o remédio que você tomava te deixava mais desperto. Aí tinha fisioterapia, e a fisioterapia deixava seu corpo mais esperto. Eu apontava a câmera e você fazia toda a sua parte. E depois do almoço era o contrário: o remédio te deixava com mais sono. Aí eu apontava a câmera pra mim.

Quando eu montava, a gente estava com gás total em cena. Agora, Paulo, que maravilha, né? Você, além do ator magistral que passou por esta terra, também foi um grande diretor. Um diretor fabuloso, que dirigiu *Agosto*, minissérie extraordinária, a versão definitiva de *O Tempo e o Vento* pra televisão, entre outros trabalhos de que você tinha muito orgulho. Você era um diretor muito precioso e muito preciso.

Outra curiosidade para o público é que você me dirigiu em uma cena de *O Palhaço*. A cena em que o Benjamin decide ir embora do circo. Eu tava muito emocionado nesse dia. Claro, era um filme muito do coração, eu estava falando algo muito pessoal. Um depoimento muito íntimo. Então, no dia dessa cena, era uma comoção do Selton. Eu filmei todos ali emocionados, sacando que o Benjamin ia ficar pra trás. Filmei o lado de todos vocês, filmei todo mundo e, quando apontei a câmera pra mim, eu tava totalmente tomado, emocionado. O Selton, o ator, o diretor — era uma mistura louca. Então eu fiz completamente comovido e assim foi.

No dia seguinte, no café da manhã, eu estava entusiasmado, falei pra você: "Pô, Paulo, que bom, né? Deu certo ontem, fizemos e foi lindo". Aí você, comendo um pedaço de queijo, gentilmente deu a entender que talvez eu tivesse errado a minha parte. Ha ha ha ha! Você foi muito gentil. Falou algo tipo: "Será que, na sua parte, o Benjamin tinha tanta certeza de que ia embora do circo? Será que talvez ele não estivesse decidindo isso na hora de entrar no carro? Quem sabe ele não deveria olhar pra trupe e pensar: e se eu desistir e ficar?".

E aí eu olhei pra tua cara e falei: "Entendi, Paulo. Eu errei, né?". Ha ha ha ha! E você olhou pra mim e riu. Nem me respondeu, sacana! Aí eu disse: "Vou fazer de novo!". Que coisa curiosa... E nesse primeiro dia eu tinha usado música, preparação de todos juntos, tava emocionado. Aí eu achei uma brecha em um outro dia de filmagem, as pessoas da trupe nem estavam lá. Eu botei o carro com um fundo parecido com o seu, pus a câmera ali pra mim e fiz aquilo em que você era mestre: nada! Não fiz *nada*. Não botei música pra dar onda, não fiquei pensando na morte da bezerra, zero aquecimento, não tive nenhum psicologismo. Muito pelo contrário. Quis radicalizar para o outro lado. Fiquei me divertindo com a equipe, falei: "Roda aí, gente, roda!". Sem nenhum preparo.

Rodou. Fiz cara de nada, olhei pra você, pensei na vida, baixei os olhos, olhei pra você, fiquei fazendo isso algumas vezes. Com tempo, claro, mas sem nenhum preenchimento interno emocional. Zero! Olhei pra você, olhei pra trás, olhei pra frente. Quando montei isso, ficou *muito* potente! E tão mais emocionante!

E nisso você foi o mestre, né, Paulo?

Eu tenho uma admiração por você, um respeito, um amor... muito grandes. E você contava histórias fabulosas, como por exemplo a história do efeito Kuleshov.

Pra quem não sabe o que foi isso, foi um experimento russo onde esse camarada filmou um homem com uma cara absolutamente neutra editada posteriormente com outras cenas. "Efeito Kuleshov" o nome do teste. Ele editava essa cara sem expressão com a imagem de uma pessoa morrendo, com uma mãe e um bebê recém-nascido no colo e um prato de comida bem quente. Aí ele montou a mesma cara desse homem cortando pra essas três coisas distintas. Ele botou em três cinemas diferentes, com três plateias diferentes. Essa história é fabulosa! Diz muito sobre você, Paulo, diz muito sobre o ator que eu sou e diz muito sobre o que eu acredito, que era o que você acreditava em termos de atuação. Aí vem o exercício do Kuleshov.

Ele entrevistava as pessoas do primeiro cinema e perguntava o que elas tinham achado do que acabaram de ver. As pessoas falavam: "Nossa, que ator! Porque o cara tava olhando pra pessoa morrendo e a gente podia sentir a finitude da vida passando pelos olhos dele, e tudo que ele pensava antes de morrer, e talvez pensando na própria morte, pensando nas pessoas queridas que se foram!". Aí ele perguntava a mesma coisa na saída do outro cinema. "O que você achou da atuação desse cara olhando esse bebê recém-nascido no colo da mãe?" E a resposta era: "Impressionante como esse ator passa tudo, o nascimento, ele nitidamente se viu criança, sentiu a emoção de estar nos braços da mãe, ou do nascimento!". Aí no terceiro cinema: "Impressionante como esse ator é expressivo, você sente junto com ele a fome, você quase consegue sentir ele salivando!".

Quando na verdade era um cara fazendo *nada*!

Esse cara, com uma expressão limpa, cortando pra outras coisas, fazia com que o público entendesse coisas distintas. Pra mim isso é a base da atuação no cinema. Paulo, você é minha maior referência.

E fazer o palhaço Pangaré no filme *O Palhaço* valeu a pena?

Que curioso, né, Paulo? Você me deixou duas perguntas antes de partir pra esse outro lugar, onde uma hora a gente se encontra. Mas veja só, as duas perguntas têm esse questionamento: valeu a pena?

Aí eu fico imaginando: será que foi uma coisa que você pensou muito no fim da sua vida? Porque eu reparei que, quando eu pedi para as pessoas mandarem perguntas, muitas delas se revelavam, fazendo perguntas que diziam muito sobre elas próprias. E eu fico me questionando: o que será que tem de você nessa coisa do "valeu a pena"? O que será que você pensava, o que será que valeu a pena pra você? E o que você acha que pode não ter valido a pena, pra você ter essa questão tão forte assim e perguntar pra mim?

Paulo, fazer o Benjamim, o cara por trás do nariz/coroa, no filme *O Palhaço*, valeu a pena porque foi um trabalho muito feliz, foi o auge da parceria com Vânia Catani, minha amiga produtora, que me mostrou com razão que você era a pessoa certa pro filme e serei eternamente grato por isso. Foi um trabalho muito maduro como diretor, um baita sucesso de público e de crítica. O meu primeiro, *Feliz Natal*, é um drama familiar que pouca gente viu, infelizmente, porque é um filmaço, dolorosamente belo. Já *O Palhaço* é um filme que atingiu muita gente, um sucesso enorme. Como se eu tivesse encontrado a minha linguagem, falando de coisas profundas com leveza, simples, mas não reducionista. Penso que achei algo mágico. Então eu tenho um amor muito grande por esse filme. E valeu a pena, Paulo, principalmente porque eu te conheci.

Valeu a pena porque eu te encontrei. Valeu a pena porque pude te oferecer seu último trabalho como protagonista, com todas as suas dificuldades do Parkinson, mas com você inteiro, e eu senti que isso te deu muita vitalidade e alegria. Valeu a pena porque eu trago você dentro de mim hoje e levarei você dentro de mim pra sempre.

Você é meu ator referência.
Você é meu pai-aço.
E eu te amo.

"Essas foram as últimas coisas que você me perguntou... Você mandou estas perguntas e, depois de um tempo, você partiu."

MARJORIE
Estiano

Na leitura que faço do lugar que você ocupa como artista, tenho a impressão de que o seu propósito é estar a serviço de algo/alguém. Você começou a carreira muito criança, antes mesmo que pudesse ter muita consciência sobre essa perspectiva da profissão. Essa relação sempre esteve em você e foi se consolidando cada vez mais? Ela se deu em algum momento específico, através de alguém ou de algum trabalho?

Marjorrrrrríeeeee! Bem... Talvez a serviço de algo divino.

Pode parecer louco isso. Mas você, que além de ser a maior atriz da minha geração, é uma cantora danada, tá ligada na força da música. E minha primeira relação artística foi com a música, cantando em um programa de calouros, o *Programa Dárcio Campos*. Depois cantei também no *Clube do Bolinha*, no *Programa Raul Gil* e no *Bozo*. Sim, eu cantei no Bozo e os jurados eram os bonecos Zecão, Lili e Macarrão, ha ha ha! Me respeita que eu cantei no Bozo, *hashtag respect*. Voltando ao tema música — que, aliás, vem da palavra "musa" — e o que penso sobre o que fazemos, é que toda forma de arte, no fundo, quer ser música. E eu sentia que tinha alguma história pra viver nessa passagem, eu sabia disso desde pequeno. Eu vim aqui pra isso, não vim a passeio (queria). Meu trabalho é virar o leme e inaugurar minha nova fase, você saberá dela, porque faz parte das pessoas que amo. Aí eu lembro do Caetano: "Por isso uma força me leva a cantar, por isso uma força estranha no ar, por isso que eu canto, não posso parar, por isso essa voz tamanha".

É como se eu tivesse uma noção intuitiva de que a arte me construía enquanto eu a moldava. E eu era muito menino. Estou falando de sete anos de idade, ou oito. Estou comemorando quarenta de carreira mais por causa do meu ascendente em Virgem. Achei mais estético 50/40, mas na real é um pouco mais do que isso nas artes, mas agora eu arredondei, cravei num livro e vou manter, me deixa ser eu! Me aceitaaa, ha ha ha ha ha! E sim, isso foi se consolidando ao longo dos anos, ao longo do crescimento. Não foi nada consciente. Acho que aqui estamos falando sempre do inconsciente. Do subconsciente.

É tudo muito ligado à memória da infância, ou de uma infância que inventei pra mim.

A memória usa óculos. Eu me lembro e sigo tentando me lembrar. Este livro no fundo é uma forma de manter a memória viva. Se um dia eu esquecer, ou sumir, vai ter um livro com parte dessas lembranças.

Atuar sempre foi uma brincadeira. Mas que tinha algo de nobre e com alguma coisa religiosa também, não sei explicar... Daí o porquê eu ter falado "divino" no começo. Religar, *religare*, conectar. Claro que fiz trabalhos que me despertaram mais claramente isso. Alguns na TV, alguns no teatro. Mas o meu lugar, onde me encontrei, onde achei a minha turma, foi no cinema.

Ali achei meu jeito de me expressar. Tudo que envolve o cinema me fascina. Domingos Oliveira, o Grande, dizia que o cinema exerce esse fascínio porque diante daquela gente grande, na tela enorme, nos sentimos como bebês, como se fosse a imagem que devemos ter de nossas mães nos amamentando. Que analogia sensacional! Não sei se eu soube responder. Mas também não sei se eu sei te responder. Na vida, digo.

Você é um dos atores mais geniais que temos no Brasil. Acha que a melhor parte de você está no seu trabalho?

Não sei. Testei tudo basicamente ali. Eu coloco tudo no meu trabalho.

Não é bom, não aconselho, não repitam isso em casa. O fato é que não constituí uma família, não tenho filho. Mas também não me animei muito com essa ideia ainda, ha ha ha ha. O trabalho é o lugar onde eu coloco tudo. As minhas dores, o meu amor, a minha força criativa, o meu tesão, a minha fragilidade, os meus medos, é tudo ali. É um depósito de tudo que tenho pra oferecer.

Na terapia já vi que essa balança tá muito desequilibrada. Que, como coloco tudo ali, o outro lado fica muito defasado. Eu tinha que melhorar isso. Mas veja bem, 50 anos, 40 de carreira. Será que vou equilibrar essa balança? Será que vai dar tempo? Será que eu quero?

Será que a economia que fizemos para os dias piores já podemos começar a gastar?

Será que você poderia voltar a ter WhatsApp? Era mais legal quando você tinha WhatsApp!

Nos seus filmes as crianças têm um lugar especial — e um resultado muito especial também. Me parece ser uma região que compreende, um lugar bastante sensível em você. Infância... criança... ator mirim... não sei precisar. Talvez tudo junto e mais alguma coisa. Fala um pouquinho sobre isso?

Muito grato por essa pergunta. Porque sou eu, né, Marjorie? Todo trabalho meu como diretor tem uma criança, toda criança minha na tela é muito bem dirigida — ou não dirigida, porque eu sou de uma época em que você aprendia na moral.

Eu, ator mirim, me virava. Eu ia olhando os atores e intuitivamente ia fazendo as coisas, então tinha um frescor que eu acho que as crianças de hoje talvez não tenham mais. Talvez elas sejam preparadas demais e percam esse frescor. Então, quando eu trabalho com elas (e já trabalhei com algumas), eu quero que elas fiquem livres. Livres do texto, de tudo, livres de mim também! Ha ha ha ha! Eu procurei sempre trabalhar pouquíssimo essas crianças. Elas são adequadas, foram escolhidas porque possuíam algo que eu buscava e estão prontas. Se ensaiar, eu posso estragar o que me cativou. No máximo faço uma leitura, um encontro. Converso, brinco, entendo o que elas têm a oferecer. Adapto, mexo muito no texto em função delas. Vejo o que elas têm de melhor para aquele papel e no que elas têm mais dificuldade, e excluo tudo que não é possível pra elas, porque soaria falso. Então é uma capacidade muito grande de compreender o que elas têm de melhor pra oferecer. De melhor e de mais puro.

É de igual pra igual: o menino calouro/ator mirim tá ali falando com elas e elas sacam. Elas sacam tudo. Os atores mais velhos às vezes têm mais dificuldade do que as crianças em se expressar genuinamente. E sou eu em cada uma delas. É um reencontro.

Então toda vez que eu "dirijo" uma criança, eu tô encontrando comigo, me reconectando. Lembrando da autenticidade das coisas que sentia e pensava. Sonhos, desejos... muitos estão aqui neste livro. E muitos não estão porque alguns sonhos vão ficando pelo caminho. Você vai sonhando outras coisas, vai tomando rasteiras, vai vivendo, né? Vai ficando adulto. Mas eu sou um adulto que anda de mãos dadas com aquela criança-artista. E te digo: essa criança é o meu anjo da guarda. Essa criança me salva.

Se a arte cura, como se manifesta esta qualidade?

De uma forma invisível. Tem gente que nos para na esquina e fala: "Obrigada por aquela peça!" ou "Obrigado por aquela música, porque lembra meu casamento e aquilo significou muito".

Tem gente que me escreve agradecendo pelos meus filmes. "Obrigado por *O Palhaço*, que me fez enxergar que eu sou médico. E que meu pai é médico, meu avô é médico. Que eu passei a vida inteira lutando contra o fato de ser um bom médico e *O Palhaço* me fez ver a beleza do meu dom, do meu talento".

Então isso é um tipo de cura, sabe? Cura por alguma coisa delicada, elegante. Coisas que andam em falta no mercado.

Se a criança que você foi fosse levada pelo seu pai ou mãe ao lançamento deste livro, o que ela falaria pra você?

Ela pararia de longe, me olhando longamente, me observando. Porque sempre fui muito analítico. Aí eu ia perceber a presença dela e ia gostar. Porque, afinal, é o meu anjo da guarda.

Em algum momento ela se aproximaria e diria assim: "Boa, você sobreviveu! Você sobreviveu a não ser mais o escolhido na adolescência, sobreviveu ao fracasso e ao sucesso. Você sobreviveu porque teve medo, mas não desistiu, você sobreviveu a coisas tristes da sua vida, você sobreviveu se reinventando. Você sobreviveu me ouvindo, você sobreviveu porque nunca soltou a minha mão".

"Você sobreviveu porque teve medo, mas não desistiu, você sobreviveu a coisas tristes da sua vida, você sobreviveu se reinventando."

RODRIGO
Santoro

Se eu ligasse pro seu Dalton agora e perguntasse em que o Selton poderia melhorar, o que seria?

Meu querido amigo-hermano Santoro, meu pai é capricorniano como eu, muita coisa bem parecida. Então eu acho que ele ia falar assim: "Tá ótimoooo, deixa ele assim que tá indo bem, em time que tá ganhando não se mexe".

Quais são três coisas que você gosta e que você não gosta na profissão?

Irmão, primeiro quero deixar registrado neste livro para sempre que a gente se conheceu fazendo uma novela chamada *Olho no Olho*, em 1993. Essa novela deveria ser redescoberta como uma pérola trash-vanguardista-subversiva. Os protagonistas possuíam superpoderes e soltavam raios pelos olhos. Não, nós não éramos os protagonistas. Eu fazia o amigo do protagonista. Você fazia meu amigo, ou seja, você era o amigo do amigo do protagonista. Ha ha ha, vencemos na vida. Desde ali a gente torcia um pelo outro. De verdade. A gente vibrava com nossas conquistas. Fizemos juntos *Os Desafinados*, do Walter Lima Jr., grande onda sempre reencontrar. Mais recentemente pude dirigir você na quinta temporada de *Sessão de Terapia*. O que vivemos ali, nessa configuração nova pra nós, foi grandioso, pra você e pra mim. Eu tenho orgulho de dizer que te ofereci ali uma chance de testar uma nova forma de trabalhar. Uma forma mais leve. Eu vi na minha frente a mágica acontecer. Não falo apenas do grande trabalho que você apresentou, mais uma vez, falo da felicidade de ver meu amigo se divertindo e atuando com suavidade. Isso eu vou levar pra sempre com carinho. Voltando ao livro, porque tem gente que resolveu ler isso aqui então preciso responder às questões antes que desistam. Três coisas que gosto na profissão: poder sublimar as dores, transformar dor em arte. Os encontros com pessoas muito diferentes e incríveis, que fazem a gente crescer não só como artistas, mas como pessoas. O prazer estético, o prazer de colocar em cena algo que você está sentindo. O prazer de transformar o invisível em visível.

Três coisas que não gosto na profissão: a superexposição que se tornou mais acentuada com a internet. Nós dois somos da mesmíssima geração e vivemos essa transição. Mesmo com dificuldades de se virar nesse mundo virtual, estamos seguindo nossos caminhos sem perder a essência. A segunda coisa que não gosto: filmagens noturnas. Não tenho mais saúde e paciência, ha ha ha! Cada vez mais difícil. Outro dia vi o Brad Pitt dando uma entrevista e dizendo que noturna pra ele já deu. Fechado com Brad. Ha ha ha! Pra quem não sabe, quando filmamos cenas noturnas, trabalhamos virados, em turnos de morcego, tipo das cinco da tarde às cinco da manhã. Eu fico o bagaço da laranja. Atrapalha tudo, fuso horário, de dia dorme mal porque tem obra no vizinho, enfim, não é exatamente divertido. Ha ha ha. Eu amava a madrugada, mas há um bom tempo inverti e agora amo dormir cedo. O organismo fica todo zoado quando você trabalha de noite e dorme de dia. Se eu puder escolher, só farei trabalhos sem noturna, eu e Brad, ha ha ha ha! Por fim, outra coisa que não gosto na profissão é a expectativa de, por sermos figuras públicas, darmos nossa opinião sobre todo e qualquer tipo de assunto. Eu não sou aquariano, que nasce sabendo tudo sobre tudo. Eu não sei de muita coisa — e que bom, porque daí sigo tentando aprender e não sairei dando depoimento sobre temas que não domino.

O que eu pensava tempos atrás já perdeu a validade. Estou em constante movimento e sempre crescendo. Se alguém me conheceu cinco anos atrás vai ter que me conhecer de novo, porque eu já mudei um bocado. E minha meta é lançar uma nova edição desse livro ano que vem respondendo tudo ao contrário.

Dirigir e atuar no mesmo projeto. Acho bem louco isso. Como é possível?

Brilho no olho, Santoro. Chegou uma hora que eu achei que não estava mais prestando pra nada como ator. E eu achei que deveria começar a dirigir, como uma forma de me desafiar, como uma forma de renascer. E acabei virando diretor. Foi a maneira que encontrei de preservar minha sanidade artística.

Tenho muito medo de virar um ator burocrata, que desenvolve o personagem em três vias com firma reconhecida. Gosto dessa coisa do "aqui e agora", às vezes você se prepara tanto que não há mais espaço para o acaso interferir. A palavra "laboratório" também me causa arrepios. Essa palavra devia sair de circulação, passar por uma limpeza e depois poderia voltar a circular na língua portuguesa.

Atuar e dirigir ao mesmo tempo. Esquizofrenia define. Ha ha ha! Dar ação, fazer o papel, enquanto isso ver o que o outro está fazendo. Minha visão periférica devia ser estudada. Tudo coisado, um caos organizado.

O ator é uma antena. Ele deve estar atento 24 horas por dia em tudo. Livros, filmes... O que vê na TV, na feira, na fila do supermercado. Tudo é alimento, tudo pode e deve ser usado depois. E mixar as duas tarefas é algo que faço sem pensar, sem esforço, é bem mais louco pra quem está de fora. Aquilo ali é meu normal. É grave, doutor?

Que animal você seria?

Um urso. Fato! Ha ha ha ha! Urso na veia. Ficar na toca. Em casa. Comidinha. Ha ha ha ha! Prefiro o frio. Urso, fato! Ursolíneo. *Irmão Urso*, filme de animação que fiz a voz também. Mas como lhama em *A Nova Onda do Imperador* eu fui melhor, segundo os especialistas e o Datafolha. Troféu Melhor Lhama de Desenho. Mas na vida, meu caro, ursaço! *The Bear*.

O que mais te faz sentir orgulho?

Quando o trabalho da gente toca alguém, transforma a vida dessa pessoa de alguma forma. Quando a gente consegue aquela coisa mágica que é: entretendo, emocionando, divertindo; entreter, emocionar, divertir. Isso é impagável. É raro, mas acontece muito.

Conta um mole que você deu ao longo da estrada.

Rapaz, o maior mole que eu dei ao longo da estrada foi não ter aproveitado mais a vida. Nisso o meu irmão é mestre! Danton é um ninja nesse quesito aproveitamento de vida. Sempre dividiu bem o trabalho com o lazer. Fiz muito pouco isso, sempre fui muito *trabalho, trabalho, trabalho, trabalho*. Perdi uns parafusos, mas a assessoria confirma que sigo indo bem. Mas tenho feito *workshops* comigo mesmo para trabalhar menos. Estou indo bem no curso, tô feliz. Morei em Nova York ano passado, ponto pra mim. Acabou que fui me descobrindo e me satisfazendo no trabalho. Não recomendo, não me imitem, não repitam isso em casa. O trabalho como fonte suprema de prazer. Então o trabalho pra mim é prazer, é amor, é tesão, é paixão... Eu coloco tudo ali. Mas mudei o rumo do barco recentemente. Me aguardem porque contratei um personal hedonista e agora ninguém me segura. Esse personal sou eu mesmo.

O que te motiva a ser artista?

Tentar transformar o mundo. Tentar transformar a vida de uma pessoa. Se eu conseguir transformar *uma* pessoa, já vai ter valido a pena. E, falando especificamente de cinema, o Júlio Bressane uma vez me disse uma coisa que eu nunca vou esquecer: "Se você fizer hoje algo que atinja milhões de pessoas, é maravilhoso. Porém mais incrível ainda é se daqui a cinquenta anos dez pessoas assistirem a essa obra. E mais impressionante ainda é se daqui a cem anos uma pessoa assistir a esse trabalho, se sentir tocada, e isso mudar a vida dela". Júlio Bressane é foda. Rogério Sganzerla é foda. Eles deveriam ter *muito* mais reconhecimento. O cinema brasileiro deve ainda uma maior reverência aos dois.

O que te deixa desconfortável?

Falta de profissionalismo, ingratidão, desigualdade social.

Pra fazer arte é preciso dor?

Olha, companheiro, nós já vivemos experiências em que isso era a tônica. A maturidade foi me dizendo que não precisa de dor coisa nenhuma.

O que fazemos não tem nada a ver com dor. Não dá pra romantizar sofrimento. É uma dor técnica. Tem que ter distanciamento.

Estar dentro e estar fora. Mergulhar profundamente na hora H... E, quando cortou, foi! Não levar personagem pra cama. Não ficar vivendo como o personagem vive e não ficar sofrendo as dores do personagem. Não acredito nisso.

Já acreditei em algum momento da carreira. Hoje em dia eu acho uma balela. Acho cansativo, desnecessário. Atuar é fingir algo da melhor maneira possível. Ser um belo fingidor! O melhor fingidor do mundo! Fazer as pessoas acreditarem naquilo, mas não necessariamente você precisa passar por tudo aquilo.

Não acredito mais nisso, irmão da vida. Não acredito mais nisso.

Como chegar ao fim da vida e dizer "não foi em vão"?

Mas olha, eu já cheguei no fim da vida uma vez, daí eu apertei o botão de *restart* e comecei tudo do zero. Ninguém reparou. O povo é muito desatento.

Rodrigo, camarada! A gente se identifica, se fareja, se saca e tenho um grande orgulho de chamar você de irmão.

Seguimos juntos na estrada!

⊚∞⊚

"Foi a maneira que encontrei de preservar minha sanidade artística."

ALICE
Wegmann

Qual pergunta você mesmo se faria neste livro?

Por que tanto trabalho, meu filho? Por que você não aproveitou mais a vida? Por que você não tentou ao menos equilibrar mais as coisas? Diversão, viagens, trabalho? Por que você não procurou pelo menos esse equilíbrio, hein, meu filho? Fala que eu te escuto!

Como ator, o que você mais aprecia num diretor?

Pô, Wegmann, o que mais aprecio num diretor? Sensibilidade e objetividade. Porque, pelo amor de Deus, como tem gente que não sabe o que quer! Que filma cinquenta planos e depois não usa nenhum deles! Então eu amo diretores que são claros e já vão no ponto, no alvo, e seguimos adiante. Objetividade. Como diretor, é isso: razão e sensibilidade. *Sense and Sensibility*.

E como diretor, o que mais aprecia num ator?

Engraçado, né? Porque eu poderia dar a mesmíssima resposta. Sensibilidade e objetividade. Acho que só de curtição eu vou responder igual. Porque também tem ator que viaaaaaaaja! Ha ha ha! Que tem processos malucos, que pira, rola na lama, entra em parafuso, sofre durante meses pra chegar num lugar... que às vezes já estava ali, era só fazer. Faz! É simples! É pra ser simples! Atuar, por eu ter começado criança, é simples, é leve, é bonito, é brincadeira. Mas olha... também é gostoso ver os atores loucões que acreditam que se transformam no personagem, que se preparam meses, mudam de corpo, de personalidade, ha ha ha ha! É interessante, como diretor, ver processos tão distintos, cada um vem de uma escola. Enfim, eu amo os atores! Gosto de vê-los em ação.

Qual foi o livro que mais te transformou? Não precisa ser necessariamente o seu favorito, mas o que você acha que mais interferiu nas suas escolhas e no seu destino.

Essa pergunta é maravilhosa, Alice! Como é importante ler! Como é importante pro alargamento da nossa imaginação! Sei muito bem que livro é esse.

Eu era adolescente, devia ter meus quinze anos e era aquele clássico aluno que achava chato ler, que lia as coisas que a escola mandava, mas que achava meio aluguel. Até que um dia eu comprei um livro e tudo mudou.

Aliás, bom assunto: na minha adolescência não tinha internet. Então, se eu quisesse saber de cinema, era só indo na banca e comprando a revista *Set*. Porque era lá que tinha todas as informações. Lá era onde dizia que o novo *Indiana Jones* estava sendo filmado, que *O Império Contra-Ataca* ia ser lançado, que o Christopher Reeve não aceitou fazer o filme X. Fofocas, curiosidades, entrevistas com atores, diretores... tudo era na revista *Set*.

Então acho que numa dessas de ir em livraria e tal, eu olhei pra cara de um livro. Acho que a gente se gostou assim, eu e o livro, um olhando pra cara do outro, e eu levei ele pra casa. Esse livro é *Cem Anos de Solidão*, do Gabriel García Márquez. Meu Deus do céu, que livro *lindo!* Esse livro foi o responsável por eu ter me tornado um leitor. Porque ele contém aquele universo mágico de Macondo, a atmosfera criada pelo Gabo e a saga daquela família. Primeiro você conhecia o filho, com o passar dos anos aquele filho já era adulto, aí já tinha o filho do filho, daqui a pouco ele já era avô... Eu achei aquele negócio tão fascinante! Lembro que fiquei tão apaixonado pelo livro, que eu tinha um disco... Era trilha de algum filme, não lembro qual... Era tipo música clássica. Eu botava a música pra ler o livro, quase como se eu fizesse uma trilha, sabe? Uma trilha para a leitura. E eu lia só um capítulo e parava, porque eu morria de medo de o livro acabar. Eu torcia para aquilo nunca acabar.

Mais recentemente eu li algum depoimento da Clarice Lispector falando disso, da relação dela com o livro. Que alguns livros faziam isso com ela. Faziam ela torcer pra não acabar nunca, ela fingia que ele não estava em cima da mesa, um flerte.

Nossa, *Cem Anos de Solidão* marcou minha adolescência. Dá vontade de reler. Nunca mais eu reli. Mas esse livro abriu um portal e comecei a ter muito prazer na leitura. Então Gabriel García Márquez foi o responsável por essa virada de chave.

Qual pergunta sobre si mesmo você tentou responder a vida toda e não conseguiu?

Vai casar não, meu filho? Não vai ter filhos?

É... Não sei. Realmente não sei.

Aprecio demais a solitude, talvez seja mesmo meu caminho.

Paternidade eu já exerço com muita gente que me rodeia. Eu sou pai, sou um ser paternal.

Outra pergunta que me fiz a vida toda e não consegui responder... Sei que você é do meu time porque nos conhecemos bem lá no *Ligações Perigosas* e uma das coisas que nos uniu foi isso: o amor pelos doces. Então a pergunta que me fiz a vida toda e não consegui responder: que fascínio é esse pelos doces?

Porque eu sou capaz de deixar o salgado de lado em troca do doce. Sou desses. Quando eu abro um cardápio, primeiro vejo o que tem de sobremesa, daí eu decido as coisas menos importantes, ha ha ha!

Minha infância é marcada por doces. Os doces de coco da vovó Lilia, os doces de leite da Tia Helena, os pudins com caldas generosas da minha mãe, as guloseimas mineiras, o Chokito que meu pai trazia de presente de uma viagem, o bolo de chocolate da tarde com café. Não sou diabético por puro milagre!

Uma história sobre meu avô materno diz muito sobre mim. Ele comia a goiabada por trás! Para ninguém saber que ele comia escondido, já doente de diabetes. Então quando a pessoa chegava no meio do doce reparava que acabava, porque ele comia, como um rato, por trás! Ha ha ha ha! Eu me sinto muito representado por essa história.

Aconteceu um fenômeno aqui na minha casa, Alice. Um fenômeno muito interessante. Começaram a aparecer umas formigas na cozinha, do nada. Acho que porque eu sou uma formiga, né? Porque formiga gosta de doce. Eu sou uma formiga! Eu acho que as formigas fizeram uma reunião entre elas e falaram: "Vamos morar na cozinha do Formigão! Vamos viver com ele, vamos ser companhia, vamos formar uma comunidade de formigas com nosso mestre Formigão!".

No set de *Ligações Perigosas*, eu lembro de reparar em como você fazia tudo, até mesmo como pegava um copo em cena. Pra você, como funciona a dança da intuição com a técnica?

Vamos pegar o maior de todos os tempos: Marlon Brando. Ele inventou ou reinventou a atuação. A atuação no cinema existe antes e depois de Marlon Brando. Ele foi o cara que pela primeira vez chegou numa aula, ou num teste, e murmurou o texto. E todo mundo falou: "O que é que esse cara tá falando? Não tô ouvindo nada! Não tô entendendo nada!". E alguém falou: "Isso é novo! Isso é como na vida!". Antes do Marlon Brando tudo era sempre muito empolado, muito atuado. Acho que atuar é quase tentar ser invisível — por isso meu amor pelo Paulo José.

Por isso tenho ele como um mestre que passou pela minha vida. A gente não deve entregar tudo pronto. O espectador conclui o raciocínio. Vou te dar um exemplo do próprio Paulo José.

Tem um filme chamado *Faca de Dois Gumes*, no qual o filho dele era sequestrado. Tinha uma cena em que ele recebia uma caixa com um dedo do filho dentro. E aí o Paulo pensou: "O que que eu vou fazer?". Com toda a intuição e técnica que ele possuía. Ele pensou: "O que que eu faço? Abro a caixa e dou um grito gutural? Abro essa caixa e choro copiosamente? Abro essa caixa e saio quebrando todo o escritório? Abro essa caixa e choro delicadamente?" Ele pensou, pensou, pensou e chegou à seguinte conclusão: "A melhor coisa que posso fazer é abrir essa caixa e ficar olhando pra ela. Só".

Apenas isso. Sem nenhuma expressão. Perfeito! Aí o público assistia e um ouvia um grito, outro podia perceber o ódio dele, que ele *queria* sair quebrando aquele escritório. Outro achava que ele foi frio diante da coisa etc. Então, quanto mais limpa você entrega a cena, mais espaço você deixa pro espectador agir e isso é um prazer fundamental que não devemos tirar de quem nos assiste.

O que você mais tentou mudar em você mesmo?

Essa pergunta é interessante. Abre um assunto novo com que eu sei que você se identifica, Alice. Porque a gente viveu a vida inteira num efeito sanfona. E essa é uma profissão muito cruel com a coisa do corpo, né?

Então eu já emagreci e engordei muitas vezes ao longo da minha vida. E durante muitos anos eu tomei inibidor de apetite. Não falei isso muito por aí, mas é legal ter neste livro e é legal que seja aqui em uma conversa com você, amiga talentosa e adorável.

Isso é uma coisa que me fez *muito* mal. Eu tomei durante mais de 10 anos umas pílulas que eram anfetamina pura. Isso mexe com a tua cabeça, mexe com o teu emocional, então era um desrespeito muito grande comigo mesmo. Eu tomava os remédios nas vésperas dos trabalhos. Tipo: ia fazer um filme daqui a quatro meses, já começava a tomar o remédio, porque eu sabia que ia dar resultado em quatro meses. Quando acabava o filme, ou a minissérie, ou o que fosse, eu parava de tomar e engordava tudo de novo. Ou seja, uma total falta de amor-próprio!

E, ao longo dos anos, começou a não funcionar. Eu tomava o remédio e já não dava resultado. O auge disso foi no *Jean Charles*. Nunca tive tanto peso, nunca carreguei tanto peso. Eu estava com mais de 120 quilos. Isso é absurdo! O meu peso legal é oitenta e poucos. Eu estava com 120 e tomando os remédios e comendo desenfreadamente! Com uma compulsão alimentar que o remédio já não inibia mais. E comendo nuggets, doces, tudo que era possível.

E aí veio a tal da depressão.

Nunca havia visto a cara dela. Veio a conta desse autoabuso. Os remédios pra emagrecer me cobraram um preço muito alto. Eu nem sabia o que era aquilo que eu estava sentindo. E tudo isso veio dos remédios inibidores de apetite que tomei durante anos, prescritos por médicos irresponsáveis, da moda. Um gatilho da infância/adolescência quando senti que fui tirado do jogo por estar acima do peso. Falavam assim pra mim, com 12, 13 anos: "Você é um baita ator, não vai engordar, hein?". Isso é um absurdo, uma arma engatilhada para quem tem baixa autoestima. Nunca tive uma relação saudável com meu corpo. Eu me vejo de uma forma desproporcional, uma forma deturpada da realidade. Uma autoimagem equivocada. Até hoje me sinto inadequado. Isso tudo tem a ver com essa pressão na infância, algo brutal. Foi aí que descobri a terapia. Meu terapeuta me salvou. Meu psiquiatra também. E viva a medicina, viva os grandes profissionais que exercem seriamente o ofício. Existe muita ignorância, que afasta a pessoa de ficar bem. Os antidepressivos e os ansiolíticos estão aí pra ajudar na sua melhora, associados ao trabalho analítico. Depois eles saem de cena, no tempo certo. Precisei? Opa, passa pra cá! Hoje, mais velho, não passo mais por esse tipo de sacrifício físico. Até porque é muito mais difícil emagrecer. Então se um diretor chega pra mim e diz "Ah, você podia perder um pouco de peso?", a minha primeira resposta é: "Não prometo, topa?".

Eu acho que tentei muito mudar o corpo me sacrificando de um jeito ruim. É a ditadura do corpo irreal. E a gente conversou bastante sobre isso, né, Alice? A gente conversa bastante. Você é uma amiga querida. Mas essa profissão é cruel — e agora as redes sociais acentuaram tudo isso. É sempre a coisa do corpo, a magreza... O corpo ideal, a barriga de tanquinho pro homem, o peso X pra mulher... E isso tudo é falso, não é a realidade da gente, não é o biotipo do brasileiro. Não é o biotipo do mundo!

Cada pessoa é de um jeito. Um é mais baixinho, o outro é mais alto, o outro é magrelo, o outro é mais cheio, o outro é mais forte... Então acho que você acabou me dando uma brecha pra falar do corpo. De como a gente é cobrado na nossa profissão e de como isso pode ser perigoso. Como aconteceu comigo. Pra chegar na magreza que me pediram em alguns trabalhos, eu tomei coisas muito pesadas. Isso não é bom pra cabeça, isso não é bom pro corpo.

E muito menos pro espírito.

Obrigado pela chance de falar disso, Alice. Pode ajudar muita gente.

Você lembra o momento exato em que decidiu que também ia dirigir?

Não lembro o momento exato. Foi muito natural, sabe? Vontade de experimentar minhas possibilidades como realizador. Sabe o que é? Eu sempre fugi dos rótulos. Eu sou liso. Então quando eu faço muita comédia e começo a ser muito associado a comédia, eu faço *Feliz Natal* como diretor! Denso até não mais poder. Tenho um orgulho tão grande desse filme, arrojado esteticamente, uma estreia que me deu muitas alegrias. Então é isso, sumo da comédia e viro mais diretor por uns tempos. Na época das primeiras temporadas de *Sessão*, fiquei atrás das câmeras por três anos. Aí chega um momento em que eu falo assim: "Peraí, cadê o ator? Saudade de atuar! Mas quero voltar num drama". E daí vem *Ligações Perigosas*.

Árido Movie e *Lisbela e o Prisioneiro. A Mulher Invisível* intercalando com *A Erva do Rato. O Cheiro do Ralo* e *Meu Nome Não É Johnny*. Sempre gostei de intercalar filmes pop com filmes mais experimentais. Sempre gostei de testar todas as possibilidades.

Então não sei em qual exato momento eu quis dirigir. Foi quando quis criar a minha Macondo, voltando ao *Cem Anos de Solidão*, sabe? Quando eu quis ser criador — não que o ator não seja, mas eu quis ser criador de uma forma mais ampla. Dirigir é criar um mundo, é criar uma atmosfera. Um filme deve ser um organismo vivo. Inaugurar algo. Já começa no set. Meu set é bem silencioso. Eu odeio barulheira, gente gritando. Adoro trabalhar em silêncio, com calma, falando baixo com as pessoas, com os atores e equipe, sabe? A concentração fica melhor, eu penso melhor, todo mundo trabalha melhor. Quando a gente tá dirigindo, tá criando um mundo. A gente tá inventando um mundo. Não é um simulacro da realidade. É uma resposta emocional ao que você viveu. Então você inventa um mundo. Isso é tão bonito!

Qual é a memória mais triste da sua vida até agora?

Alice, nunca falei isso em lugar nenhum e acho que por você e eu termos intimidade, você me dá a deixa pra dizer algo que nunca falei.

A coisa mais triste da minha vida até agora, sem dúvida nenhuma, foi a descoberta do Alzheimer da minha mãe.

A minha mãe é a mulher mais importante da minha vida. O nome dela é Selva. É uma mulher muito forte, foi minha primeira espectadora, foi a pessoa que viu pela primeira vez o meu despertar. A pessoa que me apoiou em tudo, que me levou em tudo, que nunca me forçou a nada, que sempre respeitou os meus trajetos, as minhas escolhas. A pessoa que sempre estava na primeira fila, que vibrou por cada passo. Que me deu ferramentas sensíveis, sendo uma pessoa muito simples. Sem a menor relação com artes, ela me deu ferramentas muito importantes inconscientemente.

Minha mãe foi diagnosticada com o início de algum distúrbio mental, um desvio cognitivo, o início de uma demência. Era o Alzheimer.

Há mais de 10 anos essa doença chegou. Ela também perdeu a visão e, mais recentemente, os movimentos e a fala. Hoje ela se alimenta e é medicada através de uma sonda abdominal. A minha primeira espectadora, a pessoa mais importante, a pessoa que torceu por mim, minha referência feminina, a pessoa que me levava nas gravações.

Essa mulher saiu do ar.

Eu perdi a minha referência mais sensível. Desde então, o meu exercício foi continuar fazendo pra ela, mesmo sabendo que ela não vai ver. Ela está aqui e não está. Então agora a minha mãe está dentro de mim.

A sensibilidade transbordante que eu tenho vem dela. A força também. A profundidade emocional e sobretudo espiritual vem dela. De meu pai herdei o carisma, o lado solar, a organização capricorniana. Sou Capricórnio, com ascendente em Virgem e lua em Escorpião. Meu pai é capricorniano e minha mãe de Escorpião. Misturinha interessante para quem gosta de astrologia.

Recentemente comecei um novo movimento, um entendimento espiritual da vida, veio uma outra ligação com minha mãe, útero, de uma outra forma, longe do mundo pedestre. E te digo: eu converso com ela. Peço conselhos, acendo vela pra ela, estou mais perto dela do que nunca. Eu fui abrindo um portal de outra ordem, onde consigo revirar esse fato e estar ao lado dela com uma força maior do que nunca. E a tristeza foi ficando de lado, porque sou imensamente interessado, como ela, nas coisas que não podemos tocar. Sou inteiramente ligado nas forças de outros lugares, e nesse lugar não visível eu estou sempre com minha mãe.

E ela acabou de sorrir aqui dentro, gostando desta resposta.

"A coisa mais triste da minha vida até agora, sem dúvida nenhuma, foi a descoberta do Alzheimer da minha mãe."

LÁZARO
Ramos

Vim para o Rio alimentado pelo teatro baiano, buscando minha identidade e espaço. Era admirador do seu trabalho e, ao chegar à cidade, pude te observar mais de perto. E sempre quis saber o quanto da sua arte é intuição e o quanto é técnica.

Lázaro, antes de qualquer coisa: que grande ator você é! Que cara adorável para se ter por perto! Lazinho, como você gosta de ser chamado, curioso que a gente ainda não tenha trabalhado juntos. Mas a gente já compartilhou tanta coisa íntima, tanta coisa da vida, tanta trocação de ideia... Quantos áudios trocados, quantas angústias trocadas... Você foi sempre um grande cara que me ajudou a pensar e espero que eu também tenha sido um pouco disso para você. Eu te admiro tanto, tenho um carinho gigantesco por você, por Taís, pela sua família.

Você admirou o meu trabalho e eu, o seu. Eu vi você fazendo coisas extraordinárias. *Madame Satã* é uma coisa que eu vou levar pra sempre. Aquilo que você fez com o Karim [Aïnouz] é muito poderoso. Muito poderoso!

Então você quer saber o quanto tem de intuição e o quanto tem de técnica no meu trabalho. Interessante.... Lazinho, eu sou muito intuitivo. Muito! Eu nem sei se tenho técnica! Ha ha ha ha!

Bem, acho que eu tenho uma técnica que nem percebo, porque trabalho desde criança. Então que técnica eu tenho? A minha! Ha ha ha ha! Qual é a minha técnica? Sei lá! Ha ha ha ha! Eu fui vendo. Tô vendo até hoje! A minha técnica é continuar testando, treinando, errando, vendo os outros atores e aprendendo com eles.

Agora, a minha intuição é a coisa mais importante. A minha intuição me guia imediatamente nas escolhas dos trabalhos que vou fazer. Já de cara a intuição está lá. Na sequência a minha intuição me diz como eu devo fazer o trabalho que eu escolhi. Eu faço cada trabalho, geralmente, de acordo com a maneira como eu li sozinho pela primeira vez.

A minha intuição tem muito a ver com a minha imaginação. As vezes em que eu limitei a minha intuição foram as vezes em que fui menos feliz no meu ofício. Quando eu segui a minha intuição parece que as coisas fluíram melhor, quando eu segui a minha intuição parece que ela me levou a trabalhos mais felizes. Não quer dizer necessariamente que foram trabalhos de maior sucesso. São raras as vezes em que você é feliz no trabalho e ele ainda por cima faz sucesso. Às vezes você inclusive é infeliz num trabalho, tudo é meio ruim, difícil, travado, parece que é truncado, nada ali parece fluir e vira um filme extraordinário, lindo, que as pessoas amam! Ou uma peça, sei lá. Isso é doido, né? Curiosa demais a nossa profissão.

Mas a intuição... Se eu fosse fazer uma imagem de um super-herói artista, o lema do meu super-herói seria: "Intuição e Imaginação". São as minhas duas ferramentas mais usadas, mais valiosas.

Te percebo denso, mas com compartilhamento público mais do seu lado leve do que dos seus demônios. Por que eu acho isso?

Essa pergunta é ótima, Lazinho! Bem, por que você acha isso? Primeiro porque eu acho que você se identifica. Porque eu também te percebo denso e igualmente reparo que você tem um compartilhamento público mais do seu lado leve do que dos seus demônios.

Proteção. Fundamental.

Em segundo lugar tem a ver com o menino muito sério que fui. Capricorniano já nasce tenso, preocupado e fazendo conta, ha ha ha ha! Eu era um menininho rígido, um menininho que com 8 anos já ajudava no orçamento familiar e tinha noção dessa organização, dessa planilha Excel. Quando esse menino tinha 11 anos, a família dele se mudou para o Rio, para fazer esse sonho acontecer. Então já existia o pensamento: "Não posso errar, não posso falhar!". Sacou? Tudo muuuuito sério! Isso cansa, é exaustivo. O "foda-se" foi chegando na minha vida de um jeito bastante agradável e salvador, ha ha ha ha!

Tem um meme que uma ex-namorada me mandou que eu amo. É um capricornianozinho bebê recém-nascido, seríssimo, meio puto, cansado já. Daí ele olha para os pais com o cordãozinho umbilical cortado e fala assim pra eles: *"I'm a Capricorn, I'm the fucking parent now!"* ["Eu sou capricorniano, o pai nessa porra agora sou eu!] Ha ha ha ha!

É muito isso! Eu peguei o bastão do pai de família, sendo o filho. Então o meu maior desafio, meu amigo Lazinho, é ser leve.

O meu exercício diário, a minha luta, é me importar menos, relaxar, não levar nada tão a sério, não me levar a sério, não levar as coisas tão a sério. Zoar, brincar. Então quando eu compartilho esse meu lado hilário, que eu tenho muito, quem convive comigo sabe, quando eu deixo vazar publicamente esse meu lado... me faz um bem gigantesco! Me faz um bem terapêutico! Me faz um bem psicológico! Me faz um bem emocional! Me faz um bem espiritual! Me faz bem! Sacou?

Porque é como se eu estivesse vencendo mais uma luta contra o menino denso, sacou?

Tipo assim: "Olha aqui, menininho preocupadinho miserávi, tá tenso, filhote? Toma uns memes, garoto! Toma aqui essas coisas engraçadas! Vai rir, seu pequeno palerminha!". Ha ha ha ha ha ha!

Amo memes, amo essas bobagens. Afasta a tristeza de mim. Aliás, só tô nas redes sociais por causa dos memes. Funciona assim: se aquilo me divertiu, então deixa eu divertir os outros.

Todo mundo merece estar bem. A gente vive num mundo tão duro que acho que isso também é quase uma missão. Deixa eu espalhar um pouco de afeto, de coisa boa. Porque de desgraça, de coisa ruim, o mundo já está cheio. E, fazendo isso, parece que eu também tô jogando ao mar uma garrafa cheia de coisa legal... e isso volta.

Outro tema nessa tua pergunta que me faz pensar é compartilhamento com o público. Você é mais novo do que eu, mas também teve essa experiência de pré e pós-internet. Que loucura, né, velho? Que loucura que é isso tudo. Interessante. Que poder tem a circulação da informação. Ao mesmo tempo, que tragédia! Que poder tem a circulação de informação falsa! Quanta idiotice torpe circulando, né? Covardes que se escondem atrás de avatares, perfis falsos, não pensam que o que fazem é criminoso? É muito falatório, Lazinho. Minha vontade é me tornar tão falastrão quanto o Harpo Marx, ha ha ha.

Eu sou mineiro, o mineiro nasce discreto. Tá no sangue. Então, antes de rede social, eu já era aquele ator que dava pouca entrevista. Sempre fui aquele ator que circulava, mas não deixava que as pessoas soubessem muito da minha vida. Acho que o público não deve saber muito da nossa vida. Não acho que o público tem que saber tudo. Tô pensando até em desistir deste livro, ha ha ha ha! Não precisa saber quem eu namoro, quem eu deixei de namorar. Acho que até por isso coloco tão pouca imagem minha nas redes sociais. Imagem mesmo, você entende? Se você reparar, eu posto nas redes coisas poéticas, engraçadas, malucas, coisas que passam na minha cabeça, mas pouca imagem minha. Porque eu quero que o público queira me ver no cinema, no teatro, na televisão. E se ele me vê toda hora no celular, acho que vai enjoar da minha cara! Ha ha ha ha! Entendeu? Então esse limite é muito tênue. Quanto a gente dá? O quanto é necessário se expor?

Eu já enjoei da minha cara, preciso adiar esse sentimento no público.

Rede social é uma bela ferramenta pra divulgar o nosso trabalho, pra divulgar um filme quando ele é lançado. A gente é de uma época em que precisava pagar para colocar banner no jornal e anunciar na rádio. Hoje em dia você vai lá na sua rede social e *pow!* Meu filme estreou, posso avisar para milhões de pessoas ao mesmo tempo. É fabuloso. Eu procuro enxergar isso como uma ferramenta boa. E tenho muito cuidado de lembrar que aquilo é só um aplicativo.

Atenção: não esquecer que aquilo é apenas um aplicativo. Aquilo não é a minha vida. Aquilo não deve ditar o que eu penso, quem eu sou, o que eu sinto.

Eu tento achar essa dinâmica saudável e é difícil, porque a rede social é absolutamente viciante. E quando ela tá me fazendo mal, como muitas vezes fez, eu paro! Deleto o aplicativo. Saio fora. Fico meses sem usar. Passei quase o ano todo de 2022 longe das redes e veja só: parei de fumar. Fiquei 25 anos fumando que nem uma chaminé e justo no ano em que estava longe das redes sociais eu simplesmente parei de fumar, sem remédio, sem adesivo, sem nada!

Coincidência? Será?

Cortei um vício gigantesco justamente em um ano no qual eu estava distante da aflição, da ansiedade que as redes sociais geram... Curioso... Nesses tempos *offline* eu deixo uma equipe postando nas minhas contas. Já tive vários momentos em que eu fiz isso. Alguém lê as mensagens, filtra, responde, checa, faz tudo em meu lugar. Isso já foi muito útil muitas vezes. Aí eu me cuido, porque, meu irmão... a gente precisa se cuidar.

A gente precisa se cuidar espiritualmente, se cuidar psicologicamente. A gente tem que estar bem. Isso vale pra tudo! Mas então é isso, eu tento manter intacto o cara que era discreto antes das redes sociais. Uma vez eu vi uma entrevista com uma especialista em internet e ela falou uma coisa tão legal: "Não tente ser na internet o que você não é na vida". Acho que ela ajudava atletas. Adorei essa entrevista! Se eu soubesse o nome dela, dava o devido crédito. Ela dizia coisas assim: "Você chega numa casa onde nunca esteve, olha para um quadro e diz que o quadro é horrível?". Porque tem gente que é, né, Lazinho? Eu não sou desse tipo. Sou a pessoa que vai chegar na tal casa, vai olhar para o quadro, achar péssimo, vai só pensar e não vai comentar. Então por que diabos na internet eu seria o cara que comenta que o quadro é horrível? Eu não faria isso na sala da pessoa, ao vivo. Sacou? Eu trato a minha rede social como se fosse a minha sala. Então não deixo ninguém entrar na minha sala e derrubar a mesa! Não deixo jogar água na minha cara ou na cara de ninguém. Por quê? Porque eu também não vou na sala do outro sujar o tapete, jogar vinho no sofá. Não faço isso na sala dos outros, não venha fazer na minha.

Então eu procuro ter uma relação respeitosa, principalmente comigo mesmo. Sobretudo comigo! Uma relação respeitosa com os meus limites. Eu conheço os meus limites. Aprendi ao longo da vida os meus limites. Onde dói o meu calo. Então, quando a influência da rede social ameaça chegar nesse lugar... eu saio fora. A gente precisa proteger nossa mágica. A gente precisa proteger o nosso mistério. A vida é um mistério! Eu amo o mistério que é estar vivo.

Eu não sei o que é isto aqui, o que é esta existência. Não sei. Por isso seguimos, diariamente. O caminho é o lance. E o nosso trabalho também é muito misterioso. Muito espiritual, muito sensível. A gente caminha na floresta dos sensíveis. Você é um sensível, Lazinho. Um artista extraordinário. Eu gosto da ideia de as pessoas não saberem muito a meu respeito, não saberem como eu faço a mágica, não saberem o que eu tô pensando, não saberem exatamente tudo que eu sinto. Quem anda comigo sabe. Pronto. Quem frequenta o meu círculo mais íntimo sabe. Pronto.

Pra mim isso é o suficiente.

Quais são os seus maiores arrependimentos? Ou os momentos em que você se questiona? Na vida e na arte faria algo diferente?

Pergunta doida, né? Porque imediatamente você pensa *naquele* trabalho X. Você pensa: "Ah, aquele foi um baita arrependimento!". É uma bela chance que o Lazinho tá me dando. Mas peraí, deixa eu olhar um pouco mais a fundo esse trabalho. Se eu olhar detidamente, vou enxergar que nesse trabalho aconteceu alguma coisa baixo astral e que só vivendo essa má experiência eu pude me tornar a pessoa que sou hoje. Então eu imediatamente já penso que esse trabalho não foi um arrependimento — foi um crescimento.

Ou então um outro trabalho que foi xoxo, capenga, sem sal, que não me acrescentou em nada, só encheu o saco, ha ha ha ha. Aí eu penso mais um pouco e lembro que ali eu conheci aquela pessoa que foi fundamental na minha vida. O trabalho foi ruim, mas eu amo essa pessoa. Então aquilo estava no meu caminho pra eu conhecer essa pessoa. E às vezes acontece também de a gente fazer um trabalho e pensar: "Por que eu tô fazendo isso?". E uns anos depois você faz outro e parece que você tá fazendo este exatamente porque fez o anterior! Porque alguns trabalhos parecem ser preparatórios, sacou? Você faz algo e dali a uns anos aparece outro que você fala: "Meu Deus, só tô fazendo este aqui bem porque fiz aquele lá!". Então, se você olhar com afeto pro que seria um arrependimento, você vai chegar à mesma conclusão que eu. Não existe nenhum arrependimento. Nenhum. E de afeto você entende, Lazinho! Um cultivador e espalhador de afeto!

Tudo faz parte da nossa trajetória.

Eu já pensei em desistir desta carreira muitas vezes. Vira e mexe paira esta dúvida. Na vida é igual, existem questionamentos similares. Tem tantos momentos dolorosos da nossa vida, que a gente lembra e pensa: "Meu Deus, por que passei por isso? Por que essas pessoas ruins cruzaram o meu caminho? Por que aquilo aconteceu daquele jeito?".

E a resposta é: pra crescer, pra evoluir.

E aí vem terapia, né, Lazinho? Vem fé. Vem a vida. Então, na arte e na vida (eu não as separo muito), eu penso assim: tudo que vivi fez parte da pessoa que eu sou. Tudo fez parte do homem que eu sou. Tudo fez parte do ser humano que eu sou. Tudo fez parte do artista que eu sou. Então tudo foi importante, tudo foi relevante.

Lazinho, ninguém enviou as perguntas deste livro tão rápido quanto você, o troféu é seu! Obrigado por estar aqui. No livro e na minha vida.

"A gente precisa proteger nossa mágica. A gente precisa proteger o nosso mistério."

MOACYR
Franco

Sobre a mulher e o sucesso: sua mãe foi a Mulher-Maravilha?

Moacyr, querido! Primeiro, com licença, por favor. Ídolo da infância. Ídolo! Eu assistia com minha mãe, com meu pai, o *Moacyr Franco Show*. Era uma viagem! Do nada pintava na tela uns cachorrinhos e uns esqueletos que cantavam "Ai doutor, ai de nós, ai mulher, essa vida é uma ladeira pobre vai de marcha ré". E você fazia um monte de personagens, cantava, apresentava. Gênio!

Te conheci anos depois, em *O Palhaço*, que você me contou que foi um momento muito difícil da tua vida. Quando te chamei, você ficou comovido demais e aquele trabalho mudou o seu jogo. Naquela altura, te deu vitalidade, te deu força pra seguir adiante. Muito emocionante, Moacyr. Nosso encontro é definitivo ali em *O Palhaço*. Quantos prêmios você ganhou com apenas uma cena! E as portas que abriram e tudo que aconteceu! Não posso deixar de falar isso antes de começar a nossa história aqui.

Bom, você perguntou se minha mãe foi a Mulher-Maravilha. Com certeza ela foi. Com certeza ela é. A minha mãe vem de uma família de sete irmãos. Ela nasceu em Nepomuceno, uma cidade pequenininha de Minas Gerais. Depois se mudou pra Passos. Ela começou a trabalhar com seis, sete anos em uma venda na rodoviária, mercadinho do avô. Depois vendendo doces, costurando. Trabalhou em loja, balcão, vendendo tecidos. Aí conheceu meu pai e começou a namorar. Já estou falando de adolescência, juventude.

Meu pai começou a ter chances um pouco melhores como bancário. Aí ele teve que ir pra Ribeirão Preto, depois para São Paulo. E foi então que eu nasci, em 72. Eles foram pra Passos pra eu nascer lá, pra nascer perto da família, mas já viviam em São Paulo.

E a minha mãe era a pessoa que estava comigo na sala, em algum lugar por volta de 1978, assistindo televisão. Talvez assistindo você, talvez programas como o seu. E aí eu virei e falei: "Mãe, eu quero cantar na televisão, eu quero ir lá dentro". Ela falou: *"Hã!?"*. Dona de casa, vinda do interior — e de interior nós entendemos, Moacyr. Interior geográfico e interior emocional.

Aí ela me levou lá dentro da TV.

Um universo de bastidores da Bandeirantes do início dos anos 80 que nunca vou esquecer. Os ícones da época passando por nós a todo instante. Perla, Jessé, José Augusto, Agnaldo Rayol, Genghis Khan. Mano velho, como eu ainda tô vivo contando isso? Ha ha ha! Eu passei no teste e comecei a cantar em programas de TV. A minha mãe se lembrava muito do Gugu Liberato, que era mais velho. Então tinha uns shows e umas coisinhas que a gente se apresentava: feiras, eventos gratuitos em centros de exposição. Cada coisa, cada quebrada, cada lugar que eu ia com ela, e o Gugu era sempre o apresentador. Tipo eu com oito, nove anos e o Gugu com uns vinte. Minha mãe contava que ele tinha só um terninho. Ela falava sempre isso, com ternura. Que ele só tinha um terninho. Sempre o mesmo que ele levava, botava, fazia. Que ser apresentador era mesmo o sonho dele.

A minha mãe aprendeu a dirigir com 40 anos pra levar a gente — "a gente" porque meu irmão também começou a fazer comerciais etc. As portas se abriram também pro Danton. Aí: comercial pra um do lado de cá, pega várias conduções, e toma trem, ônibus pra todo canto, teste de novela aqui, e leva um pra lá, leva o outro pra cá.

Era muito puxado isso tudo com duas crianças. Não tinha babá, era ela fazendo tudo. Era ela que levava a gente, era ela que fazia comida, que ajudava nos estudos, que levava a gente no dia seguinte na escola, nos trabalhos, e ficava cuidando desses filhos e do marido. Ela teve uma percepção muito sensível daquele universo artístico. O sucesso que temos devemos a ela. Existe um limite muito tênue entre os pais torcerem, quererem muito que a criança dê certo, e o excesso. Tem gente que passa do ponto. Vi muito isso ao longo da vida: pais atrapalhando seus filhos. Indo reclamar com o diretor, enchendo o saco da produção, fazendo pedidos malucos, sendo invasivo. Quando surge um próximo trabalho, eles pensam: "Aquela criança é maravilhosa, mas a mãe não tem condições". Ou: "Não chama essa criança, porque o pai dá defeito". Eu tive um pai e uma mãe muito respeitosos, muito discretos.

Hoje em dia, quando escalo uma criança, conheço os pais, eles também são um termômetro pra minha decisão. Devia ter curso de pais de atores mirins. Fica a dica.

Meu pai trabalhava muito, então quem me levava era ela. Minha mãe era muito na dela, a ponto de os atores irem falar com ela, sacou? Eu lembro quando eu estava fazendo a novela *Corpo a Corpo*, no Rio. O Antônio Fagundes, depois de meses de novela, foi falar com a minha mãe, de tão impressionado que ele ficou.

"Oi, dá licença, como é que a senhora chama?"

"Selva."

"Que interessante! A senhora está de parabéns! A senhora é uma pessoa muito discreta e seu filho é maravilhoso. Ele é muito concentrado e a senhora fica aí no seu cantinho lendo o seu livrinho e tal... Se a senhora precisar de alguma coisa pode falar."

Quase assim: "Tá com fome? Fala que eu ajudo! A senhora quer um autógrafo? Pode falar comigo, que não incomoda não!". Ha ha ha ha ha! Acho isso muito legal.

Eu tenho muita saudade de ser levado pela minha mãe pro trabalho. Eu procuro manter uma sensação íntima de que ainda sou levado por ela. Penso também que talvez não tenha cortado o cordão umbilical e aprendi que esse sou eu.

Eu gosto desse cordão. Eu tenho carinho por esse cordão. E talvez por isso eu não tenha tido filho ainda, porque me agrada a ideia de ainda ser o filho. Isso é também uma música do Ira!. "Se meu filho nem nasceu, eu ainda sou o filho".

O Alzheimer dela veio fortalecer meu senso de guardião da memória da família. Enfim, a história toda será contada neste livro, Dona Selva sempre foi nossa força, nosso motor e, por que não dizer, a Mulher-Maravilha. E digo mais: o nome da minha mãe é Selva. É um nome muito lindo e muito forte. Ela é uma mulher muito forte.

E eu sou filho da Selva. Então eu sou filho dessa fortaleza.

Sobre primeira comunhão, crisma... O que nasceu primeiro: o milagre ou a fé?

Eu acho que a fé. Com fé você consegue ir adiante. Milagre é o bônus. Se acontecer um milagre foi porque você teve fé pra seguir acreditando, pra seguir trabalhando, pra seguir tendo esperança.

Confio em você: tem esperança *delivery*?

Eu acho que a esperança, que aliás é o nome do circo do nosso filme *O Palhaço*, precisa continuar firme no nosso desejo. Então o que você chama de esperança *delivery*, brincando um pouco quase como se fosse uma comida que a gente pede e vem, pode vir de várias formas — até mesmo das redes sociais.

Eu pratiquei muita meditação transcendental. Preciso voltar, porque me fazia um bem enorme. No período da pandemia, o professor Klebér fazia aulas *online*, *lives*, e ajudava imensamente! Naquele momento tão duro, tão triste, tão desconcertante, fui ajudado por alguém no celular que dizia coisas importantes e ajudava a preservar meu espírito. Portanto, uma espécie de esperança *delivery*.

Na vida, alguma cena já te dirigiu?

Acho que sim, no sentido de que nós, como atores, emprestamos nossa alma, nosso corpo, nosso espírito para que aqueles personagens vivam. Mas os personagens ensinam muito pra gente. Muito! A gente tem a chance de ser muitos seres e de aprender com cada um deles.

Eu já fui um soldado da época de Canudos, já fui médico, já fui médium. Eu já fui traficante, já fui polícia, já fui terapeuta, já fui iletrado, já fui milionário. Eu já fui trambiqueiro, já fui almofadinha, já fui autista, pervertido, santo, reacionário, guerrilheiro, lhama, assassino. Fui poeta, amante, amado, engraçado, comovente. Fui palhaço, patrão, empregado.

Já morri de várias formas — mais que gato. Aprendi com todas essas vidas.

E hoje, eu me sinto muito bem.

"Já morri de várias formas — mais que gato. Aprendi com todas essas vidas."

OBERDAN
Júnior

Te amo, irmão. Te conheço demais, te admiro muito e sou curioso. Vamos lá: qual a importância dos seus pais na sua carreira?

A importância é total, absoluta, infinita. Não só pelo esforço que fizeram, pelo apoio que deram. Porém, um apoio muito respeitoso, mantendo algum distanciamento, coisa que foi fundamental, porque eu vi muitos atores mirins ficarem pelo caminho. E muito por causa dos pais. Ou os pais incomodavam, ou atrapalhavam de algum jeito, ou os pais influenciavam demais nas escolhas, de uma forma equivocada, atrapalhando o desenvolvimento deles. E meus pais me deram as ferramentas e confiaram na minha intuição.

A origem deles é muito simples. Eles não têm nenhuma história com artes. São do interior de Minas, seu Dalton de Passos, minha mãe de Nepomuceno. A cidade da minha mãe, até há pouco tempo, não tinha nem delegacia, de tão pequena. Eles cresceram em um ambiente de parcos recursos.

Sou filho do Brasil simples, do Brasil profundo. Sou filho de mineiros sem dinheiro no banco e com o sonho da casa própria, o brasileiro trabalhador, sem herança e cheios de sonhos. E por acaso eu fui ator e meu irmão também acabou sendo ator. Eu puxei o bonde familiar, um capricorniano clássico de almanaque. Nem dez anos eu tinha e a vibe era: "Sigam-me, vai dar tudo certo!". Ha ha ha ha ha!

E deu.

Acho que meus pais tinham um respeito meio divino com a coisa e uma sensibilidade também muito grande! Podiam não ser letrados, mas aquela simplicidade vale mais do que mil livros e conta cheia. A simplicidade intelectual não é uma deficiência. Era um entendimento superior ao terrestre. Uma sensibilidade apurada, essa foi minha maior herança. O amor e a confiança dos meus pais é o meu verdadeiro berço de ouro. Então eles enxergavam aquele menino e matutavam: "Deixa ele indo...". Aí, se eu fosse cair ali do lado: "Tamo aqui, filho!". Aí eu dizia: "Não quero ir por aqui, parece que percebo algo errado, vou tentar de outro jeito". Eles: "Ótimo!".

Eles sempre iam me apoiando, pra eu ir caminhando. Como se fosse aprender a andar. Ajudaram a construir as asas, construímos juntos as asas e, uma vez construídas as asas, eu fui voar. E eles aplaudiram. E me acolheram, e me acompanharam, me abençoaram. Eu sou eles, estou realizando meu sonho e o sonho deles.

Eu ainda não sei se contei essa história no livro, mas eu acho muito impressionante o que eles fizeram e sou eternamente grato, acho que até numa outra encarnação serei grato. Quando eu tinha dez, onze anos, já tinha feito duas novelas: *Dona Santa* e *Braço de Ferro*, na TV Bandeirantes, em São Paulo. O telefone tocou: era a Globo me chamando pra fazer uma novela do horário nobre, no Rio. Eu vi o mar uma vez, em Santos, uma vez que meu pai levou a gente num encontro do pessoal do banco. Rio de Janeiro? Mudar pra lá? A gente nunca tinha ido ao Rio nem pra passear! E a Globo nessa época era Hollywood. Não é exagero dizer isso, total influência criativa de um país inteiro. Estamos falando de 1984, o fim de uma novela parava o Brasil. Era uma coisa fora do normal de tão grande que era. Não tinha *streaming*, não tinha internet. Outros tempos. Era como se hoje me chamassem tranquilamente para trabalhar com o De Niro.

Fizemos uma reunião familiar. Significava mudar todo mundo para uma cidade grande e nova. Meus olhos brilhavam, eles sacaram tudo e fizeram a maior aposta de nossas vidas. Essa família se mudou de mala e cuia pro Rio de Janeiro. Eu acho isso muito, muito impressionante. Minha mãe tinha seus trinta e poucos anos, meu pai também, quarenta no máximo, e se mudaram de cidade. Você deixar amigos pra trás, os lugares que frequentava, por causa de um menino de onze anos. Isso é uma aposta muito grande. E eu acho que, de uma certa maneira, eu levo essa responsabilidade, sem sentir o peso dessa responsabilidade, entende?

Carrego como se fosse uma tocha da família. Fizeram esse esforço? Então vou fazer por onde e vou fazer ter valido a pena todo o sacrifício. Essa foi a minha trajetória. Um menino que levou uma família inteira para voar bem alto. Um menino muito sonhador e muito obstinado.

Qual é a sua primeira lembrança da infância?

É difícil saber a primeira. Não sei te dizer. Mas acho que já tinha a ver com arte ou cinema. Um cinema grande, vendo *ET*, vendo algum filme dos *Trapalhões*, que eram os grandes filmes de férias da época.

Minhas lembranças da infância são fabulosas. A gente morava em São Paulo, eu nasci em Minas porque eles queriam que eu nascesse perto da família. Naquela mesma maternidade em que todo mundo nasceu, em Passos, pra família ver. Mas a gente já morava em São Paulo, então eu nasci em Minas e fui pra São Paulo com um mês. E durante toda a minha infância eu vivi entre São Paulo e Minas. E isso foi uma coisa muito boa. Percebo hoje, olhando pra minha linha do tempo, como foi importante, porque tive uma infância por um lado absolutamente urbana, de uma grande metrópole, com todas as influências e os estímulos de uma cidade grande, mas vivia em Minas e vivia na roça. Meus tios, Luís e Sonia, tinham plantação de café, e os tios Stanley e Eda, uma chácara. Então era muita plantação, cheiro de mato, andando a cavalo, andando na terra, colhendo fruta no pé, brincando livre, sem medo de coisa de cidade grande. Eram outros medos: será que vai ter cobra na estrada? Na cidade é: "Cuidado pra não ser atropelado! Olha para os dois lados na hora de atravessar!". Isso em São Paulo. Em Minas é estrada de terra, "Cuidado se for andar a cavalo! Se tiver cobra no caminho o cavalo pode se assustar!". Isso pro meu imaginário e pra minha formação foi uma coisa maravilhosa.

Agora, misturando um pouco com a primeira pergunta, vem o senso de responsabilidade, que na verdade é uma coisa que eu tenho já como um traço da minha personalidade, mas é algo também que eu fico muito atento pra não ficar forte demais. Esse senso de responsabilidade trago dos meus pais, ambos muito rígidos, pouco espaço para falhar. Minha mãe, quando trabalhava de costureira em São Paulo, um dia estava cheia de sacolas de clientes. Foi pegar um ônibus e faltava, digamos, 70 centavos. Ela viu que não tinha e desceu. Andou bairros, quilômetros pra chegar em casa exaurida, com o pé machucado, coluna estourada com o peso. Ela não pediu ajuda. Tipo: "Não tenho? Não posso fazer essa viagem". Meu pai era bastante sobrecarregado nos trabalhos. Fazia funções de duas, três, quatro pessoas, sempre com o pânico de ser mandado embora e não conseguir manter uma família.

Eu caminho nessa vida honrando cada trecho da luta deles. Eles ralaram e sofreram muito. E por isso eu tenho uma capacidade de enxergar o sofrimento de quem tá perto. Sinto muito as dores do mundo, eu sinto muito tudo. Ajudo quem está próximo, me importo com as preocupações de quem eu gosto, como se eu fizesse isso também por meus pais, como se eu representasse alguém que poderia ter ajudado eles, como se pudesse voltar no tempo e pudesse oferecer a eles uma vida mais suave. Que viagem.

Criança pega tudo no ar, rapidamente herdei esse senso de responsabilidade aguda. Eu era um menino muito sério, certinho, rigidozinho, capricornianinho que já nasce com cara de preocupado. Ha ha ha ha ha! E na verdade isso vem comigo até hoje. Então a grande desconstrução que eu faço diariamente é relaxar. É zoar. É me zoar. É zoar o mundo. É brincar. É curtir. É errar. Porque senão é uma loucura, eu viro um general de mim mesmo.

Eu sou cansado de outras encarnações. Há muitos episódios na minha vida que mostram isso, e de um específico, bem louco, até hoje me lembro muito bem. Em Nepomuceno eu andei no cavalo de algum vizinho, algum vizinho emprestou, coisa comum de roça colada com roça, eles deixam uns cavalos, depois buscam outros e assim vai indo. Aí eu andei num cavalo emprestado, curti pela manhã e voltei pra casa. Era domingo, o pessoal assando uma carne, ouvindo moda de viola... Botei a rédea dele no portão e entrei. Aí algum primo mais velho, um tio mais novo, pra me dar uma zoada pegou o cavalo e levou pro curral. E perguntaram pra mim: "Cadê o cavalo?".

Eu falei: "Tá ali no portão". Eu tinha seis anos de idade. E eles falaram: assim, "Não tá, não". "Como assim 'não tá, não'?" Ou seja, seis anos de idade, absolutamente responsável e sério. "Como assim não tá não? Tá ali!" Ha ha ha ha! Aí já me mostraram que o cavalo não estava ali. Desespero. Aí eles começaram assim: "Ih, esse cavalo custa muito caro, povo rico". Ou seja, me zoando. Uma criança menos capricorniana acho que ia brincar ou zoar também. Qual foi a minha reação?

"Como é que eu paaaago por esse cavaaaalo?"

Ha ha ha ha ha! Aí eu já fiquei mal, chorei, peguei um caderninho e um lápis. Com seis *fucking* anos de idade eu fui para um quartinho! O pessoal morrendo de rir na varanda e eu fui fazer contaaaaaaa!

Ha ha ha ha ha ha! Estudos: "Hmm peraí, minha vó me dá 2 reais por mês pra eu comprar bala... Então se eu guardar 2 reais de bala, em um ano vou ter 24 reais. Meu pai me dá 10 reais de mesada..." Eu comecei a fazer contaaaaaa! Como se pagava um cavalo! Ha ha ha ha ha!

Isso fala muito de quem eu sou, do meu DNA! O grande trabalho ao longo da minha vida foi e é aliviar a pressão que eu sempre carreguei. Segundo trabalho, igualmente importante, psicanaliticamente falando, é lembrar que tinha esse menino contador preocupado, ha ha ha ha, maaaaaasss também tinha o menino que brincava muito e andava a cavalo, perdia a hora, por longas estradas de terra vermelha, e esquecia do tempo, da hora, chutava pra cima as regras e que nunca teve medo das cobras na estrada. O vento na cara era maior que tudo.

Brincar na vida, pra mim, é muito importante. Estar com gente engraçada, fazer comédia, tudo isso pra mim é terapêutico. Acho até que por isso eu brinco na internet. Meto o foda-se, cavalgo, de tanta exaustão. É exaustivo ser eu. Eu estou cansado há séculos. Então toda oportunidade que tenho de zoar tudo, me bagunçar, sem profundidade alguma, eu aproveito e me alivia.

Exausto de profundidade e responsabilidade. Cansado de outras vidas. É tanto trabalho e tanta seriedade, tanta responsabilidade, que, irmão, eu só quero rir. Só isso, e espalho isso também, como se fosse ajudar outras pessoas que precisam rir também, aliviar. Toma uns memes aí, minha gente! Tá complicado? Toma meme de qualidade e vamos que vamos!

Qual lembrança você tem daquele menino da Aclimação?

O menino da Aclimação, que legal esse tempo! Nesse período fomos melhorando de vida, de emprego, de trabalho, tanto do meu pai quanto o meu, quanto o do meu irmão. Ou seja, a gente ajudava nas contas da casa. Olha aí o senso de responsabilidade de novo. Então, se o aluguel era R$ 1.600, era 1.200 do meu pai e 400 dos nossos trabalhos, e por isso a gente conseguiu estudar em escolas particulares. A gente fazia parte do orçamento, botava dinheiro no orçamento da família. No meu núcleo.

Isso é uma coisa muito peculiar, né? Já ter noção do dinheiro, da responsabilidade, do pagamento. Se a gente não tivesse aquilo, talvez a gente não pudesse viajar, não podia ter aquela bicicleta que a gente sonhava. Interessante, porque ao mesmo tempo dava a dimensão da importância do trabalho e do suor, do esforço. Foi um baita aprendizado.

Esse menino da Aclimação tinha coisas muito curiosas. Ele gostava de ficar muito em casa. E eu sou muito conectado com esse menino. Porque eu ainda gosto de ficar muito em casa. Tenho um prazer enorme de ficar na toca. Tinha uma escada na casa e eu gostava de ficar embaixo dela. E eu montei debaixo da escada o equipamento pro meu imaginário. Então tinha uma vitrola, um gravadorzinho de fita cassete, uma gavetinha com um monte de revistinha de música, meu violão. Eu ficava ali aprendendo as músicas, aí botava o disco, aí tocava meu violão junto com o disco, aí daqui a pouco eu apertava o gravadorzinho e fazia meus próprios programas de auditório, onde eu anunciava, cantava, apresentava a música, eu fazia o programa inteiro assim. Aí tinha o Playmobil e eu ficava ali horas viajando, enquanto isso meu irmão ia pra rua, corria pra lá e pra cá, entrava correndo pela casa machucado, com sangue, porque brigou com não sei quem, caiu, ralou o joelho. Eu não me lembro de ter quebrado algum osso do meu corpo na minha vida. Não me lembro. Não tenho essa lembrança. Claro que já quebrei. Quebrei dedo, ombro e pulso recentemente. Mas na infância não lembro de ter quebrado perna, engessar partes do corpo. Danton arrebentou tudo! Ha ha ha ha ha! Cortou boca, já quebrou dente.

Isso diz muito da nossa diferença. Sou muito mais mental. Muito mais imaginação. Muito mais cerebral. Meu irmão é mais da rua, mais aventureiro. Esse garoto da Aclimação é o garoto da imaginação. E esse garoto anda comigo até hoje. Ele inclusive escreveu essa resposta agora.

Como aquele menino dos estúdios de dublagem influenciou no artista que você é?

A dublagem foi fundamental na minha vida, Oberdan, e você estava lá... Você é meu amigo, meu irmão! Pra quem não sabe, nós dublamos uma fase do Snoopy em que eu dublava o Charlie Brown e você dublava o Lino, que andava com seu cobertorzinho. Apenas isso! A gente dublou o *fucking* Charlie Brown e o *fucking* Lino! Ha ha ha ha ha! Nós dublamos Corey Haim e Corey Feldman. Nós dublamos os *Goonies*, nós dublamos muita coisa importante desse período.

"Sou filho do Brasil simples, do Brasil profundo."

E nós éramos os *nerds*. A gente ia pra banca de jornal, comprava as revistinhas e a gente sabia quais eram os nomes dos atores. E a gente chegava na Herbert Richers nesse pique: "Olha, quero dublar esse ator aqui dessa série!". Porque a gente já sabia que ele vinha no filme do Indiana Jones! A gente estudava os atores. Aquilo foi uma escola tão grande, porque eu aprendi muita coisa. Nossa adolescência foi basicamente dentro de um estúdio de dublagem da Herbert Richers.

Cara, eu tenho um fascínio por esse período, uma época mágica, e uma época também confusa pra mim. Era nossa única forma de expressão.

Trabalhamos com grandes atores-dubladores nesse período e eles foram fundamentais na minha formação. É uma injustiça muito grande eu citar alguns e não falar de outros, mas Darcy Pedrosa era um baita ator. Darcy Pedrosa era um *sir*. Um jeito brilhante de interpretar. Outro cara fundamental na nossa história: Mário Monjardim. O público não conhece o rosto dele, mas ele encantou, sei lá, quatro décadas, cinco décadas, porque simplesmente ele foi o dublador do Salsicha, do Pernalonga, do Capitão Caverna, do Gene Wilder. E se a gente falar, por exemplo, do Salsicha, é uma criação artística aquilo! Por que o que deve ser o Salsicha no original? Um texano? O Monjardim, criador, foi o cara que olhou pra cara daquele sujeito e falou assim: "Eu acho que pode ser assim meio brasileiro. Ô diabo, ô diabo, cadê você, Scooby? Onde tá você, hômi de Deus?". Isso é um troço que não dão o valor necessário. Aquilo é um trabalho de criação e que encantou gerações e ele nunca foi premiado, nunca teve o nome dele nos créditos, nunca teve um reconhecimento artístico à altura da grandeza dele.

Outro fundamental na minha vida é o Newton da Matta. Da Matta, pra quem não sabe, foi durante muito tempo o dublador do Bruce Willis, naquela série *A Gata e o Rato* e em muitos filmes, do Dustin Hoffman. O trabalho dele em *Tootsie* é irretocável, eu vejo esse filme dublado pra me emocionar com o Da Matta vivendo o Dustin Hoffman. Ele dublava o protagonista dos *Thundercats*, acho que é o Lion. Esse cara era um grande ator que eu colocaria na mesma prateleira do Fagundes, do Tony Ramos. Da Matta foi um dos maiores atores que conheci. Pra você ver a importância desses grandes artistas e a tristeza que eu sinto desse período, por eles não terem tido esse reconhecimento.

Isso é um assunto interessante sobre dublagem, porque nos anos 80 a dublagem não tinha espaço. Não tinha internet, né? Eu me lembro de eles lutarem bravamente pra tentar ter crédito no final das coisas. E hoje eu vejo uma geração beneficiada por esse período. Hoje eu vejo dubladores famosos na internet, que participam de eventos, fazem palestras e são ovacionados. Eu fico muito contente por eles, porque finalmente a dublagem é reconhecida. A gente vê uma série no *streaming* e no final sempre aparece nos créditos os nomes dos dubladores. Doido, né, Oberdan?

Esse período da dublagem que pegamos, que foi anos 80, eram de artistas que migraram da Rádio Nacional. A Rádio Nacional e as radionovelas foram marcantes na história do Brasil. Tanto que quando minha mãe me levava para dublar, a gente esperava num jardim que tinha uns bancos, e ela ficava encantada porque ia reconhecendo as vozes. As vozes da infância dela. Porque um ator de radionovela era, nos anos 50, 60, equiparado a um Lima Duarte dos anos 80, na Globo. Radionovelas como *O Sheik de Agadir* eram muito famosas. E acho tão bonito radionovela.

Eu botei um pouco disso em *O Filme da Minha Vida*, acho tão bonito porque precisava da imaginação do público. O público ouvia as vozes, se encantava por aquela história e por aqueles atores e eles tinham crédito. Depois chegou a televisão, abriu esse espaço, novelas. E começou a existir a dublagem. Então eu acho bonito esse período da história. Que eu não vivi, mas que eu sei. Teve esse período da história em que atores de radionovela tiveram que optar, se eles iam finalmente aparecer, se eles queriam isso, se eles desejavam isso, aparecer o seu rosto, sabe? E começar a fazer novela, televisão. Era uma novidade, teve Tupi, Excelsior. Ou se eles iam pro mundo da dublagem.

Aí eles se dividiram. Da radionovela, fazendo a transição pra TV, vieram Paulo Gracindo, Fernanda Montenegro, Lima Duarte pra citar três. E colegas, contemporâneos, Darcy Pedrosa, Da Matta, que preferiram ir pra dublagem. Então eu não sei depois, vendo o sucesso de todo esse pessoal na televisão, o quanto eles acharam que foi uma boa. Aí sou eu pensando com meus botões, o quanto eles acharam que foi uma boa essa escolha. Porque eles teriam sido atores famosos, os rostos deles teriam sido conhecidos, eles teriam sido ovacionados e conhecidos pelo público, mas também não teriam dado a contribuição artística gigantesca que eles deram pra dublagem.

Então foi um período que a gente viveu juntos, porque afinal uma coisa ainda não foi dita. Você, Oberdan, quando eu cheguei no Rio com onze anos, era uma estrela do Brasil! Você era uma estrela da Globo, você era uma estrela do Brasil! Porque você era simplesmente o menininho de *Amor com Amor se Paga*. *Amor com Amor se Paga* era uma novela estrelada pelo Ary Fontoura, que fazia um cara sovina que botava cadeado na geladeira, e você fazia o menininho da novela. Vocês eram os dois protagonistas da

"Um menino que levou uma família inteira para voar bem alto. Um menino muito sonhador e muito obstinado."

novela! Então, quando eu cheguei aqui, você era o cara! E depois você fez outra novela, acho que era *Sol de Verão*. Você era nossa maior referência. Então quando eu cheguei aqui e era um menininho, você era um astro! É uma loucura isso, Oberdan! Ou seja, nós fomos astros mirins.

A gente ainda tá vivo, é uma loucura. Ha ha ha ha ha! Porque é muito insano você começar tão novo. Eu amo você. Eu acho você um dos maiores atores brasileiros. E agora vem uma outra constatação: de como o Brasil trata mal os seus talentos. Você é um gênio! Como é que você não tá no jogo? Como é que você hoje não tá na televisão sendo um dos maiores, como você é? Bom, espero que este livro esteja atrasado e, até a hora que ele saia, alguma coisa já tenha acontecido!

Você é um amigo de toda essa jornada. Com você fui ator mirim, com você deixei de ser ator mirim porque, assim como me deixaram de lado, te deixaram de lado também. E aí nós fomos pra dublagem. Juntos! E aí nós viramos dubladores. Juntos! Na Herbert Richers.

E nós fomos dubladores no período de ouro da Herbert Richers. Então nós ficamos ali e sentimos coisas muito parecidas. Aí falando de coisas íntimas: a gente também teve muita tristeza dentro de nós. Talvez a gente nem falasse tanto disso, porque a gente não sabia elaborar. Mas na verdade nós fomos colocados de lado. A gente era astro num dia, e no dia seguinte a gente não servia mais para a máquina da televisão. E a gente estava ali na dublagem sem reconhecimento, sem crédito, ninguém sabendo quem era a gente. Não é como é hoje, aquela geração de dubladores ralou muito para hoje eles serem conhecidos. Na nossa época isso não existia.

A gente cresceu junto. A gente era garoto, que virou pré-adolescente, que virou adolescente, que virou jovem. As primeiras descobertas, os primeiros namoros, os primeiros romances. A gente viveu tudo isso junto, Oberdan. Eu tenho um amor por você e pela nossa trajetória muito grande. E não bastasse tudo isso, ali nos meus 17 anos, a gente fez a transição juntos para o teatro. Porque eu fiz um filme chamado *Uma Escola Atrapalhada*. Eu passei num teste pra esse filme, não me lembro, mas provavelmente você foi nesse teste junto comigo. Eu passei nesse teste, conheci Leonardo Brício e Maria Mariana, pessoas fundamentais na minha vida, e eles falaram pra eu fazer teatro, ir no Tablado, e aí eu te chamei. Falei: "Oberdan, não tenho coragem, acho que não sei fazer teatro", e acho que você também já tinha feito muito teatro, mas não fazia mais tanto e aí você quis se permitir isso, você fez *O Menino do Dedo Verde*. Tistu. Além da TV, você fez um grande sucesso no teatro quando era criança. E a gente foi pro Tablado juntos estudar com Damião [Carlos Wilson, ator, diretor e professor de teatro].

Damião me deu uma coisa valiosa: autoestima. Eu achava que eu era um menino-homem errado, troncho. Damião me deu papéis que me provaram o contrário. Mercuccio, de *Romeu e Julieta*, por exemplo. Como se ele me desse um espelho não deformado e me vi diferente, gostando de mim de novo. O teatro me deu isso. Damião, mesmo no fim da luta contra a AIDS, foi fundamental na minha vida. O trauma da TV era tão grande que me lembro de pensar: "Pronto, o teatro me preenche, me deu de novo a chance de ser ator. Televisão nunca mais, não tenho o biotipo pra TV, foi uma coisa de criança. Ganho grana na dublagem e faço teatro e estou em paz finalmente". Quando eu relaxei, parei de sonhar com a TV, um diretor iniciante me viu em cena no Tablado e me chamou pra voltar pra TV. O diretor? Luiz Fernando Carvalho. A novela? *Pedra sobre Pedra*.

Você faz parte de uma década, de um período muito grande da minha vida, Oberdan, quando a gente era uma dupla. Então eu tenho um amor por você, um respeito por você, gigantesco! Que bom que você tá aqui neste livro. Eu te admiro profundamente. Espero que em breve seja feita uma reparação de toda a sua grandeza expressiva. E que você possa voltar a ser visto por muita gente. Eu sei que isso talvez te cause um pouco de medo, esse retorno. Mas eu vou estar do seu lado. Eu vou estar de mãos dadas com você. Pode vir, que vai ser bom!

Qual o primeiro filme que te vem na cabeça normalmente? O que ele provoca em você?

Eu falei dos *Trapalhões*, falei do *ET*, que cresci assistindo. Teve a fase das locadoras, quando descobri Kubrick, Bergman, David Lynch... Quando eu vi pela primeira vez *O Bandido da Luz Vermelha*, do Rogério Sganzerla, que acho um filme impressionante. Leon Hirszman, *São Bernardo*. São filmes que me causaram um impacto muito grande. Se você disser: "Escolhe um filme gringo e um filme brasileiro". O filme brasileiro eu diria *O Bandido da Luz Vermelha*. Acho que ainda hoje está à frente do tempo, Rogério Sganzerla fez esse filme com vinte e poucos anos! A mistura de linguagem, rádio com cinema, policial com televisão sensacionalista, existencialista com programa de auditório. Esse filme tem uma ousadia fascinante na linguagem. Muito pop. Muito requintado. Sou apaixonado por esse filme! E o filme gringo que me emociona demais, se eu tivesse que escolher um, é *Paris, Texas* do Wim Wenders. Eu amo esse filme. Eu amo Harry Dean Stanton, esse ator me causa uma comoção, me emociono vendo ele em cena. Acho que ele é o Paulo José americano. Ele tem uma simplicidade. Ele é um homem comum, tem cara de homem comum. Ele tem um jeito de atuar muito sem esforço, muito Paulo José. E é um personagem que volta, ele tem alguma coisa do passado e volta porque teve um filho com uma mulher que ele amou. Ela trabalha num *peep show* e ele vai até lá, não tem coragem de falar pra ela. E um dia ele fala e é uma das cenas mais lindas do cinema. Ele fala tudo que gostaria de dizer pra ela, sem dizer que é ele, e ela tá do outro lado do espelho, do vidro, ouvindo. E ele vai se aproximando do menino. Esse filme é lindo demais e é uma das trilhas sonoras mais belas de todos os tempos. Eu amo esse filme.

Oberdan, você é um cara muito importante na minha vida. Você é um dos maiores artistas que cruzaram o meu caminho. É uma honra ter você aqui nesta celebração, porque eu também quero celebrar você, hoje e sempre.

LETICIA
Sabatella

Querido Selton, de onde veio a ideia de levar balas Chita pra mim? Nas primeiras sessões de terapia, pra lá de intensas, o diretor dos mais sensíveis. Nem conhecia ainda o menino do interior de Minas, como eu mais me sinto na vida, já tinha o velho sagaz e generoso com os atores. Sei que meu avô, que morreu quando eu tinha nove anos, que trabalhava na venda e me dava as balinhas de presente, esteve por ali. Foi um recado delicado pra minha alma.

Leticia, sua pergunta é mais uma afirmação do que uma pergunta. Só posso usar esse espaço para agradecer. Bala Chita é um segredo nosso, não espalha, tá? Se quando te dirigi te fez bem, se aquilo foi um recado delicado para sua alma, é a certeza de que eu devo continuar e te agradeço.

Siga voando, literalmente.

Então vamos lá... Por quê?

Leticia, você nunca desaponta.

Por quê? Porque sim. Porque eu imaginei antes — e depois mais ainda. Porque o café estava esfriando. Porque a arte salva. Porque sempre foi bonito. Porque me deixa inspirado. Porque sempre gostei de desafiar a rotina dos meus sentidos. Porque vivo grávido de ideias. Porque o cheiro da roça sempre me inspirou e o do asfalto me moveu. Porque era a minha única chance.

Porque eu preciso.

Porque, quando eu ilumino meus pensamentos, eu ilumino os pensamentos alheios. Porque eu tenho fome de saber. Porque eu sempre gostei mais das perguntas do que das respostas. Porque o mundo está acabando lentamente. Porque enxergar a vida de uma forma poética foi sempre minha maneira de sobreviver.

Porque a roupa tá secando. Porque foi a única coisa que fui capaz de fazer. Porque eu tô com sono. Porque os sensíveis me interessam. Porque hoje tá nublado e eu gosto. Porque ontem o dia estava lindo, bem ensolarado, e eu gosto. Porque hoje parece que vai chover, eba! Porque é para a posteridade e sobretudo para a prosperidade. Porque preciso me ocupar, preenchendo os vazios com muita arte. Porque, quando eu faço algo grande do ponto de vista emocional, eu posso estar ajudando alguém.

Porque eu tenho saudade.

Porque sempre quis construir minha gramática.

Porque sempre busquei preservar meu patrimônio espiritual.

Para quê?

Para ser útil, através de algo subjetivo. Para escapar da burocracia. Para lembrar quem eu sou diariamente. Para conservar meus devaneios.

Para rir e fazer rir, chorar e fazer chorar. Para brincar. Para cair e levantar. Para enfeitiçar e ser enfeitiçado. Para não perder o prazo de validade. Para falar ao motorista somente o indispensável. Para fazer alguma diferença. Para seguir agindo mais e falando menos. Para mandar se foder as almas sebosas, os parasitas, os invejosos.

Para me alimentar, alimentando outras pessoas. Para espalhar afeto. Para incomodar os medíocres. Para espalhar boa onda. Para enaltecer a maior de nossas faculdades: a imaginação. Para seguir assombrado e maravilhado com o mundo.

Para fugir de mim. Para me encontrar sendo tantos. Para ser.

Para lembrar.

Para quem?

Para os meus pais. Sempre. Tudo.

"Porque sempre gostei de desafiar a rotina dos meus sentidos. Porque vivo grávido de ideias. Porque a arte salva."

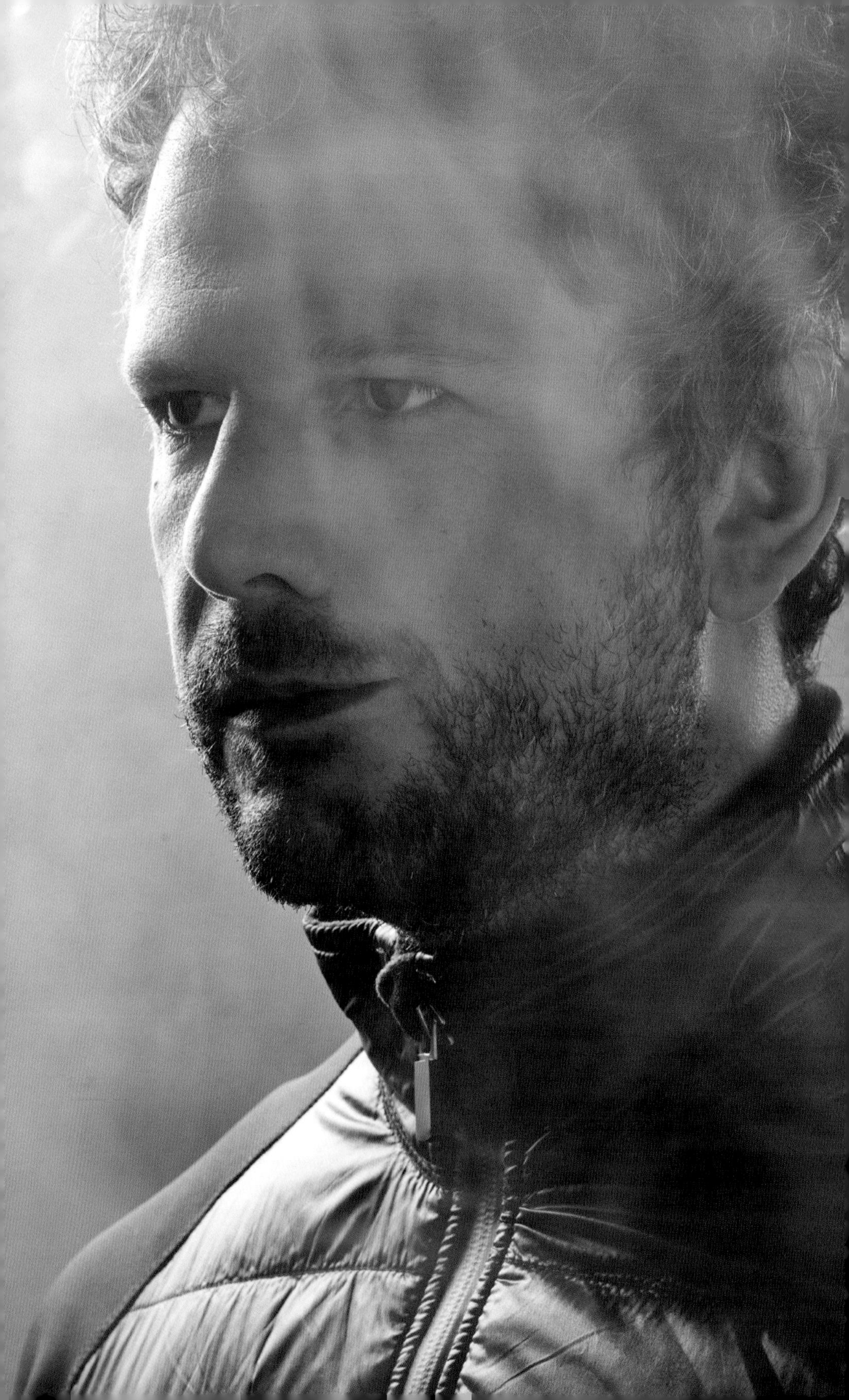

Que bom que meus pais se casaram.
Que bom que ele estava feliz e ela estava sonhando.

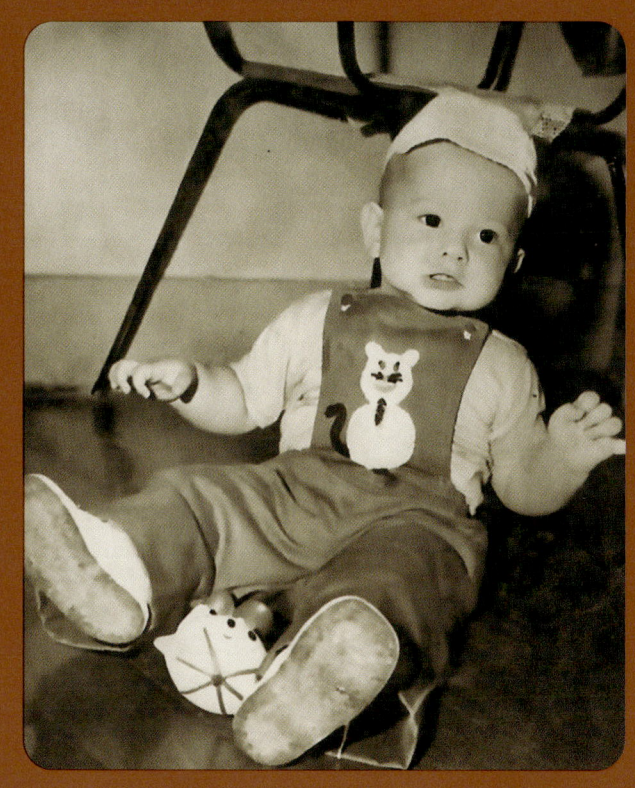

Mini eu. Querendo levantar logo porque tinha muita coisa pra fazer.

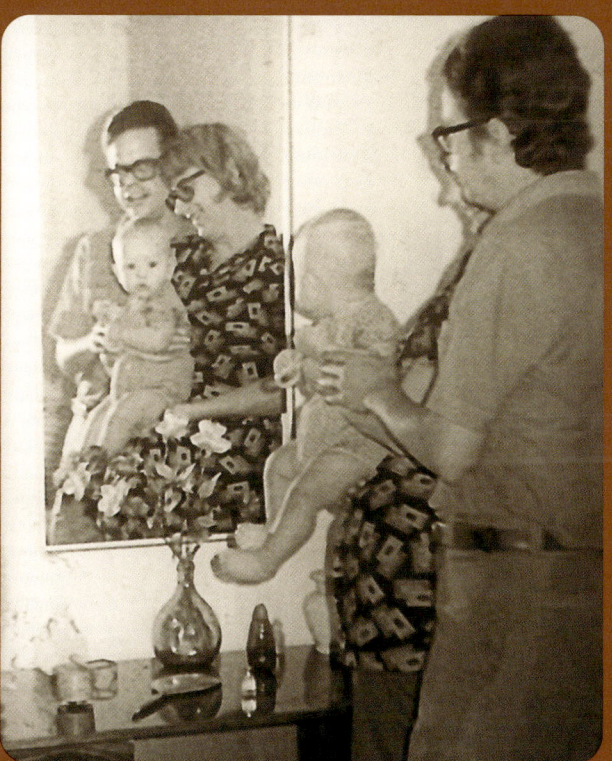

Me vi no espelho nos braços deles. Entendi foi nada.

Varanda do interior, cadeira da avó, em Passos, Minas Gerais. Minha pressa e o sorriso da minha mãe.

Meus pais, meu tesouro.

Meu irmão nasceu fofinho e querendo falar logo.
Eu de bico porque a camisa pinicava e tava calor.

Fotos aleatórias porém nem tanto.
Praça da Sé, São Paulo.
Treinando compenetrado no cavalo do Playcenter.
No colo do pai, sério porque é meu jeitinho.
Vencendo obstáculos na terra vermelha de
Nepomuceno, Minas Gerais.

Danton ganhou um avião que andava também.
Eu ganhei uma bola tipo o mundo.

Quintal da Tia Sonia em Nepomuceno, Minas Gerais.

Dia de Páscoa, com meu pai, meu irmão e orelhas pintadas na escola.

Minha mãe me levando para um comercial, ela ainda leva.

Morrendo de rir com ela, ainda rio.

Cantando em uma festinha de fim de ano do trabalho do meu pai.
Mas com o empenho de quem se apresenta no Grammy.

Dente nascendo.
Cantando e tocando guitarra em uma feira de exposição no ABC Paulista.
Treinando pra fazer um filme um dia.
Chegando no Rio com meu irmão, cheio de sonhos na mochila.
Ao lado, o jovem querido com a expressão mais usada na vida.

Analisando o mundo e as pessoas desde 1972.

Natal em família, meu pai no melhor estilo Chicó.
Danton, depois de fazer duzentas coisas em 5 minutos.
Eu, bochechudinho, esperando servirem o doce, parte favorita.

Em *Corpo a Corpo*, de Gilberto Braga, primeira novela na TV Globo, em 1984, ao lado da musa amada Malu Mader.

Crachá da Herbert Richers.

Em uma praça mineira com minha mãe e irmão, avaliando suas reações ao livro que você tem agora nas mãos.

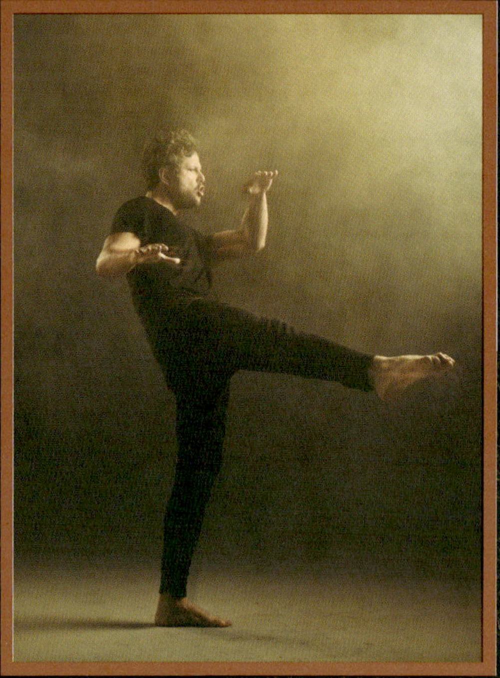

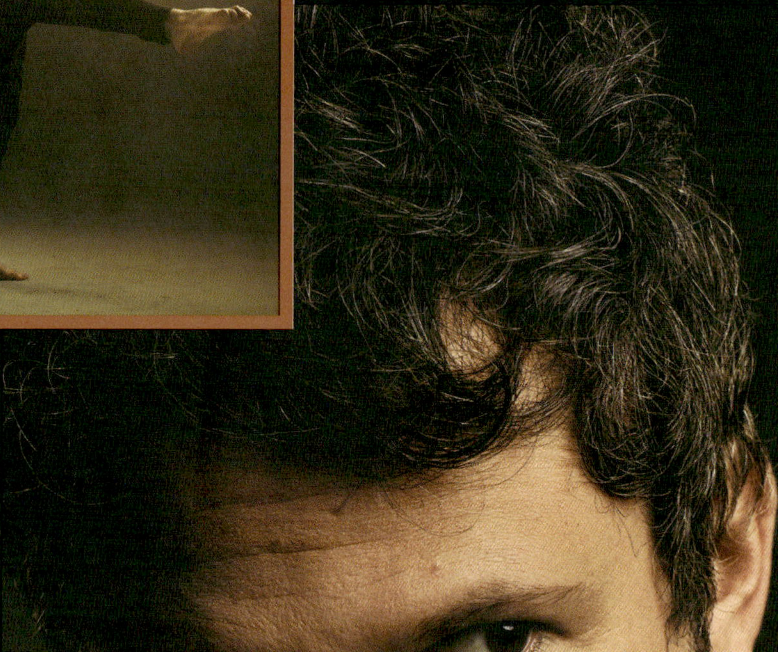

PRIMEIRO ATO

FORMAÇÃO + INFORMAÇÃO
CRIAÇÃO + IMAGINAÇÃO
O TERRENO FÉRTIL
DA INFÂNCIA

(ESTRUTURA)

FÁBIO
Assunção

Selton, lembro da gente no início dos anos 90 projetando nossa carreira futura, no Jardim Botânico, na sala dos atores. Ficávamos em rotações por minuto inimagináveis, entre dúvidas e prospecções sobre os próximos passos. Como pude esquecer de citar esse livro comemorativo? Ainda bem que lembrou! Lembra daquela dupla de outrora, não de agora?

Quanta memória!

Meu irmão, Fábio... Cara, você ocupa um lugar *muito* especial na minha vida. Lembro sim daquela dupla, que não é mais do que essa outra de agora. Os mesmos sonhadores, mais calejados, igualmente comovidos, inconformados, instigados, querendo sempre algo que faça os olhos brilharem. Por isso sempre nos encontramos para renovar os votos, reorganizar rotas, planejar novos horizontes e sobretudo comemorar nossas vitórias.

Sendo parte dos grupos de simples mortais e imortais cineastas, deve certamente editar suas memórias a partir de uma narrativa vinda de fragmentos. Essa costura com a qual intimamente se define te faz melhor ou te assombra? A qual gênero teu filme autobiográfico pertence?

Verdade. Curioso como as lembranças vão chegando desordenadamente, em pedaços. Fragmentos que fazem sentido quando colocados lado a lado. A linha do tempo. Costurar esse mosaico me fez melhor, porque em cada palavra, em cada pergunta enviada, eu precisei elaborar. O que um dia me assombrou, hoje virou estudo analítico. O que um dia me divertiu, hoje virou algo ensolarado aqui dentro. Suassuna dizia: "Tudo o que é ruim de passar é bom de contar, tudo que é bom de passar é ruim de contar". Meu filme é um documentário sobre um menino que aprecia mais o mundo da fantasia, portanto da ficção, do que a vida real. Um antidocumentário. A arte como tábua de salvação. A realidade não basta, eu preciso de mais elementos pra sobreviver, componentes mais mágicos. Assim tenho caminhado: vivendo do trabalho e sobrevivendo dos sonhos.

Nos últimos três anos migramos para outro tipo de diálogo. Apesar de tantos trabalhos e momentos juntos, nunca havíamos estado nesse lugar de profundidade e de papos tão sinceros sobre nossas vidas. Nos transformamos durante a pandemia, sabemos. Nesse período virei muitas páginas por força das novas estruturas da existência, tanto no âmbito privado como no público. Com esse livro, está virando páginas ou editando uma futura leitura sobre si mesmo?

Na pandemia, a gente se aproximou mais do que nunca. Que coisa, né? Acho que, como muita gente, eu não aguentei... em uma altura ali do campeonato, eu joguei a toalha. Eu estava triste de um jeito diferente... Estava... Não sei... não via uma luz naquele túnel sem fim.

Você enxergou o que eu estava sentindo, me estendeu a mão e me ajudou, um processo de cura. Eu sou eternamente grato.

Você é um cara diferente, Fabinho. Você é um cara muito, muito forte. Você é um cara que eu amo. E, sim, a gente aprofundou. Se a gente já era irmão, depois melhores amigos da vida, colegas que se admiram, aí a gente foi parar em um lugar transcendental, espiritual, de intimidade absoluta. Falamos de tudo: dores, desejos, medos, traumas. Ao falar, a gente se ampara, né?

Então, cara, eu estou fazendo tudo isso que você falou. Sim, estou virando páginas e, sim, estou editando uma futura leitura sobre mim.

Em breve farei uma peça com meu filho. É uma adaptação para teatro de um livro de memórias do Karl Ovë, autor norueguês. Nele, Karl coloca no centro do debate a paternidade. Em *A Morte do Pai*, o autor lembra do pai que teve, do filho que foi e do pai que é hoje. Você ainda não é, e nem precisa ser, pai biológico, mas é paternal com todos a sua volta, mantendo na tua frequência esse semblante de menino. Você é o menino pai. É o sábio cheio de dúvidas que sorri largo e leve, um tipo próprio que te faz ser assim, contagiante. Quando conversamos sinto que alternamos constantemente os papéis de pai e filho. O que te mantém assim encantado?

Fabinho, que depoimento lindo. Eu sou um menino pai mesmo. Um menino pai. Teria sido outro bom título para este livro. Eu já falei brincando disso, do menino que pegou o bastão da família e disse: "Sigam-me!", como pai da própria família. Acabei sendo uma figura paterna para outras pessoas especiais no caminho.

E há a coisa também do menino sábio, um menino de alma velha. E depois começa a inverter: o corpo velho com a alma de um menino, sabe? É interessante.

Eu sigo tentando, meu amigo. É difícil, mas com pessoas como você pelo caminho, a vida fica boa. E eu sou paternal mesmo — com quem merece o meu lado paternal, né? Me preocupo com os outros. Aprendi até a dosar isso, porque tem gente que abusa quando descobre que sou assim. Saber dizer "não" é libertador.

Você me conhece muito bem, né, cara? Você deu o segundo título do livro, simples assim. Na edição do ano que vem, que eu vou responder tudo diferente, eu relanço o livro com este nome: *O Menino Pai*. É mais adequado, ha ha ha.

A vida toda rodei pelo mundo. Aproveitei muito o que o trabalho me proporcionou. Falávamos muito sobre isso e você dizia que um dia iria viajar pelo mundo também. Recentemente tirou um ano para viajar e girou sem pressa de voltar. O que estava guardado para ser visto por você só agora?

A gente falava mesmo muito disso. Você é um cara que equilibrou melhor essas coisas. Você trabalhou, mas viajou muito, já conheceu vários lugares... E eu pensava assim: "Caramba, eu não conheci nada disso. Preciso correr atrás". E você me ajudou muito. Acho que é assim quando duas pessoas têm admiração e amor — porque é isso, é amor que existe entre nós, Fabinho —, um acaba inspirando o outro. A gente é exatamente assim.

Quando a gente está conversando, eu fico assim pra você: "Que lugar que eu devia conhecer?" e você fica pra mim: "Como é que é dirigir e atuar, hein?". Você vê que eu realizei algumas coisas profissionais e fica: "Queria ter feito algo assim também" e eu, o contrário:

"Ele foi para aquela ilha, depois pegou um trem e foi naquele lugar lindo... Eu preciso ir lá ver isso também".

No final das contas, ao fim de uma viagem, só vai ter uma pessoa: a gente mesmo. Foi muito legal no ano passado. Em vários momentos eu te mandava mensagem, igual a um menino: "Estou cumprindo minha palavra, hein? Ó, estou morando em Nova York. Ó, estou passeando aqui na França". Você achava graça, porque era a minha forma de dizer: "Olha, estou fazendo a minha parte!", ha ha ha.

E "o que estava guardado para ser visto por mim só agora"? Que beleza de pergunta. Porque, de fato, eu fui ver um pouco o mundo. A pandemia deu esse ultimato: "E aí? Não vai viajar? Não vai aproveitar a vida?".

E eu fui. Vi coisas lindas, vivi um amor, estudei, sofri, escrevi um filme novo, apanhei, tive desilusões gigantes. Mas o que mais o mundo me mostrou? O que mais eu vi? Eu *me* vi melhor. Às vezes a gente vai pra longe pra se enxergar melhor.

Como diz Saramago: "É preciso sair da ilha para ver a ilha".

O que "deixe as xícaras na estalagem", "correr com ânsia para coisa alguma", "camarada Johnson", entre outras pérolas, diz sobre nós e, sobretudo, sobre você como parceiro de cena e de vida? Prefere que eu responda?

Ha ha ha ha ha! Mano velho, como era hilário fazer a novela *Força de um Desejo* com você! Ataques de riso desesperadores! Ha ha ha ha! Não sei como não fomos banidos do mercado! A gente chegou em um ponto em que você atuava olhando na minha nuca e eu só falava olhando pro chão, porque não dava pra se olhar em cena! Ha ha ha. Desesperador! Acho que era uma mistura de cansaço, calor e roupa de época. Me lembrei também que eu amava ficar com a turma da velha guarda. Minha turminha no camarim era José Lewgoy, Cláudio Corrêa e Castro e Nelson Dantas. Maravilhosos! Histórias fantásticas eu ouvi deles!

Hoje em dia não rolaria, porque estaríamos de cabeça baixa, olhando uma tela de celular. Perdemos não foi pouca coisa, não. A humanidade deu errado. Lembro de um dia, numa cena externa. 45 graus lá fora. Eu e o Sr. Lewgoy, juntos pra variar, trocando ideia, provavelmente sobre algum caso de *Fitzcarraldo* [clássico do cinema, dirigo por Werner Herzog]. Chamam a gente. O camareiro colocava a gravata de veludo com pena, a casaca pesada era por último. Até meus netos vão nascer suados por conta daquele figurino! Saímos caminhando juntos, eu empunhava um guarda-chuva pra proteger ele, a gente, do sol pancadão de Jacarepaguá. Ele vira pra mim, aos 80 e tantos anos, e fala baixinho o seguinte: "Selton, vou andar bem devagar, o mais devagar que eu consigo, pra eles falarem que eu tô muito velho e não me colocarem mais em externa". Ha ha ha ha ha, mano! Na semana *seguinte* isso rolou! Todas as cenas dele foram adaptadas pro estúdio! A tática dele funcionou! Que maravilha, ha ha ha ha ha!

Outra passagem inesquecível dessa novela: Sônia Braga, que fazia nossa mãe. Uma baita atriz, uma estrela do Brasil. Anos sem fazer novela. Estrela internacional. Adorável Sônia, altos papos maneiros sempre! Ela fez uma participação especialíssima nos primeiros capítulos e sua personagem morria. Dia de filmar essa cena. Todo o elenco no nosso cenário. Eu realmente não sei em que mundo vivo... Tava viajando, pensando em outras coisas, aéreo, colado num grupo de atores, quando vi que o diretor fazia a cena com ela. Sônia descia uma escada, tossindo, meio morrendo já. Não ouvi "ação", algo assim. Me lembro de estar trocando ideia quietinho com alguém do elenco, em cena, e fiquei bastante impressionado com a entrega da Sônia no ensaio da morte. Nossa, ela se dedicava bastante ao fazer o ensaio! Bonito de ver. Mas aí, meu amigo, eu ouvi "Corta! Valeu!" e as pessoas aplaudiram e foram se dispersando. Eu gelei: "Tava valeeeeeendoooooo?!". Era a cena da morte da personagem da minha mãe e eu tava viajando completamente, não estava fazendo a cenaaaaaaa! *Pânico*. Como falar isso pro Maurinho Mendonça, nosso diretor? Que eu poderia ter atrapalhado a cena mais importante da novela? Corri pro lugar da edição e contei pro Maurinho, que me olhou cabreiro, bolado, incrédulo, com uma cara de "Bicho, não posso pedir pra Sônia fazer isso de novo. Vamos ver o que faço pra te cortar um pouco na cena". Cara, vimos meus trechos, eu tava em *outro* mundo, olhando pro alto, pensando sozinho, roendo unha. E valeu! Hã? Tá lá, Brasil! Procurem a cena da morte da personagem da Sônia nessa novela. E percebam que coisa moderna eu fiz, ha ha ha ha ha ha! Desconstrução, ha ha ha ha ha! Essa história é muito loucaaaaa! Juramos que jamais chamariam a gente pra trabalhar juntos. Os ataques de riso devem ter proporcionado dossiês secretos com nossas caras na Globo, avisando: "Atenção. Não escalem esses dois juntos em nenhuma hipótese", ha ha ha.

Porém, uns anos depois fomos chamados pelo Luiz Fernando [Carvalho] pra viver uma das coisas mais lindas de nossas vidas. *Os Maias*. Você, Carlos da Maia. Eu, João da Ega. Que tesão esse trabalho! Como foi lindo viver aquilo ao seu lado. Cada cena, cada pérola dita, cada sequência maravilhosa, desfrutando com medo que acabasse logo. A gente saboreou cada trechinho desse trabalho. Tem coisa que é pra comer, tem coisa que engolimos e tem coisas que degustamos. Ali foi uma degustação do nosso ofício. E seu encontro com Walmor Chagas? Que ator esplêndido ele era! Que monumento à atuação ele apresentou nessa minissérie ao seu lado. Seu trabalho é magistral em *Os Maias*, meu irmão! A gente ia pra sua casa, ou pra minha, cheios de sonhos, repensando as cenas, tendo ideias de como fazer aquela outra que viria. Dois meninos! Apaixonados por nosso trabalho. Como é bom sentir isso! Quando acontece, tem que aproveitar muito! Porque não é toda hora que vivemos algo dessa grandiosidade. Fomos muito felizes ali, Fabinho! Legal deixar registrado nesse livro o amor que sentimos por esses papéis, o peito cheio de emoção de estar fazendo algo especial, a alegria e generosidade de estar juntos, contando algo épico.

Paramos de rir, os acessos de riso acabaram. No fim, para gravar a última cena da minissérie, na qual a gente andava pela rua da cidade, relembrando o que vivemos, a gente nem dormiu. O horário de chegada era tipo 6 da manhã. Fomos pra sua casa, ficamos assistindo trechos, cenas inteiras, desde o capítulo 1, comovidos com a trajetória deles e nossas, passando o texto, bebendo vinho. Rindo e chorando com a vida, com a beleza da arte, com o fim de um trabalho raro. A gente foi pra cena completamente virados, o estado físico e emocional perfeito para o balanço final da obra, do livro, da série e nosso. Sim, fazíamos um balanço da vida em cena e na vida. Tudo ao mesmo tempo. Vou reproduzir aqui o que a gente falava para o leitor poder sentir. A gente vinha andando, falando de cada personagem da trama, rindo, lembrando, contando o que houve com cada um e então parávamos, frente a frente. E dava-se mais ou menos o seguinte diálogo:

EGA: Falhamos a vida, menino!

CARLOS: Creio que sim... Mas todo o mundo mais ou menos falha.

EGA: E que somos nós? Que temos nós sido desde o colégio, desde o exame de latim? Românticos, isto é, indivíduos inferiores que se governam na vida pelo sentimento e não pela razão...

CARLOS: Ao menos chegamos à teoria definitiva da existência. Nada desejar e nada recear... Não se abandonar a uma esperança, nem a um desapontamento. Tudo aceitar, o que vem e o que foge.

EGA: Se me dissessem que ali embaixo estava a maior das fortunas, à minha espera, para ser minha se eu para lá corresse, não apressava meu passo. Não saía desse meu passinho lento, seguro, prudente, que é o único que se deve ter na vida.

CARLOS: Com efeito. Não vale a pena fazer um esforço. Correr com ânsia para coisa alguma...

EGA: Nem para o amor, nem para a glória, nem para o dinheiro, nem para o poder... Estou cansado, Carlinhos. Não se vê uma tipoia livre.

CARLOS: Lá vai o americano.

EGA: Se corrermos ainda o apanhamos.

CARLOS: Ainda o apanhamos.

Ainda o apanhamos! Ainda o apanhamos!

E então a gente corria, se contradizendo espetacularmente, como dois meninos. Que momento que vivemos juntos, meu irmão. Eu estou, até hoje, correndo ao seu lado naquela rua, para tentar alcançar o bonde da vida.

"Estou deixando o ar me respirar, bebendo água pra lubrificar, mirando a mente em algo producente, meu alvo é a paz. Vou carregar de tudo vida afora, marcas de amor, de luto e espora. Deixo alegria e dor ao ir embora. Amo a vida a cada segundo, pois para viver, eu transformei meu mundo. Abro feliz o peito. É meu direito. É o que pulsa o meu sangue quente. É o que faz meu animal ser gente. É o meu compasso mais civilizado e controlado."

Tirei essa poesia da música *Compasso*, na voz da Angela Ro Ro. E aqui te saúdo, meu irmão, te celebro, te amo e desejo pra você um feliz aniversário. Meio século? Puta que pariu! Bora tomar mais um fôlego, grande, muitos, para além dos próximos. Apesar dos pesares, ressignificamos o tempo. Cada qual no seu rolê, olha a gente aqui se derramando, se esbarrando. Só agradeço.

Fabinho, estamos sempre juntos. Irmandade total. Eu te amo.

"A realidade não basta, eu preciso de mais elementos pra sobreviver, componentes mais mágicos. Assim tenho caminhado: vivendo do trabalho e sobrevivendo dos sonhos."

ZEZÉ
Motta

Qual foi a maior dificuldade que você enfrentou na carreira até hoje?

Zezé, nossa rainha! Quando te vi fazendo *Xica da Silva* foi um acontecimento. Eu sentia que estava vendo algo poderoso, fora do meu repertório, eu era muito menino. Você nesse papel, quanto poder! Eu amo ver os atores brilhando. Quando isso acontece é aquele momento que renovo os votos no que faço. A gente só se encontrou uma vez. Nessa profissão tem isso, né? Tem gente que você encontra bastante — e às vezes você passa uma vida sem encontrar alguém que você acompanha com atenção e admiração. Com a gente foi assim. Trabalhamos juntos em *Corpo a Corpo*, que foi a novela que marcou minha vinda para o Rio de Janeiro em 1984. Você estava ali e foi muito carinhosa comigo e com minha mãe. Você tem uma presença muito, muito forte. Seu sorriso, Zezé, é patrimônio cultural brasileiro. Seu olhinho que fecha, esse sorrisão largo, você é muito linda, Zezé. Eu sempre te acompanhei. Atriz e cantora, das maiores que temos. Nós precisamos voltar a trabalhar juntos.

Olha, eu acho que a maior dificuldade que já enfrentei foi exatamente depois desse período em que nos conhecemos. Aquele período em que o trabalho na televisão não rolou e me deixaram encostado, de lado, como se dissessem: "Você não serve mais". Aí eu fui para a dublagem, que foi muito rica, mas também não me preenchia completamente.

Então esse foi um período de muita dúvida e angústia. Eu experimentei a glória: dez anos, mudei pro Rio com a família toda; onze anos, sucesso na Globo, parando o país às nove da noite, e daqui a pouco eles falam: "Não, não, tá bom pra você, era isso". Um detalhe um tanto cruel, as falas sempre continham algo como: "Não engorda, hein?", "Você é ótimo, mas não vai ganhar peso, tá?". Tipo toques fofos, mas que são bomba atômica na cabeça de um ser humano de doze anos. Isso é criminoso. Fico feliz de ver neste momento tantos movimentos fortalecendo a autoestima das pessoas, incentivando que você deve ser o que você quiser ser, ter o corpo que achar que deve ter. Acho fundamental e sinto que uma nova geração começa a se formar longe dessa ditadura. As redes sociais, nada sociais, colaboram bastante para informar essas coisas boas, na mesma medida em que exaltam a magreza, os corpos sarados, lipoaspirados. É preciso ter discernimento. Alimentação não é somente o que você come, mas o que você consome. Alimentação virtual. Muita atenção na hora de decidir quem seguir nas redes. Essa interdição dura na pré-adolescência também foi fundamental para a minha formação, porque já me mostrou imediatamente, sem filtro, uma coisa que acontece muito nessa profissão: "Toma, agora você tem o sucesso", "Agora você não tem", "Agora você é o cara do momento", "Agora tem doze caras do momento antes de você", "Agora você vai ganhar dinheiro", "Agora você não vai", "Você é um gênio", "Você é uma besta e nem devia passar perto do mundo das artes".

"Alimentação não é somente o que você come, mas o que você consome. Alimentação virtual."

Então isso já foi uma lição. Claro que na época foi muito doloroso, mas agora olhando em perspectiva foi muito importante — como tudo que faz parte de algo maior. Já aprendi logo o outro lado da moeda. Será que é por isso que eu também dirijo, escrevo e faço outras atividades, como forma de não faltar? Se eu não atuo, eu dirijo. Se não dirijo, eu escrevo. E com isso eu ampliei as minhas possibilidades. Pode ser uma forma inconsciente de me defender, de proteger meu espaço. Vou levar isso pra terapia, ha ha ha ha.

Quando começou, em quem você se inspirava?

Eu me inspirava em todos vocês, atores e atrizes maravilhosos. Eu era um garoto grudado na televisão. Aquele era o meu mundo, eu vivia vendo série, novela, programa de humor. Então, quando eu me dei conta, eu estava lá, naquela sala da Lopes Quintas da Globo nos anos 80. Eu olhava para um lado, lá estava você. Olhava para o outro, lá estava o Hugo Carvana. Olhava pro outro lado, lá estava a Glória Menezes. Olhava para outro, lá estava a Joana Fomm... Era tanta gente que me inspirava naquela sala... Eu olhava pra minha mãe com uma cara de "Olha onde chegamos!". Minha mãe, ali comigo, sorria orgulhosa dos passos grandes do guri de onze anos.

Eu me inspirei em muita gente, muita gente daqui e muita gente de fora. Nossa... tantos talentos! Me inspirei e sigo me inspirando em muitos atores. E é legal, a essa altura do campeonato, olhar para o lado e ver que tem muitos atores se inspirando em mim. É maravilhoso isso e a gente nem percebe. Muitos nem chegam a verbalizar. Muitos inclusive fingem que não te acompanham, eventualmente riem do que você faz e na sequência, *voilá*, estão te imitando. É engraçado, né, Zezé?

Acontece de um cara de vinte e poucos anos chegar para você e dizer "Cara, eu queria dizer que assisto tudo seu, você é uma referência", e eu falo "Caramba, eu já sou uma referência para alguém?", isso é muito louco. Mas é um trabalho contínuo. Nosso trabalho é eterno, ele não acaba nunca, e isso é muito bom. É se manter atento para não envelhecer, não atrofiar os sentidos. Sou ligado em tudo, eu vejo tudo, de dentro e de fora da minha bolha. É preciso saber olhar. Olhar amplamente.

Um sonho que ainda não realizou como ator?

Olha, Zezé, eu já realizei muitos sonhos como ator. Não sei te dizer um específico que ainda não tenha realizado. Eu sou muito ligado à literatura brasileira, então gostaria de fazer personagens da nossa literatura, e são tantos. Às vezes me ocorre transmitir de uma forma mais concreta o que eu aprendi — dar aulas talvez seja um caminho. Eu tenho tanto a passar, aprendi com tanta gente. Bom, talvez este livro esteja cumprindo esse papel de alguma forma. Eu faço isso quando dirijo, espalhar conhecimento, não segurar a bola, não esconder o jogo. Mas ensinar, educar, talvez seja uma coisa para testar nos próximos tempos.

Ando bastante ligado em realizar sonhos como homem. Coisas grandes, espiritualmente falando. Estou indo bem. Preciso de tempo pra organizar a rota, bagunçar minhas normas.

Zezé, você é referência. Você é uma rainha. É uma honra ter você aqui e poder imaginar que você vai dar aquele sorrisão de olhinho fechado quando ler estas linhas. Um beijo, Zezé!

"Nosso trabalho é eterno, ele não acaba nunca, e isso é muito bom. É se manter atento para não envelhecer, não atrofiar os sentidos. Sou ligado em tudo, eu vejo tudo, de dentro e de fora da minha bolha. É preciso saber olhar. Olhar amplamente."

JEFERSON
Tenório

Selton, cinquenta anos é uma idade marcante, porque carrega já uma experiência na carreira e na vida pessoal. Olhando para a sua trajetória, você acha que sua relação com a passagem do tempo mudou? Como você se relaciona com a passagem dos anos?

Jeferson, meu velho, que honra ter você aqui neste livro! Porque *O Avesso da Pele* é uma das coisas mais poderosas dos últimos sei lá quantos anos na nossa literatura. Esse livro é uma obra-prima. Eu fiquei muito impactado, emocionado, impressionado quando li. Te procurei, você foi muito receptivo e gentil, a gente trocou altas ideias. Primeiro foi um grande encontro com a tua escrita. E depois foi um grande encontro com você. É um cara que eu quero ter sempre por perto.

Então, sobre a minha relação com a passagem do tempo... Isso é louco, porque quando a gente se encontrou, falamos de Proust. Estou lendo *Em Busca do Tempo Perdido*. Acho que agora me sinto maduro pra ler, é uma leitura muito difícil. E eu perguntei qual tradução eu deveria ler e você indicou a tradução do Mário Quintana. E o que tá mais me causando impacto nessa leitura, entre tantas coisas que ela suscita, é o poder encantatório dessa obra monumental. Você tá lendo aquilo ali e daqui a pouco parece que nem tá lendo — parece que o livro está lendo você, é algo extraordinário.

Por que eu tô falando isso? Ah, porque é sobre memória, né? Aliás, este aqui, que as pessoas estão lendo neste momento, também é. É um livro sobre memória.

Minha mãe tem Alzheimer. A referência feminina da minha vida perdeu a memória. Então é como se fosse uma missão escrever e eternizar. Agora preciso lembrar por mim, por ela, pelo meu pai, pelo meu irmão. Então que fique documentado de alguma forma um pedaço da memória dessa família.

Algo muito comum para quem convive com essa doença na família é pensar se a gente vai ter também. Será que vou ter Alzheimer? Então eu já faço logo um livro com cinquenta anos de idade.

Porque, se eu tiver Alzheimer, como ela, já lembrei antes. Então é por isso este livro, é por isso essa urgência.

Me ocorre então uma história que diz muito sobre a nossa família, diz muito sobre ela e diz muito sobre mim. A gente morava em Copacabana, quando ainda morava todo mundo junto, nós quatro. Eu lembro que numa certa madrugada todo mundo começou a gritar e a gente pensou: "O que é isso? Incêndio? Fogo! Fogo!". A gente chegou na janela e os vizinhos estavam apontando para o nosso prédio, falando que estava pegando fogo!

Cara, aquele desespero às 3h da manhã! Saímos todos correndo de pijama mesmo, porque o prédio estava pegando fogo! E a minha mãe ficou comandando a gente e foi passando pela casa, no desespero, às 3h da manhã, tendo acordado no susto, gritando: "Peguem as fotos! Peguem os álbuns! Todos os porta-retratos, vamos!". Tipo um navio afundando. E a gente saiu pegando tudo quanto era álbum, foto, porta-retrato. A gente obedeceu a minha mãe e desceu. E ficamos lá na rua esperando os bombeiros, cheios de álbuns e porta-retratos nas mãos.

E o prédio não estava pegando fogo, foi um alarme falso!

Mas eu acho essa história fascinante, porque diz muito sobre ela e diz muito sobre mim. Na hora do incêndio, na hora em que o bicho pegou, a minha mãe não falou "Pega o dinheiro! Pega os documentos!". Ela não pensou que dá trabalho tirar segunda via de documento. Não! Ela simplesmente falou: "Peguem as fotos".

"Peguem as pastas com as cartas da família!". Ou seja: "Peguem a nossa memória! Salvem a nossa memória!". Cara, isso é a definição deste livro. Isso sou eu. É o que eu tô fazendo. Se estivesse pegando fogo em mim, eu sairia em desespero tentando salvar a memória. É o que tô fazendo neste livro.

Eu sou um grande observador da passagem do tempo. Gosto de ver o tempo passar, sou amigo do tempo, não brigo contra o tempo. Eu fui me avizinhando dele, eu sou amigo dele. Gosto de ouvir os conselhos dele. Gosto de ver as peças que ele me prega. Sou um colecionador-arqueólogo, como disse Adélia Prado.

Você tem medo da velhice? E da morte?

Tenho mais medo da velhice do que da morte. Tenho mais medo de ficar dependente, como minha mãe está, por exemplo. Tenho mais medo disso do que de morrer amanhã num acidente de carro, do que cair de avião ou de um ataque do coração. Muito mais medo de ficar dependente em vida. A velhice é dureza, cara. Então vamos indo. Descobrindo o mistério que está por trás de tudo isso.

Eu sempre me comovo quando te assisto em Lavoura Arcaica. Para mim, é um marco no cinema nacional. Sua interpretação ali é visceral, tocante e delicada. Pensando nisso, como é sua relação com a arte? O que te comove hoje?

Cara, o *Lavoura* é um acontecimento pra quem fez e pra quem se aventurou em entrar ali e sentir, como você. Minha relação com a arte? Nem tenho relação. Eu sou a arte. Visto ela. Eu como ela, eu bebo ela. Eu ando com ela, ela tá dentro de mim, eu sou a própria arte.

O que me comove? Muita coisa me comove... Por exemplo, recentemente eu dei uma mergulhada numa autora, de vez em quando faço isso. É uma coisa muito legal de fazer: pegar um autor, um realizador, e mergulhar nele. Então recentemente, na Mubi, eu mergulhei na Agnès Varda. Eu não conhecia direito o trabalho dela e vi tudo. Todos os filmes de ficção, curtas, documentários, os médias-metragens, os longas-metragens, vi tudo da Agnès Varda, fiquei encantado com ela. Me vi nela, me identifiquei, achei que ela tem um jeito de enxergar a vida de uma forma peculiar e poética. Ela é uma senhora, mas parece uma menininha curiosa. Curiosa com a vida, com as viagens, com as descobertas. Eu achei isso tão bonito!

Voltando à pergunta anterior, tá aí uma velhice legal. A velhice em que você segue curioso, segue vasculhando, segue filmando. Segue com a câmera na mão e segue artista, segue criador. Porque acho que é isso, cara. Acho que, quando eu parar de criar, eu vou envelhecer, e aí vou morrer. Clint Eastwood disse algo parecido: ele segue filmando e disse o seguinte: "Eu sigo um menino, eu não deixo o velho entrar". A meta é essa: não deixar o velho entrar.

Que livros ou autores foram fundamentais para sua formação intelectual e para sua visão de mundo?

Nossa, cara, muita coisa... Mas Machado de Assis na veia! Amo Machado, o jeito que ele escreve, a fina ironia do Machado, que escrevia com a pena da galhofa usando a tinta da melancolia. Eu sou fã do Machado!

Sou louco por Dostoiévski [Fiódor Dostoiévski, escritor russo]. Eu amo Dostoiévski. Amo o jeito que Dostoiévski fala das nossas neuras, das nossas culpas. É muito humano, parece que eu posso tocar os personagens dele. Eu amo, amo, amo, amo demais, sempre quis fazer alguma coisa baseada em Dostoiévski — e agora vou fazer. O último roteiro que escrevi foi em 2022. Fui morar fora e escrevi um filme novo. Esse filme é baseado num conto do Dostoiévski.

Clarice Lispector, sempre, tudo da Clarice. Até as cartas da Clarice me espantam. Saramago, Cortázar, Rubem Fonseca, Italo Calvino, Lúcio Cardoso — *Crônica da Casa Assassinada* é um acontecimento, uma coisa fora da curva, impressionante.

Eu sempre falo pra galera mais jovem que rede social ocupa um tempo danado. Ninguém lê, então ninguém ganha essa bagagem, esse repertório. Repertório interior. O seu livro, *O Avesso da Pele*... todo mundo devia ler. Tem uns livros que compro e saio dando de presente: os seus, os do [Aílton] Krenak, os da Djamila [Ribeiro].

Ah, cara, tô sempre lendo. E tem sempre dois ou três livros na minha cabeceira. Porque vou lendo, aí pulo pro outro, vou pro outro. Aí tenho saudade do anterior, volto. Eu sou esse tipo de leitor.

A mídia e as redes sociais são espaços de celebração narcísica por natureza. Como você se relaciona com a vaidade? A vaidade também pode ser um elemento constitutivo do fazer artístico?

Putz, vamos lá. Muitos pensamentos aqui pela cabeça.

Redes sociais, celebração narcísica. Vivemos na Idade Mídia. Sim, exatamente, é um lugar onde a gente está colocando nossas próprias coisas o tempo inteiro. Bom, primeiro que não deixo que seja o tempo inteiro. Então, se eu acho um negócio engraçado, eu posto o negócio engraçado. Eu acho um negócio bonito, eu posto o negócio bonito. As pessoas não estão me vendo ali, estão mais vendo o que eu penso, sacou? É um jeito que eu achei pra sobreviver nas redes sociais.

Acho que sou um vaidoso mediano. Eu amo as minhas rugas, cara! Os atores que eu gosto têm em sua superfície as marcas da vida. E é a nossa imagem, a câmera chega perto. Eu gosto da ideia de poder fazer um cara rico, eu gosto da ideia de amanhã poder fazer um camponês. Camponês não tem Botox. Sem chance. O ator que fez plástica só pode interpretar um personagem que tem dinheiro pra fazer plástica. Ponto.

"Peguem as pastas com as cartas da família!". Ou seja: "Peguem a nossa memória! Salvem a nossa memória!". Cara, isso é a definição deste livro. Isso sou eu. É o que eu tô fazendo. Se estivesse pegando fogo em mim, eu sairia em desespero tentando salvar a memória. É o que tô fazendo neste livro."

Agora, "vaidade" também leva a gente a pensar em coisa ruim, né? É como a palavra "ambição". Sem ambição você nem levanta da cama. Você precisa ter ambição! Você deve ser ambicioso. Você deve querer mais. Você deve querer ir mais longe. É isso que te faz ir pra algum lugar. Talvez você não chegue tão longe quanto imaginou, mas ambicionou chegar naquele tal lugar. E, se você chegar no meio do caminho, já fez um grande negócio! E a vaidade também é querer ser melhor, entregar um trabalho mais bonito. A vaidade também é querer me superar. Tem coisas boas nessas palavras.

Agora, rede social é um lugar muito perigoso. Tem que tomar muito cuidado pra não se perder ali. É o lugar da dispersão de todas as ordens. Quantas vezes você abre o aplicativo, vai rolando o *feed*... Vê uma coisa que leva a outra, que dá numa notícia que te fez ver outra pessoa, que viu outra pessoa... Cara, você fica horas, *horas* naquilo. E é tudo fragmentado. Aí depois você vai ver um filme de algumas horas e acha lento. Se passa um comercial de 15 segundos, você já quer pular.

A rede social bagunçou nossa relação com o tempo, nos deixou mais ansiosos. Eu tento ter a rédea. Pra salvar a minha imaginação, preservar meu espírito.

A quinta temporada de *Sessão de Terapia* trouxe questões complexas e com representações diversas. Como foi para você interpretar um terapeuta diante de temas tão sensíveis como a gordofobia, o racismo e a maternidade, com delicadeza e sem cair no panfletarismo?

Cara, ouvir isso de você é muito foda!

É curioso: eu faço o terapeuta, dirijo e também sou o primeiro espectador daqueles personagens. Essa é a diferença do meu trabalho como diretor — o envolvimento completo, a assinatura. Como ator eu não sou responsável por uma obra. Eu vou ali, decoro o texto, atuo, não esbarro no cenário, ha ha ha ha, e faço o meu melhor. Quando eu dirijo é diferente. Se você não gostou, pode falar comigo. Como ator eu sou mais uma peça da engrenagem, por isso quis ter meu olhar também.

Quando eu dirijo eu assino. Mexo na escrita, escalo o elenco, defino o tom. Determino qual é o tempo da coisa, o ritmo. É um trabalho criativo muito maior. Cansa mais também. Tanto que, quando vou fazer um trabalho de ator, parece que tô de férias, ha ha ha ha! Vou ali, decoro meu texto, faço a minha parte e me mando. Porque eu sei que o diretor tá lá, pensando em milhares de coisas.

Então quando eu atuo acho tranquilo. E falo com o diretor o mínimo possível, porque eu sei que ele tá cuidando de duzentas coisas. Sigo a máxima "fale ao motorista somente o necessário". Aliás, não apenas na arte.

Para além das doutrinas religiosas, você acha que a religião é um aspecto importante para você e para sua atuação? Deus tem espaço na sua vida?

Sim, é um aspecto importantíssimo na minha vida e no meu ofício. Atuar é um ato divino. A gente tá fazendo algo da ordem do mistério. Eu me interesso sobremaneira pelas coisas invisíveis que vêm do Alto.

Eu sou aquele brasileiro clássico. Ou seja, a pessoa que já testou um pouco de tudo. A minha família é católica, mineira, de ir na missa domingo. Essa é a minha formação. Primeira comunhão etc. Ali pela adolescência aquilo perdeu o brilho. Comecei a achar a missa uma espécie de teatro meio lento, sem pulsação. Uma pessoa lá falando e eu sentado, passivo. Eu não conseguia ter uma relação com aquilo.

Depois eu descobri as religiões de matrizes africanas e elas me emocionam mais. Porque têm um tambor, têm um banho de erva, têm um ritual mais vibrante. Isso me pega mais. Eu sei quais são os orixás que me conduzem, mais recentemente eu aprofundei esse estudo. Isso foi e tem sido muito forte na minha vida.

Eu acendo vela. Eu rezo. Eu converso com a minha mãe. Eu sei que a minha mãe tá lá numa cama e não fala mais e perdeu a memória. Eu sei que ela tá num mundinho particular, mas vou lá e falo com ela. Faço monólogos inteiros com ela e sei que ela tá ouvindo. E eu ouço a resposta dela. Sou um homem de fé.

E se amanhã alguém me apresentar o budismo, tô dentro. Ou seja, me interessa o mistério. Me interessa o que a gente não pode tocar.

O que tá aqui, terrestre, pedestre, é muito pouco. Não me basta.

Neste momento da minha vida, a arte parece que tá deixando de ser o fim e tá começando a ser o meio. O meio pra eu chegar numa outra forma de transcendência.

Voltando ao Krenak, o jeito que o Krenak fala da cultura indígena. O que é Deus? Deus é a pedra, é o mar, é a natureza. Cara, eu acredito nisso tudo! Deus tá na gente. Não existe um Deus punitivo, não existe um Deus de barba branca. E, aliás, não existe o Deus branco! Muito menos com a barba branca lá em cima, dizendo o que eu devo e o que eu não devo fazer. Não.

Deus tá na árvore, às vezes eu paro e fico admirando uma árvore, fico viajando numa árvore. Às vezes eu tô no mar, numa cachoeira — sou um cara muito da cachoeira — e aí eu fico ali horas. Fico ouvindo o que ela tá me dizendo. E ela tá me dizendo coisas e eu ouço.

As religiões muitas vezes tendem a essa dualidade: bem e mal, céu e inferno, certo e errado, pecado e expiação.

E acho que somos bem mais do que essa divisão, somos muitas coisas.

O que eu quero da vida é o mistério constante que ela me apresenta.

Quero continuar vasculhando os extratos invisíveis da experiência humana.

"O que eu quero da vida é o mistério constante que ela me apresenta. Quero continuar vasculhando os extratos invisíveis da experiência humana."

JOHNNY
Massaro

Você consegue dar estrelinha? Lembra a última vez que tentou?

Johnny! Peraí, bicho! Eu não consigo dar estrelinha, nunca tive traquejo para dar estrelinha, nunca tive a menor capacidade de dar estrelinha! Sempre fui péssimo em educação física, o que explica muito do nosso signo. O capricorniano é mais cerebral do que corporal. Confere, meu querido alter-ego Tony Terranova? Eu não sei se isso é uma vantagem na verdade. Beleza, vá lá, é bom porque ficamos elucubrando coisas e criando, fantasiando e fazendo mais exercícios na imaginação. Portanto, dando mais estrelinhas aqui dentro da cabeça e menos externamente — quando na verdade o ideal é tentar achar o equilíbrio dessas duas coisas.

Mas, se você achar esse equilíbrio, você me manda uma carta? Não existe mais carta, mas queria receber uma sua. Você mandaria bem numa carta, confio.

Os anos passaram e a humanidade está prestes a fazer seu primeiro passeio turístico no espaço: sai da Terra, beija a Lua e volta! Infelizmente não poderei comparecer na data do evento e lhe ofereço meu bilhete. Você aceitaria?

Ô, Johnny, suas perguntas são engraçadas, porque este livro é um troço revelador. A pergunta fala muito sobre as pessoas.

Você é um capricorniano muito atípico — quase falsificado, eu diria. O seu mapa astral deve ser muito interessante, porque você gosta muito de viajar, coisa que não tá no meu DNA. Eu me esforço, eu tento, tô melhorando e tals... Você tem um jeito peculiar de olhar o mundo, você *vive* na Lua! Você deve ter muito ar e água nesse teu mapa, diluindo um pouco esse monte de terra.

Rapaz, eu tô precisando mesmo dar um pulo na Lua. Porque mentalmente eu vou muito lá, o que tem a ver com a primeira pergunta. E que talvez não tenha nada a ver com este livro. E que talvez signifique que a gente esteja alugando as pessoas que estão lendo.

Mas ir lá pessoalmente?... Vou aceitar esse bilhete! E sou muito grato pela lembrança! Precisando mesmo desencanar da minha planilha Excel! Você oferecer a mim, e não a outra pessoa, mostra que você me tem em alta consideração. Vou lá. E teu problema é o seguinte: se eu chegar lá e achar que tá melhor, que a humanidade tá melhor, que o ar tá melhor, que as pessoas são melhores por lá, eu fico, tá? Não voltarei e nem saberei o resultado deste livro.

Daí espero uma carta sua.

Vamos levar sua vida para a ilha de edição: qual instante vale a pena ver de novo? Adicionaria trilha sonora?

Rapaz, levaria muita coisa da infância. Seria praticamente um filme da minha infância. Que foi uma mistura de dois lugares.

A gente morava em São Paulo, porque meu pai tinha um emprego de bancário. Mas criança tem férias longas e a gente vivia muito em Minas Gerais, na terra da família. Então vivi entre esses dois mundos. O que foi muito importante, me deu a dimensão do asfalto, da selva de pedra, da coisa cosmopolita. Mas também me deu a base fundamental pra qualquer pessoa: terra vermelha, bicho solto, colher fruta do pé, andar a cavalo. A família da minha mãe é de Nepomuceno. Um tio tinha uma roça, era uma fazenda simples e bonita, a gente vivia lá. O meu tio Luís plantava café. E tinha um terreiro gigante, gigante, pra secar o café. Eu lembro até hoje do cheiro do café secando ao sol. Depois pegavam o café, ensacavam, jogavam no caminhão e levavam pra vender. Foi nesse terreiro que aprendi a andar de bicicleta sozinho. Porque meu pai viajava a trabalho, então nesse período eu via ele pouco.

Olha onde fui parar: na cena do nosso *O Filme da Minha Vida*, quando o Cassel ensina o menino a andar de bicicleta. Aquilo nada mais é do que uma projeção do que eu gostaria que tivesse acontecido. Porque na verdade eu aprendi sozinho. Então, quando meu pai voltou de viagem, eu mostrei pra ele: "Olha pai, eu sei andar sem rodinha!". Mas ele não me ensinou e acho que todo menino tem o sonho de o pai estar nesse momento. Então eu lembro que, quando consegui ganhar impulso naquele terreiro enorme e vi que eu estava andando sem rodinha, foi uma sensação de: *"Caramba, eu tô conseguindoooooo!"*.

A beleza de ser artista? Está no gozo estético. Décadas depois coloquei esse momento lá, no seu personagem quando pequeno, aprendendo com o pai ajudando. E o garoto que fez a cena de fato aprendeu naquele momento. Era eu ali! Consegui filmar algo íntimo, subjetivo, e transformei em algo palpável... Lindo o que fazemos!

E naquela roça de terra vermelha de Minas eu andava a cavalo pra lá e pra cá, em toda a região, destemidamente. Até hoje eu penso em quão destemido eu era. Um garotinho de 6, 7 anos, a cavalo, e tinha uns barrancos de terra perigosos. E eu ia, ia, e passava por umas casas humildes, batia papo, tomava água, levava recado. Menino de recado: "Ah, se passar pela casa de fulano diz pra ele que já tem a laranja que ele estava querendo e que ele já pode passar aqui pra pegar!".

E ao mesmo tempo era o início da minha história como artista. Porque eu olhei pra televisão e falei: "Mãe, eu quero ir ali dentro".

"Ir ali dentro" significava cantar num programa de TV. Uma espécie de *The Voice Kids* da época, que é a primeira foto deste livro. Eu acho ela muito simbólica, porque parece que estou ali vulnerável diante de um público enorme, mas também muito seguro de que aquele era o meu lugar. Eu cantei Roberto Carlos.

Então olha: trilha sonora seria Roberto Carlos e muita música sertaneja raiz dessa época — Tonico e Tinoco, *Fuscão Preto*, que meus tios ouviam e eu também, de tabela. E meu pai ouvia uns cantores tipo Vicente Celestino, Ataulfo Alves, Nelson Gonçalves, que construíram minha memória emocional e afetiva.

Ou seja, a infância é tudo. A infância é a base. Tudo que você vive hoje, sua fortaleza, seus medos, traumas, suas forças, seus desejos, o que você sabe, o que você aprendeu, basicamente é tudo o que você viveu, ouviu e sentiu na infância.

O que é silêncio?

Cara, silêncio é fundamental, é uma das coisas mais importantes. Que fase barulhenta essa que a gente tá vivendo! Falatório, opinião pra tudo sobre tudo, uma barulheira azucrinante. Acho que a gente vive uma época muito ruidosa, em todos os níveis. As redes sociais colaboram pra essa cacofonia.

O silêncio é uma forma de oração. O silêncio é uma prece. O silêncio acalma.

Eu faria um filme sobre o silêncio. Eu sou um amante do silêncio, um fã do silêncio. Sempre fui. Desde a infância. Olha aí! Tem a ver com a resposta anterior. Sempre fui mais silencioso. Sempre fui mais observador. Gosto dos momentos em que não tem intervenção do mundo externo, do barulho. Dos momentos em que não tem informação demais também — não quero muita informação, tá excessivo. Quero ver menos, ouvir menos. O silêncio pra mim é uma coisa muito cara, muito rica, muito importante. Eu amo o silêncio.

Se o silêncio fosse uma pessoa e eu encontrasse ele na rua, pediria pra tirar uma selfie. Mas pediria com gestos, porque provavelmente o silêncio não gosta muito de falação.

"Acho que a gente vive uma época muito ruidosa, em todos os níveis. O silêncio é uma forma de oração. O silêncio é uma prece."

PEDRO PAULO
Rangel

Como você definiria a arte de interpretar?

Pepê, querido amigo... ator que me inspirou tanto...

A arte de interpretar, rapaz... Até hoje tô tentando descobrir. Mas tudo está na infância. A menina, quando brinca com a boneca, realmente acredita que é a filha dela. O garoto que brinca de polícia e bandido acredita estar vivendo seu personagem. Então atuar é brincar. Simples assim.

Eu nunca fui um ator tomado pelo personagem, que acredita que é o personagem, que pede "Me chamem pelo nome do personagem quando eu estiver no *set*". Eu entendo os processos distintos, cada um é diferente — e que bom, né? Mas eu acho que interpretar tem a ver com sonhar, com fábula. Somos contadores de histórias. A capacidade de fabulação é rara. Algo sensível e fundamental. E também não existe uma fórmula, né? Cada trabalho é um trabalho, cada diretor é um diretor. É um processo coletivo. Então tem um trabalho pessoal, interno, de imaginação. E depois vem o momento de transformar a impressão em expressão. É muito bonito o que a gente faz. Somos mensageiros das subjetividades do mundo.

Geralmente, interpretamos palavras escritas por alguém. Muito doido pensar isso, mas já interpretei coisas que escrevi: *O Palhaço* e *O Filme da Minha Vida*. É muito diferente, porque é um depoimento pessoal, é algo que eu queria falar. Então também não tinha nenhum esforço na hora de botar pra fora, porque eu sabia qual era o sentimento por trás daquelas palavras. Quando você vai interpretar as coisas dos outros, que é o normal, é *uma* interpretação, é a sua leitura. Elis cantando Belchior, por exemplo. É o jeito dela. Né?

E o seu Padre Vieira, por exemplo, que você fez no teatro por muito tempo. Um trabalho que eu sei que é muito marcante na sua vida, sua interpretação dos sermões do Padre Vieira. E a sua interpretação dos pensamentos dele era muito poderosa. Você é um dos maiores intérpretes que o Brasil já viu e, pra quem teve a sorte, um dos parceiros mais adoráveis nos bastidores.

Técnica ou emoção. *Entre les deux mon couer balance?* [Entre as duas meu coração balança]

Acho que as duas coisas. A emoção está ali, ou ao menos deveria estar, e a técnica é uma coisa que você vai desenvolvendo com o tempo. Você trabalha, observa a vida, observa os outros colegas, estuda coletivamente ou solitariamente, lendo tudo que é possível sobre o nosso ofício.

Eu não sei se eu tenho uma técnica. Eu acho que, exatamente por ter começado tão cedo, eu fui indo. Intuição absoluta. E fui descobrindo técnicas. No plural. Então eu lanço mão de algumas ferramentas nos trabalhos aqui e acolá, ferramentas que fui ganhando pelo caminho.

Eu acho que talvez o ideal fosse a técnica com emoção. Você deveria ter um domínio do seu sentimento e saber usar a favor daquele trabalho, ou daqueles trabalhos. O balanço disso, o equilíbrio disso, é muito tênue. Ah, olha, eu acho que não tem muita regra, viu? Tem trabalho que te emociona tanto que você vai que vai, fica em carne viva, se emociona loucamente e aquilo te toma! É furioso e bonito de viver. E aproveite quando acontece, porque é bem raro! E tem trabalhos mais técnicos mesmo. Mais frios. Aliás, não necessariamente quando você se emociona você emociona o público. Então esse é um assunto também, né?

Às vezes, quando você fica muito tomado, não consegue atingir o objetivo maior, amplo, espiritual da emoção de quem se depara com aquilo, que é coautor do seu trabalho. Tem isso também, né? A gente faz uma parte do trabalho e o público vem com a sua vivência, com a sua história de vida, e lê aquilo com a sua bagagem. E cada um vai enxergar de uma forma. Eu acho isso muito poderoso. É preciso não entregar pronto, o espectador merece o prazer de concluir o raciocínio.

O que nasceu primeiro, o talento ou a vocação?

Nossa, Pepê, não sei, viu? É muito louco começar tão cedo.

Eu era fascinado pela televisão. Eu ficava vendo televisão por horas. Aliás, basicamente eu via os programas de humor e você estava lá, porque era um período em que você passou pela trupe do Jô Soares. E eu via muito *Viva o Gordo*, ou *Veja o Gordo*, porque teve alguns nomes diferentes. Chico Anysio, um gênio real oficial — porque hoje em dia chamam qualquer pessoa de gênio. É sempre bom distinguir o que é mente brilhante e o que é testa suada. Chico Anysio é gênio, Jô Soares é gênio. Tantos artistas que eu amava ver! Tantos! Eu não esqueço o Agildo Ribeiro fazendo um personagem que tinha um mordomo do lado dele, ou o Primo Pobre e o Primo Rico, Paulo Gracindo e Brandão Filho. Eu era vidrado nesses caras.

E eu fui cantar na televisão e ali já tinha olheiro: Tia Irany, de São Caetano do Sul. Mesma agência, mesma geração: Angélica e Rodrigo Faro. Doido, né? Lembro demais disso, nós todos ali, bem pequenos, fazendo vários comerciais juntos. Muito legal esse período. Daí segui para as novelas. Assim foi indo a minha vida.

Vocação? Não sei. Talvez o talento estivesse ali dentro da minha cabecinha criativa, mas talvez eu já soubesse a minha vocação. Talvez eu já soubesse o que queria. Eu acho tão maluco isso de talvez já saber o que se quer desde tão cedo. Exatamente por ter começado tão novo eu vi muita coisa. Eu vi muita gente talentosa ficar pelo caminho porque não tinha vocação. Então tinha gente maravilhosa, mas desleixada, e tinha gente não tão talentosa assim, mas que tinha disciplina pra estudar, pra insistir, e que vingou! Já fui vendo logo cedo as dores e as delícias da profissão. Sucesso aos 11, aos 12 pararam de me chamar. E aí eu já pensava: "Então não sou um bom ator", "Não sou ator"... e era! Era questão de tempo.

Talento e vocação. A mistura dessas duas coisas é bem difícil. E trata-se de uma profissão dura. Às vezes você é o ator do ano, outras vezes nem lembram quem você é. Costumo dizer que é bem difícil começar, se destacar, mas acho honestamente *bem* mais difícil *permanecer*. Permanecer atento, permanecer sendo relevante, permanecer atraente para o público. Acho que isso é quase uma arte à parte. Administração. Gestão. Sou um estudioso dessa arte secundária, mas não menos importante.

Então é isso: não existe uma fórmula. Tem gente que não tem tanto talento, mas é muito vocacionada, e tem gente que tem muita vocação, mas não tem talento. Cada um achará seu caminho. E penso que nossas escolhas definem a nossa singularidade.

Saber escolher também é uma arte.

Fizemos *Pedra sobre Pedra* e *A Indomada* juntos, novelas de grande sucesso. Fizemos *Caramuru, O Coronel e o Lobisomem* e mais do que tudo, fizemos *Os Aspones*, a série mais legal e mais desperdiçada da TV. Que alegria era conviver com você diariamente!

Ah, Pepê, não deu tempo de te dar uma notícia que você ia amar: eu parei de fumar. Te amo. Aqui e além.

"É muito bonito o que a gente faz. Somos mensageiros das subjetividades do mundo."

LARISSA
Manoela

Atuar, dirigir e escrever. Você tinha esse sonho desde pequeno?

Eu ainda sou pequeno. Mas estou em fase de crescimento. Nasci com 7 anos, de parto normal, e hoje, aos 82 anos, de fronte alta, posso afirmar: "Tá tudo coisado no mundo. A humanidade deu errado. Ô, roteirista celestial! Embaralha e dá de novo!". Olha, Lari, eu lembro de gostar de ficar na câmera, por exemplo, quando era criança e fazia novela. E quando tinha pausas entre uma cena e outra, em vez de ir embora e jogar bola eu gostava de ficar no estúdio. Um garoto peculiar.

Eu ficava mexendo nos equipamentos, queria ver como fazia o zoom. "Olha que legal o foco, que interessante!". Ficava viajando na fotografia, na iluminação. "Ah, assim fica mais escuro, assim fica mais de outro jeito". Eu gostava da parte técnica, sabe? Sempre gostei.

Acho que isso foi ficando em mim, então um dia senti que eu precisava extravasar mais e não era como ator — era como autor. E aí chegou a hora de começar a escrever, dirigir, porque eu acho que precisava ser mais amplo na minha expressão, alargar as minhas capacidades, testar os meus limites. E acabou que uma coisa abasteceu a outra. Porque, quando eu dirijo, também estou aprendendo como ator. Quando tô atuando também tô aprendendo como diretor. Pular pra lá e pra cá, para os dois lados do balcão, acabou me preenchendo, me alimentando muito.

Faça um top 5 dos seus filmes favoritos em que você atuou, dirigiu ou roteirizou. Não vale se *O Palhaço* não estiver dentro, ha ha ha ha!

Tranquilo, Lari, ha ha ha ha!

O Palhaço sempre vai estar nos meus cinco preferidos, porque é um depoimento muito pessoal. É um filme que vem do coração. Porque ali eu tô falando de mim mesmo. Na época eu desconversei, pra não alimentar abutres, matérias sensacionalistas, mas sim, ali sou eu falando. Eu pensei em desistir muito. Inclusive este ano, inclusive fazendo este livro. Não é sempre, mas muitas vezes eu penso em desistir. E num momento mais doloroso veio *O Palhaço*.

Através de um artista pude levantar essas questões íntimas: "Por que ele faz isso? Será que ele faz isso porque o pai faz? Ele faz isso porque é um dom, porque é algo bom? Ou isso é um fardo que ele carrega? Ou uma missão nobre que ele deve levar adiante?". *O Palhaço* tá no top 5 dos meus filmes importantes.

Sem dúvida *O Auto da Compadecida* está nesse pódio, por tudo que representa, pelo encontro com Ariano Suassuna, com Guel Arraes, pelo meu encontro com Matheus, pela beleza de fazer aquela obra tão mágica. *O Auto da Compadecida* é sofisticado na sua simplicidade. É um presente divino ter feito o Chicó.

Lavoura Arcaica, com todas as dores, com todos os arranhões, com tanta coisa dura, foi um trabalho importantíssimo, fundamental pro meu crescimento e pro artista que me tornei.

Meu Nome Não É Johnny é também um filme muito importante, que se comunicou com muita gente, baseado em uma história real. Um encontro muito feliz com Mariza Leão e Mauro Lima, produtora e diretor. Um personagem que tive uma grande alegria em fazer e encontrou um público apaixonado. Essa lista é difícil porque, se você me perguntasse semana que vem, talvez fosse outra. Mas como você tá me perguntando hoje, acho que o outro é *Lisbela e o Prisioneiro*. É um filme muito requintado, muito bonito, engraçado, emocionante.

Então esses são os meus cinco filmes preferidos hoje. Se você me perguntasse semana que vem, a resposta seria diferente. Sou mutante. Quando sair este livro eu pretendo me processar porque eu não concordo com nada do que eu disse. Sou contraditório. Minha rotina consiste em me contradizer três vezes ao dia, sempre após as refeições. Faz bem ao aparelho digestivo, recomendo vivamente.

Você é uma das minhas principais inspirações, tanto profissionais quanto pessoais. Me apoiou e me incentivou a fazer terapia logo após eu ter assistido *Sessão de Terapia* — e amado, obviamente. Essa série te inspirou com base nas suas próprias sessões?

Lari, eu te conheci criança e já enxerguei naquele momento a sua imensa capacidade criativa, sua sensibilidade e o quanto você queria fazer o que faz. E eu me identifiquei com isso, porque eu fui assim.

Eu não tinha referência artística em casa, mas eu quis ser um artista. Como se eu tivesse descoberto o que queria pra vida muito cedo. Uma missão, talvez. E ao longo dos anos eu duvidei dessa missão muitas vezes.

As melhores respostas surgem de minha conexão com o menino que fui e muito dessa elaboração vem da terapia. A terapia é um lugar de autoconhecimento, de compreender suas fraquezas, suas forças, suas capacidades, suas inabilidades. Mas geralmente ela me leva pra esse menino que queria se expressar, que sentia muita coisa e que não cabia dentro dele. Ele precisava extravasar.

Se conhecer é sempre melhor do que não se conhecer.

Que bom que você faz terapia, porque é muito importante. Nós começamos cedo na profissão e uma hora pode dar um nó, podemos duvidar de nossas fantasias mais puras em contraponto com as dificuldades da vida adulta. Então a terapia ajuda a organizar, ajuda a colocar as coisas no lugar. Aliás, é isso! Colocar as coisas no lugar.

As coisas têm o tamanho delas. Às vezes a gente também torna as coisas maiores do que elas são. Ou menores. Então a terapia ajuda a tornar tudo do tamanho que deve ser. Nem mais, nem menos.

O que a gente faz é muito bonito e também pode ser muito penoso. E o material é a gente. É o nosso corpo, a nossa sensibilidade, o nosso pensamento, a nossa alma. Então a terapia ajuda a organizar isso tudo. Eu me vi muito em você quando apareceu no teste do nosso filme. Quando você veio pro nosso circo (esperança) fizemos uma triangulação muito, muito especial com o Paulo José.

Precisamos seguir atentos, sempre estudando, ligados nos movimentos, nas mudanças e não nos deixando estagnar. Precisamos estudar muito. Ler muito. Porque a gente vive numa época pobre, iletrada. Deu ruim no mundo, é a era da exaltação da mediocridade. Portanto, redobre a vigilância.

Seguimos atentos e firmes, minha pupila caprica! Para o alto e avante!

LÍVIA
Silva

Sonhos são como uma motivação para seguir em frente. Qual era o sonho do Selton de dez anos de idade? E qual o sonho do Selton de cinquenta? Acha que já conquistou tudo que sempre sonhou?

Lívia, querida, você é a mais jovem entrevistadora deste livro, eu tenho um orgulho danado de ter lançado você em *Sessão de Terapia*. Eu acho você uma menina muito, muito sensível, muito talentosa, muito legal de estar perto — e não é só isso. A sua família também é extraordinária. Eu amo a sua mãe. A sua mãe me lembra muito a minha. Seu pai, um cara fabuloso. Sua irmã, empresária nata, super parceira. Sua família é extraordinária! Você é uma estrela, você ainda vai brilhar muito, não é pouco, não. As pessoas ainda vão ouvir falar muito sobre você. E eu vou ficar aqui te apoiando, te ajudando a pensar, te aplaudindo sempre! Um orgulho danado ser seu "paidrinho".

Olha, o sonho do Selton de dez anos de idade era ligado a coisas criativas, era ligado à imaginação. Eu sonhava com coisas grandes, coisas grandes ligadas à arte. Então acho que o Selton de dez anos de idade certamente tá muito orgulhoso do Selton de hoje. O Selton de hoje é fruto do sonho do Selton de dez. Ou seja, é aquele meme "o início de um sonho/deu tudo certo".

O sonho do Selton de cinquenta é nunca perder de vista o Selton de dez. O Selton de cinquenta anda de mãos dadas com o Selton de dez. Mantendo aquele menino intacto, saudável.

Como é sua relação com as redes sociais?

A sua geração já nasceu com as redes sociais. A minha, não. Até os meus vinte e poucos anos, celular nem existia. Criaram o celular, depois o celular começou a ter mensagem de texto, só quando eu já tinha mais de 30 anos começou a existir celular com rede social. Então eu demorei pra entender. Pra me entender ali.

Agora, essa pergunta é excelente. Porque a gente tá completamente envolvido com isso, pro bem e pro mal. Pro bem porque você se diverte, vê coisas legais. Mas também vê coisas que ocupam o seu tempo, não te acrescentam. Aquilo ocupa um tempo danado. Não tem nada mais importante que o nosso tempo. Sempre que algo ou alguém te fizer perder tempo, aumente a atenção. Você fica ali vendo, vai rolando o *feed*... aí piscou e passaram três, quatro horas do seu dia — ou muito mais que isso!

E a imagem se banalizou. Porque influencer é uma coisa, ator é outra. Influencer é isso aí. Ele precisa estar na rede social o tempo inteiro, porque ele é alimentado por aquilo. Eu não sou alimentado por rede social. Eu sou alimentado pela minha imaginação, pela minha criação, por minhas obras, e estou ali *também*. Então é preciso uma noção bem clara desse limite muito tênue entre oferecer demais e não ter presença nenhuma. Eu tento achar um equilíbrio. É difícil, mas eu tento.

Acho que as redes sociais empobreceram a nossa imaginação. Conheço muita gente, por exemplo, que não lê. A gente falava sobre isso, né, Lívia? Sempre te incentivei a ler. Eu te envio livros, sempre falamos da importância da leitura. Ler abre novos horizontes. Ler dá consistência para nossa linguagem. Como atores a gente ganha mais traquejo expressivo. É preciso entender e fortificar nossa expressão. A força máxima da nossa expressão. A nomenclatura adequada. Lendo, a gente fica apto a fazer trabalhos de época com desenvoltura. Eu fiz muitos trabalhos de época, amo fazer! Eu vejo atores mais jovens fazendo trabalhos de época e eles não sabem que palavras são aquelas que estão falando! E eu gosto muito de estar inserido num trabalho de época a ponto de improvisar. Usar uma linguagem arcaica com desenvoltura.

As redes sociais empobrecem, as redes sociais afligem, as redes sociais dão ansiedade. Porque a opinião dos outros não define quem a gente é. Aquilo ali pode ser brutal pra muita gente e já vemos resultados de dependência, depressão, em toda parte do mundo. Coisas terríveis, assustadoras. Então o que o outro pensa a meu respeito não me define. *Eu* me defino. Eu sei quem eu sou. Eu sei o que eu sonho. Eu sei o que eu faço. Eu sei onde dói. Eu sei por onde passei para poder celebrar. Eu sei coisas legais que faço pra pessoas próximas e que talvez ninguém saiba — e que ninguém precisa saber. Eu sei as minhas qualidades, eu sei os meus defeitos. Conheço muito bem meus defeitos, convivo com eles. Conheço meus demônios e eles não vão sumir. Então, de vez em quando, eu os levo para tomar um chá. Aí converso com eles. Pergunto: "Qual o seu problema, meu amigo demoninho?". Aí eu converso com esse pobre diabo aqui, depois com aquele outro capeta ali e entramos num acordo. Isso é autoconhecimento, né, Lívia?

Então as redes sociais são lugares em que você pode se perder muito facilmente. E eu tô vendo uma geração inteira muito ansiosa, com transtornos bem sérios. Eu vejo pessoas completamente viciadas naquilo. "Se eu não ganhei o *like*, as pessoas não gostam de mim. Se eu não tenho mais seguidores, significa que eu sou um erro." Eu vejo pessoas completamente perdidas, um desespero para aparecer. Dando opinião sobre tudo, um falatório ensurdecedor.

"O sonho do Selton de cinquenta é nunca perder de vista o Selton de dez. O Selton de cinquenta anda de mãos dadas com o Selton de dez. Mantendo aquele menino intacto, saudável."

Nada mais vergonhoso do que uma afirmação sem conhecimento. Não sou um especialista em tudo e nem quero ser. Não estou aberto 24 horas para todo tipo de assunto. Se eu perder seguidor por isso, paciência! Melhor do que ganhar *per*seguidor, ha ha ha ha!

A turma quer tanto aparecer de qualquer forma, que são capazes de fazer qualquer coisa. Inclusive coisas boas.

Stalker é outro tema bem interessante — e bem grave também. O limite entre ser fã e passar do ponto é tênue. Fã legal, pra mim, é fã discreto. E "stalkear" alguém é crime. Ponto. Se você fizer algo que configure perseguição, pode ir pra cadeia. Minha equipe sempre avalia as pessoas que passam do ponto.

Temos um material arquivado de uns *stalkers* que cruzaram a linha e cometeram crime de perseguição. Se for preciso, tomaremos medidas mais duras um dia.

Meu trabalho não é nas redes sociais. Aquilo é uma parte pequena do que sou. Ouço depoimentos do tipo: "Meu filho não me deu *like!*". Gente, se bobear o filho estava nadando, andando de bicicleta. Quando chegar em casa mais tarde, ou amanhã, ele vai ver e dar o *like!* Ou ele não deu *like* porque não gostou da publicação, ué. Normal! Você não precisa gostar de tudo que você vê ou lê.

Outra coisa muito louca sobre redes sociais é seguir ou deixar de seguir. Gente, já aconteceu casos de eu deixar de seguir alguém e a pessoa entrar em crise: "Por que deixou de me seguir? Eu te fiz algum mal?". Não! Seu *feed* era ruim mesmo, ha ha ha ha ha! Só isso! Eram posts chatos, me faziam mal, ou me alugavam, ou não tinham graça, ou não me acrescentavam em nada, sacou? Não te seguir não significa que não te amo. Eu posso amar, admirar uma pessoa e dizer: "Quer saber? Vou deixar de seguir essa pessoa, porque acho os posts dela tão insignificantes. Mas eu a amo, então vou preservar o que sinto por ela dando *unfollow*". A gente não precisa seguir ninguém, não! Incluindo eu nesse papo todo, viu, turma? Fiquem à vontade pra deixar de me seguir nesse instante!

Aliás, dica do dia: não siga ninguém. Todo mundo está perdido.

Ser ator significa representar pessoas com histórias diferentes, vidas diferentes e até mesmo uma perspectiva de mundo diferente da sua. Quando você recebe um convite para dar vida a um personagem, leva em sua bagagem suas histórias pessoais e adapta para aquela nova pessoa?

Que interessante, Lívia. É uma troca, né? O intérprete e o personagem trocam figurinhas. Eu empresto coisas pra eles e eles emprestam coisas pra mim. Eu levo coisas minhas pros personagens, mas também eles me oferecem um mundo que eu desconhecia. E isso é lindo na nossa profissão. Você vive pessoas, aventuras, dramas, amores, romances, coisas engraçadas e tragédias que você não viveu. Isso é uma coisa fascinante.

Aliás, tem a ver com a sua primeira pergunta. O sonho do menino de dez anos. Nosso trabalho é lúdico. Você chega na gravação e tem um cenário de época, tem a roupa. Sei lá, digamos, *Guerra de Canudos*. Tava eu lá fazendo o filme, vivendo a Guerra de Canudos, no sertão da Bahia. Isso é outra coisa fascinante do cinema: leva a gente pros lugares. Eu conheço o sertão pernambucano, Arcoverde, por causa do *Árido Movie*, conheço o sertão paraibano, Cabaceiras, por causa do *Auto da Compadecida*, o sertão baiano, Junco do Salitre, por causa do *Guerra de Canudos*. Ou seja, talvez poucos políticos conheçam tantos lugares quanto um ator de cinema. A gente realmente viaja pra lugares diferentes. Isso é uma experiência tão rica! Eu carrego em mim um pouco de todos esses lugares por onde passei. Das pessoas que encontrei nesses caminhos. É muito bonito o que a gente faz.

Eu represento brasileiros diferentes que cruzaram meu caminho.

Sessão de Terapia sempre apresentou pacientes complexos e fascinantes. Você sente que ainda existe na sociedade um preconceito com terapia?

Personagens fascinantes mesmo, Lívia! E você deu vida a um desses, a Guilhermina. O seu trabalho é lindo, lindo! Você emocionou muita gente. Eu ficava encantado ali na sua frente, vendo o início de uma grande atriz. Eu via além, eu já te enxergava grande, voando muito alto. E a partir dali muita gente também descobriu você e eu fico muito orgulhoso. E a gente conversa bastante, eu, você e sua mãe. A gente troca bastante ideia, eu te ajudo a pensar, aprendo com você também. Aquele amor da sua mãe é uma coisa que me alimenta muito.

Olha, existe preconceito com terapia, sim. Ainda tem gente que acha que é coisa de maluco. A série ajudou muito a desmistificar isso. Na verdade, terapia é coisa de gente muito sã que teve a clareza de procurar se conhecer. De procurar ajuda pra se conhecer, pra entender o que aflige, o que faz mal, o que faz bem. Pra entender qual é o seu sistema interno, como você funciona. Isso faz muito bem. Eu acho que *Sessão de Terapia* precisava passar na TV aberta.

"Conheço meus demônios e eles não vão sumir. Então, de vez em quando, eu os levo para tomar um chá."

Acho que culturalmente daríamos um salto qualitativo gigantesco se passasse isso pra população, nem que fosse de madrugada.

Mundo adoecido. E essa série possui um poder curativo. Seria um acontecimento social gigantesco através da arte.

Dirigir outras pessoas com certeza não deve ser uma tarefa fácil. Você tem alguma dica para mim, que quero trilhar passos como os seus? Que, além de atuar, também quero dirigir?

Olha, adorei que você já pensa em dirigir. Isso aí, Lívia, manda ver! Você tem sensibilidade e inteligência pra tudo isso.

Que dicas eu daria? Quando estiver num set como atriz, nas horas vagas de uma filmagem, em vez de ir pro camarim mexer em rede social, cola mais no fotógrafo. Pergunta como ele usa a lente, como iluminou aquilo ali? E o pessoal do som? Como eles estão captando e como vão fazer depois? Mas e depois na mixagem? Qual o resultado daquele microfone de lapela? E o assistente de direção? Ele tá fazendo qual função exatamente? Procure entender as funções num set de filmagem, Lívia. O figurino, a direção de arte, o contrarregra. Vai acabar te dando uma noção do que você fará num futuro próximo.

E leia, leia muito, veja filme, veja filme novo, veja filme antigo, procure saber quem são os grandes diretores. Você deve conhecer Kubrick, Júlio Bressane, Coppola, Rogério Sganzerla, Antonioni, Truffaut, Glauber Rocha, Walter Salles, Leon Hirszman, Scorsese, Kurosawa, Bergman... Então vai atrás, vai estudar. Isso vai te alimentar naturalmente. Quando você piscar, será uma diretora tão sensível e criativa quanto a atriz que você já é.

Conte algumas curiosidades que você nunca mencionou em nenhuma entrevista, só para a gente se divertir.

Ha ha ha! Adorei essa! Ah, tem uma fácil já. Uma curiosidade que ninguém sabe a meu respeito. Talvez quem conviva comigo saiba. Mas quem tá lendo este livro não imagina.

Eu odeio telefone! Eu odeio telefone com todas as minhas forças! Eu tô falando de telefone, ligação. Não me ligue! Ha ha ha ha ha! Me ligue somente em caso grave, tipo se alguém morreu. Aí você me liga. Telefone na minha opinião nem deveria existir mais. Ha ha ha ha ha! A maior invenção do ser humano, depois do ar-condicionado, é o áudio de WhatsApp! Áudio é vida! Você manda áudio, a pessoa ouve quando puder, no tempo dela. Áudio de dois minutos ou de vinte minutos, um verdadeiro podcast, ela ouve com tranquilidade, pensa sobre aquilo, responde também quando quiser. Áudio é uma invenção extraordinária. Você manda no seu tempo, não tem ansiedade porque a pessoa também ouvirá e responderá no tempo dela. Gente, telefone é a coisa mais invasiva, bizarra, mal-educada do mundo! Tem a ver com má educação também. Você tá saindo do banho, toca o telefone! Ha ha ha ha ha! Deixa um áudio, desgraça! Que aí, depois que eu sair do banho, me enxugar, comer um negócio, eu vou ouvir! Aí, se eu estiver tranquilo, eu já respondo. Se for um assunto mais complicado, eu vou pensar e amanhã eu respondo. Gente, não me liguem! Em nenhuma ocasião. Mandem áudio. Áudio é vida.

Outra curiosidade que nunca contei em lugar nenhum com clareza é que eu flerto há alguns anos com trabalhos fora do Brasil. Então eu tenho agente, etc. Eu tenho um pé lá, passo períodos em Los Angeles e tal. E numa ocasião dessas eu fui pra Austin, no Texas, pra encontrar o Boyd Holbrook, que tinha amado *O Filme da Minha Vida*, e tinha gostado de um roteiro americano que talvez eu dirija, pra gente conversar sobre o projeto.

Estando em Austin e sendo muito fã do Matthew McConaughey e conhecendo um pouco a Camila Alves, que é brasileira e casada com ele, mandei um alô pra ela e falei: "Camila, vocês estão aqui?". Porque eles moram lá em Austin. "Eu adoraria encontrar vocês se pudessem." Ela foi um amor! "Claro, Selton, chega aí! Vem aqui em casa, o Matthew foi numa leitura, mas já, já, chega. A gente faz uma comida e bate papo." Cara, ha ha ha ha ha, essa foi uma das noites mais fabulosas que eu tive na minha vida! A Camila é um amor, tava lá a sogra dela, a mãe do Matthew, que é uma senhora maravilhosa, super divertida, sagaz, e a gente ficou tendo papos maravilhosos. Daqui a pouco chega o Matthew McConaughey, de quem eu sou muito fã! Cara, *True Detective* é uma das melhores séries dos últimos tempos, o trabalho dele no *Dallas Buyers Club* é extraordinário e tantas outras coisas que ele fez na vida. Ele é muito carismático. Aí chega o cara. Eu fiquei ali trocando uma ideia com ele e com a Camila, falando da vida e da arte. Ele sabia mais ou menos quem eu era porque a Camila tinha contado, ficamos ali falando de tudo. Ele me deu conselhos extraordinários. Ele é muito engraçado, muito 220V, ele não para, nem senta! Anda pra lá e pra cá, falando. Contou histórias extraordinárias do processo dele com o Scorsese quando fez *O Lobo de Wall Street*, ele ama o Steven Soderbergh, com quem ele trabalhou algumas vezes. O processo com o Soderbergh é louco, porque todo mundo fica pronto e não tem claquete! O Soderbergh chega com a câmera, já filmando, achei esse negócio maravilhoso! Então o Matthew falou que ficava todo mundo de prontidão. Ninguém ficava no camarim esperando pra ser chamado, não! Já ficava pelo set, daqui a pouco aparecia uma câmera rodando.

Muito maneiro ouvir os processos do Gus Van Sant, do Scorsese, do Soderbergh... E o Matthew me deu conselhos extraordinários. Contei pra ele do encontro que eu tive com o Boyd, que foi ótimo e tal. Mas eu tava meio tímido, falando outra língua, com dificuldade. Ele falou: "Foda-se! Eu não te conheço direito, mas sei que você é gigante no seu país. Então seja gigante aqui também! Não é você que precisa deles, são eles que precisam de você!". Tipo assim, me dando uma lição de vida! Ha ha ha ha ha! Uma boa lição de vida! Ele falou coisas maravilhosas! Como: "Quando você estiver num *set* nos Estados Unidos, fala bastante português. Deixa todo mundo meio azucrinado. Sem conhecer direito a tua língua. Não fica sofrendo pra falar a nossa língua não, fala a sua, bota um tradutor. Chama um fotógrafo que vai falar a sua língua". Ele me contou que no *Dallas Buyers Club* o diretor era francês e o fotógrafo era francês, e que entre eles ficavam falando francês. E que ele virava pro Jared Leto: "Caralho, a gente tá fazendo um *fucking* filme de arte, velho! Eu não tô entendendo porra nenhuma que eles estão falando!". Ha ha ha ha ha! Então ele estava se sentindo bem num *set* onde os diretores falavam uma língua que ele não conhecia. Ele disse: "Use isso a seu favor. Você é brasileiro". O americano planeja todos os departamentos pra chegar lá e, digamos, ter uma cena em que uma janela quebra. E aí chega lá e a janela não quebra, começa a chover e todo mundo simplesmente não sabe o que fazer. "Você é brasileiro, brasileiro se vira. Então você vai dar seu jeito, vai filmar outra coisa, vai usar a sua imaginação e isso é o seu diferencial. Use o seu diferencial". Cara, ele me falou coisas que eu nunca vou esquecer. Matthew McConaughey em Austin, na casa dele. A Camila Alves, maravilhosa, gentilmente me convidou. Que noite memorável!

Lívia, você é uma estrela! Você ainda vai brilhar muito e eu vou estar do teu lado, te aplaudindo e te incentivando sempre!

"Dica do dia: não siga ninguém. Todo mundo está perdido."

WAGNER
Moura

Selton, você é ator desde criança, conhece o set de filmagem como ninguém, dirige e escreve. Acredito que você mantenha a excitação da atuação desde cedo, mas o que o excita como o baita artista que é?

Fala, meu camarada! Que prazer que você está aqui! Que bom que a gente se aproximou tanto nos últimos tempos de uma forma extratrabalho, né? A gente nunca trabalhou juntos. É incrível isso. A gente estava no mesmo filme, *Trash*, mas não atuamos juntos. Porém pessoalmente a gente se aproximou de um jeito muito marcante.

Nunca vou esquecer a forma como você me recebeu. Você, San e seus filhos. Um momento duro da minha vida. Nunca vou esquecer disso! Agradeço aqui, está registrado neste livro.

Você está morando em Los Angeles e isso aconteceu num momento muito triste da minha vida. Com o declínio da saúde da minha mãe, com o avanço da doença dela. O fim definitivo da capacidade de fala, a transição para a sonda abdominal para alimentação e medicação.

Enfim, eu estava com duzentas mil questões, chovendo por dentro, dores e fraturas na alma. Realmente tudo estava à flor da pele, fui para um buraco que já havia sido apresentado anos atrás e você me acolheu de uma forma muito amorosa.

Te ver em cena me excita, Wagner. Mariana Lima é uma atriz que me inspira, Andréa Beltrão idem, Adriana Esteves me comove, Drica Moraes é uma atriz espetacular. Ver ator foda excita a gente, dá vontade de seguir adiante mandando ver. Dá coragem pra não desistir.

Às vezes trabalhar com um diretor com quem eu nunca trabalhei me excita. Às vezes voltar a trabalhar com o diretor com quem tenho muita afinidade me excita. Me excita como ator, me excita na vida, sabe? Tudo é sobre o que você viveu. O que você sentiu. O que excita como ator são coisas que eu vivo. Coisas bonitas, tristes, duras, belas, fortes, leves, radicais, pesadelos, vitórias... são coisas que depois eu vou transformar em arte.

Então acho que te respondi. Eu *acho*, não tenho certeza. Mas não tenho certeza de muita coisa. E eu acho que hoje em dia isso é uma coisa muito boa. Tem muita gente com muita certeza, não precisam de mais um. A inteligência artificial nunca vai superar a espetacular estupidez natural.

Com que tipo de ator você gosta de contracenar?

Cara... Eu acho que gosto de contracenar com os atores engraçados. Que resposta maluca! Ha ha ha ha ha ha! As pessoas veem a obra pronta e não têm ideia da trabalheira que aquilo dá. É trampo, é tudo difícil. É calor, a roupa pinica, tá quente, o ar-condicionado tá falhando, o cenário não tá pronto. Aquela caixinha do microfone que fica nas costas tá machucando. Então, que seja engraçado! Que a gente se divirta.

Acho que é isso. Gosto de trabalhar com ator que gosta de se divertir também. Vira uma gincana maluquinha boa, não um trabalho. O dia parece voar. Então acho que é isso. É preciso se divertir.

Não acredito em sofrimento no trabalho do ator. Já acreditei, mas hoje em dia? Não acredito. Se tiver sofrimento, *estoy fuera*. De sofrimento já chega a vida, cara, é muito puxado! Eu quero me divertir e pode ser inclusive num drama. O que a gente está fazendo pode ser denso, mas a coxia tem que ser hilária. Com gente maneira, gente leve, boa energia, bons papos. Essa é a minha busca.

Quem foi ou quais foram seus parceiros de cena inesquecíveis? O que eles tinham que os faziam ser não só grandes atores, mas grandes parceiros de cena?

Imediatamente? Eu cito dois: Matheus Nachtergaele, porque o encontro com ele em *O Auto da Compadecida* foi realmente uma coisa miraculosa. Eu nem conhecia o Matheus. O Guel [Arraes] olhou para o Matheus, um cara foda de teatro, denso, que fazia um baita sucesso com a peça *O Livro de Jó* e falou: "Esse aí é o João Grilo". Ele foi um visionário, cara, porque olhou os dois separadamente e falou: "São eles". E confiou. E já chamou, não precisou de teste. Não ficou pensando em outros. Convidou a gente quando ainda não tinha nem roteiro. Nos deu a peça para ler. E é o Guel Arraes, né, cara? A pessoa que dirigia tudo de melhor que havia na televisão: *Armação Ilimitada*, *TV Pirata*, *A Comédia da Vida Privada*. O cara é uma referência.

E Matheus, cara, foi um encontro sobrenatural. Parecia que a gente se conhecia de outras vidas. Como somos complementares, funcionamos muito bem como uma dupla. O filme é todo sobre uma dupla. Já imaginou se não funcionasse? Não teve nenhuma leitura preliminar. Não teve testes para ver se a dupla era aquela! Não teve teste! Mágica pura.

E a alegria com Matheus? Eu acho que eu e Matheus tivemos algo parecido porque eu estava em *Lavoura Arcaica*. Estava pesado, machucado psicologicamente, cansado, cheio de crises existenciais. O Chicó me salvou, salvou a minha vida. Me trouxe o sol de novo e me trouxe para a luz. Trouxe meu riso de volta. E acho que o Matheus teve uma experiência parecida. Anos de trabalhos densos no teatro, anos de processos longos, duros. E a gente se viu no sertão, no calor do sol. Solar, literalmente solar, Ariano Suassuna, fazendo aqueles personagens que são eternos e que estamos fazendo de novo. Estamos tendo a ousadia e a alegria de voltar a beber naquela fonte. Se o novo filme vai ficar melhor ou pior, não tenho a menor ideia. Mas vamos nos divertir de novo. Matheus é um gênio que cruzou meu caminho.

A outra pessoa é o Fábio Assunção. A gente foi irmão em *Força de um Desejo*. Foi um grande encontro, ele é um grande cara. A gente tinha ataques de riso. Ataques desesperadores, de não conseguir mais se olhar na cara. Eu acho que a novela foi sendo esticada e a gente tinha que falar aquelas coisas de época: "O inspetor de Serra Negra está vindo". Era só ele falar "inspetor" e a gente começava a rir. Aquela gravatinha de veludo era um negócio tão bizarro! A gente chegou a cair no chão de tanto rir. E ele também caía na risada quando eu falava do cavalo, sei lá.

Então a gente desenvolveu uma técnica: a gente não se olhava em cena. Ha ha ha! Quando ele estava falando comigo, eu estava de costas. Ele falava olhando para a parede. Quando eu precisava olhar para ele, ele se virava. Portanto, para o público, a gente estava se olhando, ha ha ha ha! Foi uma técnica que a gente desenvolveu e vamos patentear. Ha ha ha ha! Depois a gente fez *Os Maias* juntos. Foi um trabalho muito lindo. Muito lindo e de uma grande amizade. Uma história de uma grande amizade. Ele, Carlos da Maia. Eu, João da Ega. Aquilo foi um tesão, grandes cenas, grandes personagens. Dois jovens apaixonados pelo trabalho.

Então essas são duas pessoas que eu tenho no coração. Agora, falta o nosso momento, né, Wagner? Vamos achar. A gente já, já acha. Estamos na busca. O público também deseja esse encontro.

O que você lembra de uma cena específica dessas que, quando acaba, você não sabe bem o que aconteceu?

Wagner, são muitas assim, mas é tão difícil quando vem a pergunta... Vou falar de duas cenas. Um filme que ninguém viu ainda e um bem famoso. O primeiro se chama *Enterre seus Mortos*. Esse filme é baseado no livro da Ana Paula Maia, produzido por Rodrigo Teixeira e dirigido pelo Marco Dutra, que é um baita de um diretor. Terror, mas tenho minhas dúvidas sobre o gênero, talvez ele seja outras coisas mais. Cara, tem uma cena mais para o final desse filme. Não vou dar *spoiler*, é uma cena que eu estou com Danilo Grangheia, que é um atorzaço e companheiro adorável de bastidor.

Mas a gente tem uma cena bem doida... É uma cena tão perturbadora e tão fora da casinha que não tenho ideia de como ela ficou. Não sei o que aconteceu comigo ali, eu me permiti uma espécie de transe. Era preciso se concentrar e eu estava apaixonado pelo personagem, pelo trabalho. Estava vivendo aquilo, cansado de tantas cenas noturnas, dormindo muito mal e tinha tanta expectativa com essa cena que eu vou te falar: não sei o que ela virou. Não sei como ela ficou, mas ela me causou uma vertigem. Quando acabou, falei: "O que aconteceu? Eu não sei o que aconteceu!".

Tem uma cena que eu sei bem o que aconteceu, uma cena muito emblemática. É a cena no *Meu Nome Não É Johnny*, em que eu falo com a juíza e a convenço, explico por que o meu personagem acha que deve ser tratado como um dependente e não como um traficante.

O filme foi baseado numa história real. Então você fica pensando: "O que será que ele falou para a juíza? O que ela enxergou nele? Viu nele alguma coisa que fez com que o final da história dele fosse outro? O que será que aconteceu?". Então combinei com Mariza Leão, produtora, e com Mauro Lima, diretor do filme, de que não queria nunca ler essa cena, nem estudar. Nem ensaiei. Eu não queria nem tocar nessa cena. E pedi para o próprio João Estrela ir lá no dia da filmagem, só falei para deixarem tudo pronto. Fui para uma sala ao lado e pedi para o João Estrela contar o que ele falou para a juíza naquele dia, o que ele lembrava. E aí eu sentei ali e ouvi o que ele falou. Saí meio atordoado e fui pro meu lugar. Mauro deu o ação e eu fui contando com um frescor muito grande. O que ele me falou tinha uma coisa a ver com a mãe, uma vergonha da mãe que estava ali, vergonha de ter exposto a família. Isso era comovente, vulnerável, real. E era triste porque ele era dependente químico e era forte aquilo tudo. Foi bem marcante para mim, bem marcante. Eu acho que resultou numa cena muito bonita, e imagino que muita gente vai gostar de saber como foi feita.

Como diretor, você se lembra de um ou dois momentos mágicos?

Cara, também tive alguns. Eu me lembro de Darlene Glória no *Feliz Natal*. Era como *Uma Mulher sob Influência*, um filme absolutamente cassaveteano, escancaradamente, feito por um fã do Cassavetes [John Cassavetes, ator e cineasta]. A Darlene não estava no filme, não existia o papel da mãe originalmente. E aí eu a entrevistei pro *Tarja Preta*, que você também participou, o programa que eu tinha no Canal Brasil. E a Darlene contou histórias tão inacreditáveis! A história dela é tão impressionante que daria um filme próprio. De tudo que ela viveu e tudo que ela foi. Tudo que ela passou, do sucesso até os dias duros. Depois se levantou na Igreja Evangélica. Tudo tão impressionante que eu falei: "Cara, vou botar a Darlene no meu filme amanhã". Ela é a alma do filme, ele não tinha essa alma antes.

É como se faltasse alguma coisa, e essa coisa era a Darlene. E isso com, sei lá, dois meses para filmar. O filme já em andamento. Eu cheguei pra equipe dizendo: "Oi, gente, tá faltando uma coisa muito importante... Tem uma mãe". E tudo isso acontece porque tem uma mãe alcoolizada andando por essa casa, cheia de remédios na mente, falando coisas desconexas e ninguém ouvindo. E isso é tão forte! A entrega dela dentro daquela casa foi extraordinária.

Meu primeiro filme foi muito, muito especial. Baita orgulho, filmado em 16 mm, lindo! E eu ia seguindo a Darlene. Foi muito poderoso o que ela entregou ali.

Outros momentos mágicos também dirigindo, eu acho que foram com Vincent Cassel e Johnny Massaro em *O Filme da Minha Vida*. Eu comecei o filme fazendo as partes do Cassel que eu precisava liberar para filmar algo em algum lugar do mundo.

E a gente tinha um bebê. Um bebê em cena. E eu li em algum lugar que naquele filme *Arizona Nunca Mais*, dos irmãos Coen, eles trabalharam tudo com gêmeos. Então se tinha cinco bebês naquele filme, na verdade eram dez. Eles deixavam os bebês com as mães ali brincando e chamavam na hora de filmar. E perguntavam: "Qual está mais alegre agora? Qual está com sono? Ótimo, estamos precisando de um com sono". E aí a gente pegou gêmeos. E aí fez. Foi maravilhoso! Legal lembrar essas coisas.

Tinha um gemeozinho que era sempre o mais enfezadinho. Não queria filmar nunca e aí o outro bombou no filme, fez praticamente tudo, sacou? Filmou bastante! Estava ali o pai, a mãe e a gente fazendo com um e com pena do outro que não estava participando. Mas beleza, um gostou de filmar, gostou da câmera. Ele vinha fofíssimo, fazia a cena. Quando a gente foi fazer a última cena do Cassel com Johnny, esse que filmou noventa e nove porcento do filme começou a chorar. E ele não chorava nunca! Começou a chorar e a se sentir incomodado. Será que não gostou de fazer aquela cena? A gente pegou o outro, que veio todo feliz. Eu acho que eles combinaram entre si. "Deixa eu fazer uma para entrar nesse filme." Ha ha ha ha! Então, cara, noventa e nove por cento do filme, um gêmeo, para o fim, em uma cena, ser o outro. E o Cassel e o Johnny estão numa intimidade tão bonita. É um lugar velho e bonito, uma casa meio abandonada. O Cassel é um atorzaço. Ele é um bicho cinematográfico, como você, Wagner.

Você bota a câmera no Cassel e tudo acontece. Sempre fui fã dele, de *O Ódio* ao *Cisne Negro*. Era incrível dirigir esse cara. Foi um momento mágico em *O Filme da Minha Vida*. Que filme especial! Cassel e Johnny. Amo esse encontro, amo esse filme.

Última pergunta: você tem saudades da juventude?

Cara! Saudade eu tenho. Muita! Tenho saudades da minha lombar! A lombar era melhor, o joelho não estalava.

Agora, cara, nada como a maturidade, nada como saber mais, nada como estar com a casca mais grossa. Nada como já ser gato escaldado, nada como já ter passado por tanto. E hoje você olha e fala assim: "Beleza!". Você vê o jovem passando por alguma coisa e fala: "Deixa ele passar, deixa ele". Deixa ele ali, que ele já vai ver o que vai dar. Vamos ver o que ele faz com isso. É isso, o que a gente faz com as coisas que vão surgindo. As coisas ruins e as coisas boas — as coisas boas são perigosíssimas. Os sucessos, o que a gente faz com os sucessos.

Eu sei o que eu fiz com os fracassos e eu sei o que fiz com os sucessos. Tem uns momentos em que a gente pira. Tem momentos em que a gente acha que está arrasando. Aí depois a gente dança e levanta de novo. Então, cara, se tem alguma vantagem em ter começado cedo é que eu fui vendo essas coisas logo antes, entendeu? Então não passei por isso com vinte, trinta anos, não. Eu já tinha sucesso com 11 anos, já me ferrei aos 12, me reergui aos 15 na dublagem, aos 18 já estava voltando, era um sobrevivente. Se há alguma vantagem em começar cedo é essa. Com 18 anos, com 20 anos já eram dez anos de carreira. Eu já tinha passado por tudo: sucesso, ostracismo, paulada, prêmio, tristeza, alegria.

Irmão, muito importante o lugar em que a gente chegou, pessoalmente. Eu acho que, quando a gente fizer algo juntos, vai carregar muito do que temos agora, dessa cumplicidade sem filtro, vulnerável.

Eu desmoronei na sua casa, e você, sua mulher e seus filhos me abraçaram e me ajudaram a colar os cacos.

Tenho você num lugar muito especial e, quando a gente resolver fazer alguma coisa juntos... vai ser poderoso. Siga inspirado, siga inspirando a gente.

"Eu sei o que eu fiz com os fracassos e eu sei o que fiz com os sucessos."

GUEL
Arraes

Como sua experiência de ator influi na de diretor?

Salve, Guel! Que alegria ter você neste livro! Antes de a gente se tornar parceiros, eu era teu fã. *Armação Ilimitada* foi um negócio revolucionário na televisão. Eu assistia aquilo vidrado em como você dirigia e editava. Era um ritmo muito frenético, uma coisa entrecortada, muito inovadora, brilhante! E, na sequência, *TV Pirata*, que eu amava num grau muito alto. Todos aqueles atores maravilhosos juntos, o jeito como você elaborou e fazia aquilo, coisa de gênio mesmo. Eu era teu fã e, quando me chamou pra trabalhar, você me chamou pra fazer o Chicó! Ha ha ha ha ha! Você me chamou pra fazer o *fucking* Chicó do *Auto da Compadecida*! Eu não sei onde você viu que eu era o Chicó. Porque, até então, eu nunca tinha sido um ator de comédia. *Você* me mostrou que eu era um ator de comédia! Isso é uma coisa mágica! É fabuloso quando um diretor consegue te revelar algo sobre você mesmo.

Eu nunca imaginei que poderia ser aquilo. Você falou: "Sim, você é". Então você tava enxergando alguma coisa que eu não via. E assim... Chicó, né, Guel? Nós fizemos o Chicó. Nós fizemos um filho amado do Brasil. Nós fizemos um personagem eterno. Nós fizemos algo que ficou na memória do brasileiro para sempre.

E como se não bastasse o Chicó, a gente fez *Caramuru*, e a gente fez *Lisbela e o Prisioneiro*. Ou seja, a gente fez de novo. O raio caiu de novo no mesmo lugar. A gente fez Leléu juntos. Acho que o meu melhor trabalho como ator é o Leléu, de *Lisbela e o Prisioneiro*. Eu amo esse filme. Ele mistura linguagem, o cinema dentro do cinema, é muito requintado. É engraçado, é lírico, é lindo, é doce, é romântico, é dramático. Esse filme é muita coisa. Eu me desdobrava, saía da cena mais hilária pro drama mais profundo em segundos. Era um exercício fabuloso. Uma curiosidade que acho que pouca gente sabe é que a gente trabalhou o personagem um pouco no teatro. Você fazia uma turnê de *Lisbela e o Prisioneiro* e eu não fazia a peça, mas você me convidou pro filme. Aí você teve a ideia de que eu deveria fazer um pouco a peça pra dar uma esquentada. E que experiência foi essa? Isso foi maravilhoso! Porque eu tava testando diariamente o *timing* das frases, a forma de dizer determinadas coisas, e eu tinha a risada do público ali mesmo. Então foi o único trabalho que fiz na vida no qual, quando eu ia filmar, sabia como eu deveria dizer, porque eu sabia como o público reagiria melhor. Se eu falasse assim, sabia que seria de um jeito; se eu falasse assado, sabia que seria mais matador. Que experiência, Guel! Que grande diretor você é! Que acervo cultural você carrega nessa mente brilhante. Que honra ser seu parceiro, que alegria ter você na minha vida, que alegria que nosso caminho se cruzou, que alegria ser seu ator. Como o Nanini foi na televisão, eu fui no cinema. Tenho um orgulho gigantesco da nossa parceria.

Sobre sua pergunta. O ator que sou influencia muito o diretor que me tornei. Eu sei como é difícil. Eu sei que cada ator tem um jeito de trabalhar. Então, quando eu dirijo, rapidamente eu primeiro quero entender como cada ator trabalha. Às vezes o ator é mais intuitivo, às vezes gosta de estudar muito até chegar a um resultado, às vezes precisa de muito ensaio, às vezes é aquele que, se eu ensaiar muito, vai atrapalhar. Sei que cada um tem um tempo. O ator que trabalha comigo, quando olha atrás das câmeras e me vê, deve pensar: "Ele é o diretor, mas ele é um colega! Ele sabe muito bem o que tô passando". E eu tô aprendendo também como ator! Tô ali dirigindo e também vendo os atores fazendo coisas inacreditáveis. Essa coisa de atuar e dirigir é uma bênção, porque as duas coisas são complementares. Quando estou sendo criativo, minha vida fica completa.

Você gosta mais de fazer um trabalho em que atua, dirige e escreve ou tanto faz?

Olha, Guel, essa pergunta tem a ver com controle. Quando faço algo em que dirijo, atuo e escrevo, eu tenho um controle maior daquela obra, daquela linguagem, de como eu tô contando aquela história. Então esse é realmente um prazer muito grande. E eu acho que vivo com esse desafio. Porque é muito atraente eu resolver fazer *somente* assim.

Clint Eastwood, até na idade mais avançada, dirige e atua. E não atua nos filmes dos outros, claro! Claro! Porque é uma beleza criar uma história, ir lá, dirigir e fazer do jeito que você pensa. Agora, se eu só fizesse assim, deixaria de conhecer outros diretores, outros métodos, outras formas incríveis de trabalhar.

Então, quando eu vou trabalhar com você, com tantos grandes diretores que cruzaram meu caminho, eu tô aprendendo como ator e como diretor. Quando eu tô fazendo algo que não dirijo, eu tô ali completamente ator, eu tô ali colaborando com o diretor pra ele fazer o que pensa e eu ofereço o melhor que posso para ele atingir a linguagem dele. E nessa brincadeira eu tô aprendendo um pouco mais como ator e também como diretor. Eu tô ganhando mais uma carta que eu não tinha como diretor. "Olha como ele conduz, olha como ele faz isso, olha como ele conta uma história, olha como ele faz aquilo." É uma profissão que nunca tem fim. Os estudos dessa profissão são infinitos. A arte é uma coisa que ilumina muito a vida de quem faz — e também de quem se depara com o que fazemos.

Qual a margem de improvisação que você deixa pro *set* como diretor e como ator?

Eu deixo uma margem grande, Guel. Porque eu acho que tem uma coisa do calor, do *agora*, que eu acho muito importante. Às vezes o texto tá escrito de uma forma, mas o ator quer falar de outro jeito — e muitas vezes fica melhor mesmo. Porque tá mais de verdade, entende? Não necessariamente é o que foi ensaiado, escrito. Então sim, eu deixo uma margem pro inesperado.

Claro que isso combina com as coisas que busco dirigir, então faz sentido. Em outros casos talvez não funcionasse. Dentro da minha busca como realizador, ando cada vez mais interessado em preparar pouco. Falando dos atores, claro. Isso pode parecer uma coisa muito louca, mas eu venho testando essa abordagem e vi acontecer, na minha frente, verdadeiros milagres. A gente tá todo dia se preparando.

"Ah, mas amanhã eu vou fazer um médico." Verdade, então tem que aprender a mexer num bisturi, coisas técnicas, sim. Agora, e o lado humano desse personagem médico? O médico tem medo, a gente também. O médico caiu de bicicleta, a gente também. O médico errou, a gente também. O médico teve grandes alegrias na vida, a gente também. O médico teve grandes decepções na vida, a gente também. Eu tô em busca disso, eu tô com essa ideia na mente de não preparar meus atores. Ou pelo menos não preparar algumas pessoas do elenco. Eu sei que aquela pessoa é adequada pra fazer esse papel, tenho ali um encontro, uma conversa, e falo: "Até lá! Nos vemos no *set!*". Tudo bem, vamos nos encontrar pra uma leitura, coisas básicas, mas ficar ensaiando, como vai falar, como vai andar? Não. Eu quero que a gente se surpreenda, que o ator surpreenda, quero me surpreender.

Eu ando muito interessado nisso. Quase um método que eu tô querendo desenvolver. Não ter preparação. E ver o que acontece. E, olha... acontece! Acontece de uma forma muito espontânea. E a espontaneidade me interessa de uma forma gigantesca. Eu tô desenvolvendo esse método, Guel. Vou testar e, se der certo, eu te aviso! Ha ha ha ha ha!

Neste momento que escrevo essa resposta estamos começando os ensaios para *O Auto da Compadecida 2*. Um movimento audacioso e lindo de nossa parte. Dá medo e fé na vida. Que seja divertido! Que seja luminoso! Que seja mais um presente nosso para os brasileiros!

Fazer o Chicó de novo vai ser muito emocionante. Na verdade, será um grande ato de bravura ser frouxo de novo, ha ha ha ha. Não sou mais aquele menino, mas ele vive intacto aqui dentro, garoto palhaço sonhador. Tenho a impressão de que ele existe sem mim ou, melhor dizendo, sou apenas um veículo para ele sair existindo. Minha meta vai ser decorar o texto, chegar no horário e não esbarrar no cenário, ha ha ha. Sei que o restante é com o Chicó, que anda com suas próprias pernas, possui sua própria nomenclatura, suas leis. Serei leve e preciso, como ele merece, com graça e sem esforço aparente.

Guel, eu te amo. Você é o diretor mais importante da minha vida. Obrigado por tudo que fizemos juntos e que ainda faremos.

∞

"Nós fizemos o Chicó. Nós fizemos um filho amado do Brasil, um personagem eterno. Nós fizemos algo que ficou na memória do brasileiro para sempre."

PATRICIA
Pillar

Qual foi a primeira fagulha que fez você ter o desejo de dirigir seu primeiro filme? O que te causou esse despertar?

Pati, minha querida! Como fomos felizes em *Ligações Perigosas*! Que alegria nosso encontro! E a troca se estendeu para a vida. Você é diferenciada, te admiro demais. Tenho um prazer enorme em ter você como amiga, uma pessoa com quem posso contar. *Ligações Perigosas* foi um dos trabalhos mais lindos que tive a chance de fazer na TV. Nossa versão ficou muito poderosa! Dar vida ao Valmont, personagem clássico da literatura, ao seu lado, ao lado de Marjorie, Wegmann, Aracy, eu levo pra sempre no coração.

Eu não sei exatamente qual foi a primeira fagulha para começar a dirigir. É difícil identificar. Mas acho que é a vontade de criar um mundo. Sabe, a vontade de expandir minha consciência e inventar um universo próprio. Como ator, a gente tem a nossa função. Quando você dirige, você cuida da criação completa. É uma criação mais ampla. Acho que é isso. Eu tive vontade de experimentar o que seria ir além do que eu já fazia.

Lembro a época da adolescência, que era uma época em que eu não podia me expressar. Eu *recebia* muita informação. E hoje eu vejo que aquele período foi nada mais, nada menos que meu maior período de abastecimento, porque a dublagem era uma sucessão de imagens, filmes, séries... Filme antigo, filme novo... Era muita informação, a língua inglesa, aqueles atores. E eu vivia na videolocadora de Copacabana perto da minha casa. Eu *morava* ali. Eu me lembro do encantamento causado pelo David Lynch. Eu dublei *Twin Peaks*, fazia o James. O mundo do David Lynch se abriu pra mim. Aí, locadora: *Veludo Azul*, *Coração Selvagem*, que é um filmaço, amo *Coração Selvagem*, acho que os atores estão fantásticos. Os atores estão maravilhosos! Então aquele mundo do David Lynch, estranho, hilário, comovente, surrealista... Era assim: "Uau! Olha como esse cara se expressa!".

Aí veio o Kubrick. *Laranja Mecânica* foi assim: "O que eu tô assistindo!?". O trabalho daquele ator, Malcolm McDowell, que também fez *If*, que é um outro grande filme, e *Calígula*... "Caraca, quem é esse ator!?" Você abre abas, né, você fala: "Quem é esse ator?". E você segue a trilha do ator. E a vida é curiosa, né? *Coração Selvagem*. Quem tá lá? Willem Dafoe, que é outro ator dessa época, *Mississippi em Chamas*, *A Última Tentação de Cristo*... Corta para 30 anos depois: eu trabalhando com o Willem Dafoe no filme do Babenco. Aliás, o Willem é um cara adorável. Eventualmente a gente troca uma ideia. Mando coisa pra ele ler e ele responde, super gentil. Um cara maravilhoso, casado com a Giada [Colagrande], que é uma grande artista, cineasta, enfim, um casal maravilhoso.

Eu cresci vendo Peter Sellers. *Um Convidado Bem Trapalhão* e *Muito Além do Jardim*. Peter Sellers pra mim é um dos maiores atores do mundo. Eu amo Peter Sellers. Aquele cara é muito genial, muito genial. *Muito Além do Jardim* é um dos filmes mais lindos já feitos. O diretor é o Hal Ashby. Fui parar na adolescência porque era uma época de abastecimento.

Eu lembro que o Lirinha, que é um cara que eu adoro, um artista fabuloso, cantor e compositor do *Cordel do Fogo Encantado* e tem seu trabalho solo também, um cara que eu respeito muito, que eu acompanho sempre... Ele me ajudou no *Lisbela e o Prisioneiro*, eu fiz uma entrevista com ele. Eu estava estudando a forma de me expressar, o sotaque, o jeito que ele falava. Era uma coisa que eu estava atrás pro Leléu. Enfim, a gente teve conversas maravilhosas e ele me falou uma coisa que eu nunca esqueço. Aliás, falando em memória... tem coisas que não saem da cabeça. Eu lembro de uma coisa que o Lirinha me falou e lembro de uma coisa que o Marcos Palmeira me falou, olha só que coisa. Olha as abas que foram abrindo nessa resposta, Patricia! Acho que é nossa intimidade que faz isso.

O Lirinha me disse o seguinte... Ele é de Arcoverde, que é sertão de Pernambuco. Que aliás eu falei nesse livro que eu conheci quando fiz *Árido Movie*, filme doidão, fabuloso, livre, louco e lindo do Lírio Ferreira. O Lirinha na adolescência morava no sertão. O Lirinha, no sertão, ouvia o quê? Nirvana. E aquilo revolucionou a vida dele. Aquilo mudou a vida dele. Ele ficou louco com aquele negócio e falou: "Meu Deus! Quanta informação eu tô recebendo! Eu quero agora botar isso pra fora! Eu quero agora traduzir o que o Nirvana causou em mim aqui no sertão e devolver como minha forma de expressão!".

É o que ele faz até hoje.

A analogia é: eu tô até hoje devolvendo a quantidade de coisa que eu vi na época da dublagem e aquela quantidade de coisa que eu via na época em que eu morava na locadora de Copacabana.

E eu fui parar no Marcos Palmeira porque lembrei que ele me falou uma coisa que eu também nunca esqueço. Porque o Marquinhos planta, tem a fazenda dele, ele é um cara muito ligado à terra. E ele falou uma coisa que eu nunca vou esquecer, numa entrevista pro *Tarja Preta*, que era um programa que eu dirigia, o início do meu negócio com a direção. Ele falou assim: "A diferença entre o Ocidente e o Oriente é que aqui, no Ocidente, se uma árvore tá cheia de formiga, você entope de remédio e mata os bichos. E fica aquele troço doente que vai indo. Lá no Oriente, onde as pessoas pensam de forma mais sutil, olham a mesma árvore cheia de formiga e falam: 'Vamos curar o solo'. Nutrindo a terra, as formigas vão dispersar, porque são as raízes que estão precisando de nutrientes".

Eu viajo nessas paradas. Eu sou muito ligado nesse mundo que não é palpável. Olha a quantidade de farmácia que tem no Brasil! Isso é normal? As pessoas próximas chegam e sussurram: "Como está sua mãe?". Essa é uma pergunta clássica ocidental. Alzheimer, então está mal. Se olhar com os olhos que hoje eu vejo, ela está melhor que nós, em um mundo sem dor, em paz. A pergunta correta seria: "Como está seu pai?". Sacou? Ele, inteiro, vendo a mulher da vida dele daquele jeito. O lance é querer saber sobre ele, o que vai dentro daquele coração e mente. Precisamos melhorar, enxergar além de telas.

Que tipo de diretor você é ou tenta ser?

Um diretor que oferece pros atores um espaço pra eles darem o máximo, pra serem o melhor que podem. Pra eles serem livres na criação, no pensamento. Eu quero que eles sejam felizes. Aliás, é o que eu quero da vida.

Quando eu crescer eu quero ser feliz. É isso que eu ando fazendo com a minha vida. Não uma felicidade efêmera, e sim uma duradoura, consistente.

Como ator, como é sua relação com o diretor?

De antemão, eu não gosto de ensaio. Já disse isso algumas vezes neste livro. E assim, cada trabalho é uma abordagem. Vou falar de três trabalhos recentes. Este livro vai sair antes de eles estrearem.

Enterre Seus Mortos. Eu combinei com o Marco Dutra de a gente não ensaiar, e ele curtiu. Eu falei: "Vamos fazer umas conversas. A gente conversa, vamos fazer umas leituras". Mas foram quatro encontros — no máximo. Mas existia um entendimento tão

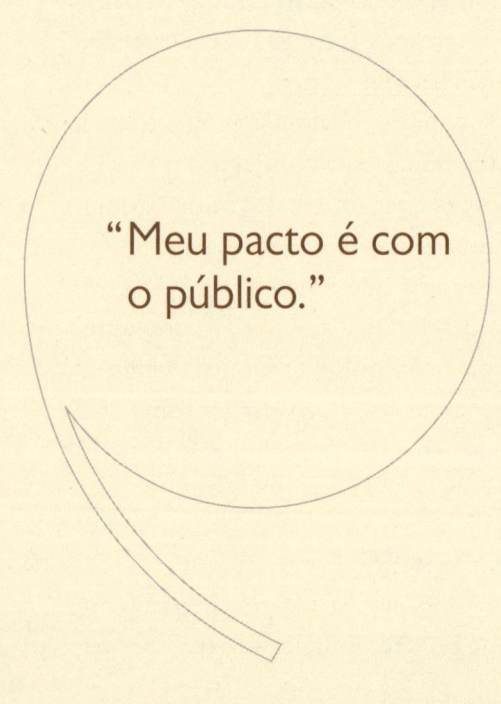

"Meu pacto é com o público."

claro do que a gente queria fazer, contar... Ele sabia tão claramente o filme que ele queria na cabeça. Eu entendi rapidamente o que ele estava querendo, os atores também. E foi fabuloso. Foi uma experiência riquíssima.

Aí vamos pro Walter Salles. O Walter ensaia muito e sempre tive muita dificuldade. E ele chamou uma preparadora de elenco, Amanda Gabriel, de quem eu já tinha ouvido falar muito bem por vários amigos, e ela realmente é diferenciada. Ela trabalha com Kléber Mendonça Filho, um cineasta que admiro demais. A gente teve uma conversa muito franca. Eu disse: "Olha, eu quero compreender seu método, mas eu tenho dificuldade. Não gosto de ensaiar. Vou trabalhar e descobrir coisas com você, mas depois vou seguir minha intuição e voar com minhas próprias asas". E ela foi muito legal de compreender isso. E o Walter, claro, porque ele estava sempre acompanhando tudo. Mas foi um filme de muita repetição. Ensaio. Ensaio de novo. "Vamos ensaiar aquela cena!" e eu pensava: "Meu Deus, mas aquela cena já tá ensaiada!". Então foi um negócio em que lutei muito contra. Eu briguei muito comigo mesmo. Foi um processo em que eu fui lutando contra as minhas convicções. Fazendo e pensando tudo isso. "Tô ficando duro", "Não tô conseguindo", "Isso vai me atrapalhar"... E aí, qual é o balanço final? O balanço final é que foi fabulosa a experiência! Porque eu fui descobrindo coisinhas, nuances, uma sutileza de uma fala... E aí você vai me dizer: "Você preferiu *Ainda Estou Aqui* ou *Enterre Seus Mortos*?". Preferi os dois! São duas coisas distintas e lindas!

E hoje, quando eu tô respondendo isso, eu tô indo pro primeiro ensaio do *Auto da Compadecida 2*. Então eu tô assim: um menino que vai voltar às aulas. Com saudade do meus melhores amiguinhos da escola — Matheus Nachtergaele e Guel Arraes. Então é um trabalho que a gente vai ensaiar bastante, porque o Guel tem uma maneira curiosa de trabalhar, e sempre foi assim. Não falei disso até agora neste livro. O Guel não escreve somente os diálogos — ele escreve os diálogos *e as ações* do personagem. Isso é inédito neste livro e ninguém trabalha assim, só ele. E eu acho isso fascinante. Ele escreve assim: "Chicó fala: 'Ai meu Deus, eu sou frouxo'. O 'Ai meu Deus' cuspindo o bagaço de uma laranja pela janela. O 'Eu sou frouxo' acendendo um cigarrinho". Aí a próxima fala do João Grilo é: "Tome vergonha na cara". "Tome vergonha na cara" é pegando uma cadeira e tirando o cigarro de mim. Ou seja, ele vai desenhando o que a gente faz. E o que a gente faz é uma coisa muito maluca e engraçada, e às vezes não tem nada a ver com o que a gente tá falando. Então é uma gincana trabalhar com o Guel. Uma adorável gincana!

E a gente não trabalha junto faz tempo, e agora estamos retomando. Mas eu costumava dizer: "Se a gente decorar o texto e fizer as marcas que o Guel inventa, nós já faremos um trabalho maravilhoso". Aí a graça é pegar tudo isso e colocar nosso molho, a nossa imaginação pra jogo em cima dessa forma que ele trabalha, que é muito única, muito peculiar.

Mas, bom, eu preciso me arrumar, preciso voltar às aulas e ir encontrar meu amigo João Grilo. Patricia, você é demais!

Com qual tipo de processo você acha que conseguiu seus melhores resultados como ator e com qual tipo de abordagem você acaba sendo mais feliz em cena?

Tem a ver com o que eu disse anteriormente. Todas as abordagens são interessantes, e elas vão me alimentando também como diretor.

Júlio Bressane, que é um artista gigantesco, que não tem o devido reconhecimento do público e da crítica no Brasil, faz um produto manufaturado, com zelo, com pouco dinheiro, mas com muito preparo intelectual por trás. Eu amo o Bressane, assim como amo o Sganzerla. Eles foram eclipsados pelo Cinema Novo. Deliberadamente. A cultura no país deve reparar historicamente a dívida com Bressane e Sganzerla. A história não consagrou devidamente a grandeza desses dois cineastas. Eles não eram do Cinema Novo, portanto foram escanteados das experiências em grandes festivais, entre outras coisas. Pouco se fala sobre isso, o apagamento de grandes, aproveito este espaço para levantar essa questão. Domingos Oliveira, com seu extraordinário *Todas as Mulheres do Mundo*, era considerado menor. Ele estava fazendo o dele, lindamente, mas não era permitido brilhar. Anselmo Duarte, ator, diretor, cometeu a audácia de ganhar a Palma de Ouro de Melhor Filme em Cannes, não sendo do grupo dominante cultural. Foi o maior feito da vida dele e um inferno pessoal, porque as portas fecharam aqui e tudo que puderam fazer para enterrá-lo em vida foi feito. Se você não é parte do grupo que dá as cartas, você não é legitimado a ser grande, ser foda. Até hoje é assim.

Siga a cartilha, ande com as pessoas certas, você ganhará a carteira do clube. Sinto que sou um forasteiro que é bem recebido, me admiram, me respeitam, mas eu vim de longe no meu cavalo. Eu abri meu próprio espaço. Meu pacto é com o público. Desde a primeira foto deste livro. Ali, é fechamento. Eu gosto da minha história. Me agrada ser o forasteiro que rompe as normas e constrói a própria história. Não sei se eu expliquei bem. Mas sinto uma identificação, uma ternura muito grande por Júlio Bressane, Domingos Oliveira, Rogério Sganzerla e Anselmo Duarte.

Profissão doida. É preciso ter bons cavalos.

Então assim... Não sei te dizer com qual deles tive o melhor resultado. Fui feliz com muitos! Não me dei bem com muitos!

Lembro de Paulo Ubiratan, um baita anjo na minha vida, o cara que enxergou meu potencial e me bancou na Globo, me colocando nos primeiros grandes papéis em novelas. Sem ele, eu não seria. Baita diretor, baita cara, papo reto, sinto a falta dele.

Lembro de uma figura rara, Gonzaga Blota, que me dirigiu bastante em televisão. Esse camarada era realmente muito hilário e era o gatilho mais rápido do oeste. Em dia de jogo de Palmeiras — ele era palmeirense doente — se o estúdio começava às 13h, ele fazia trinta cenas em duas horas, ha ha ha! Normalmente a gente faz isso em *oito, nove* horas. Ele fazia em duas horas. Tipo assim: "Ah, o ator não chegou? Não tem problema, alguém bota a blusa dele, a câmera não mostra o rosto e depois eu gravo um *off* e coloco a voz dele falando com você". Cara, era um negócio insano! Ha ha ha ha! E uma aula também!

O auge dele foi uma cena de um dilúvio e faltou uma fala do Lima Duarte. Num dia de sol de 50 graus em Jacarepaguá, ele vai até o Lima e fala: "Vamos fazer aquela fala que faltou". E a equipe: "Mas não tem o dilúvio hoje, seu Blota!". "Não tem problema, me traz o regador!" O que estou falando é sério, minha gente! Ele fechou um close no Lima Duarte, só no olho e na boca, e: "Grava aí!". Pegou o regador e ficou jogando água perto da cabeça do Lima, batendo uma aguinha na cabeça e na cara! O Lima falou umas coisas do tipo "Vamos, homens! Não desistam!". Botou editado na cena do dilúvio, ficou ótimo, ha ha ha ha ha!

É isso, Patricia. O negócio da vida é se divertir muito. Porque a vida, ó... a vida é ligeira. Beijão!

"Quando eu crescer eu quero ser feliz.
É isso que eu ando fazendo com a minha vida. Não uma felicidade efêmera, e sim uma duradoura, consistente."

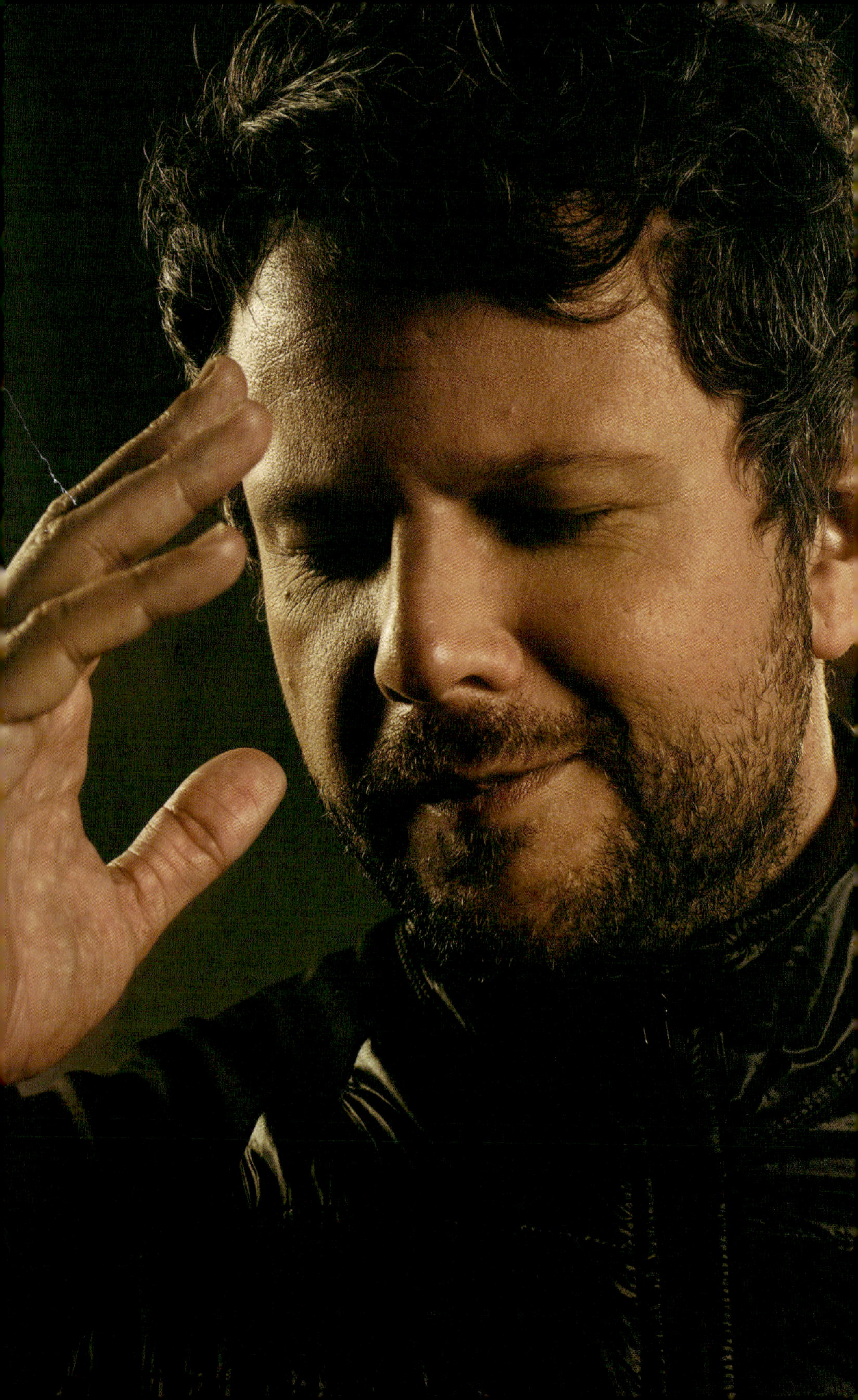

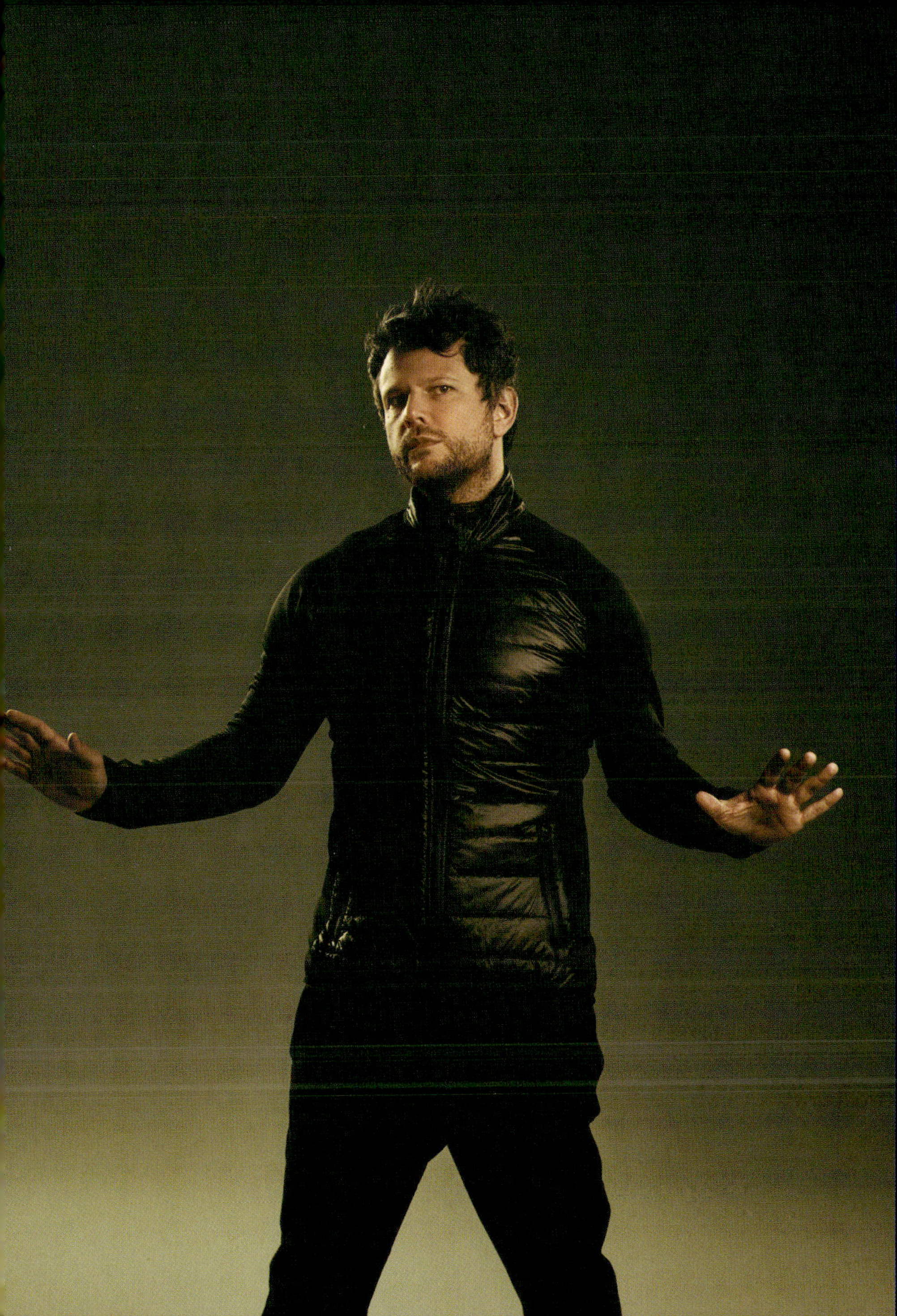

Selva, o nome da minha mãe é Selva.

Aleatoriedades familiares satisfatórias.

181

Adolescente, começando a sentir algo parecido com melancolia, que me acompanharia por toda a vida.

O teatro me desabrochando, começando a gostar de mim, redescobrindo que eu poderia ser.

Lamarca, um de meus primeiros filmes. Eu morria no começo, demorei pra ter papel que durasse até o fim.

Ao lado do meu irmão, em *Romeu e Julieta*, no Teatro Tablado.

Emanoel, de *A Indomada*, o maior
sucesso que já fiz em uma novela

A dupla que o Brasil deixou morar dentro de seus corações.

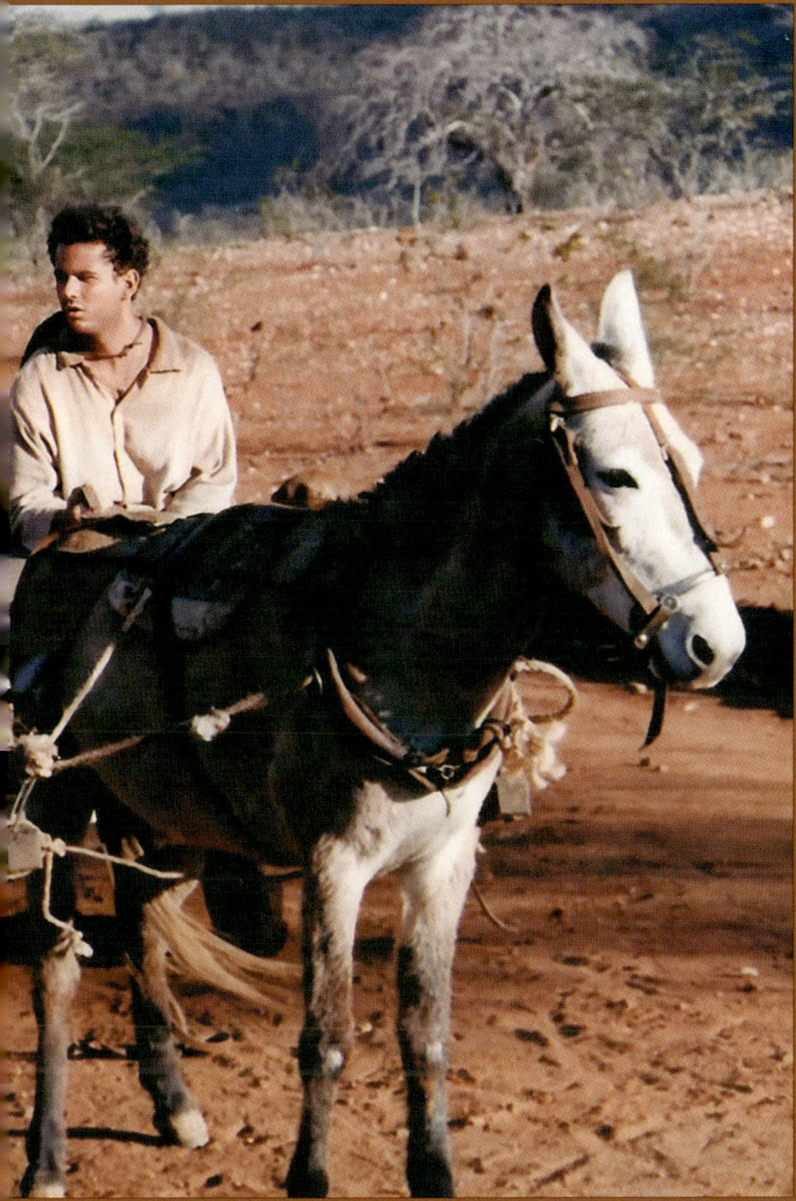

O Auto da Compadecida

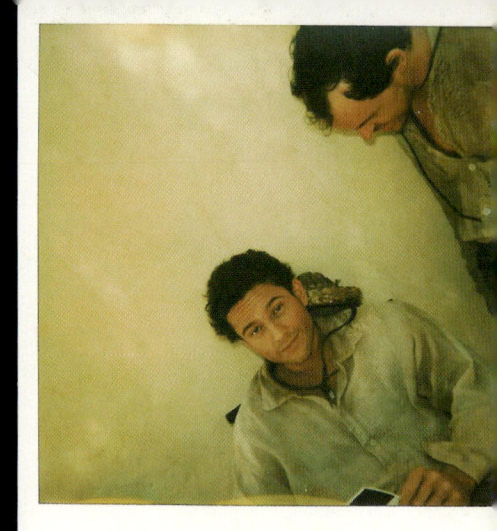

Lavoura Arcaica

Dois filmes que
mudaram meu
destino.

Minha mãe e meu pai.
Ela, de Escorpião, do dia 17 de novembro.
Ele, capricorniano do dia 25 de dezembro.

Felizes pela primeira viagem fora do país, em um metrô de Paris. Se eu soubesse que um dia ela teria Alzheimer, teria levado minha mãe para uma volta ao mundo.

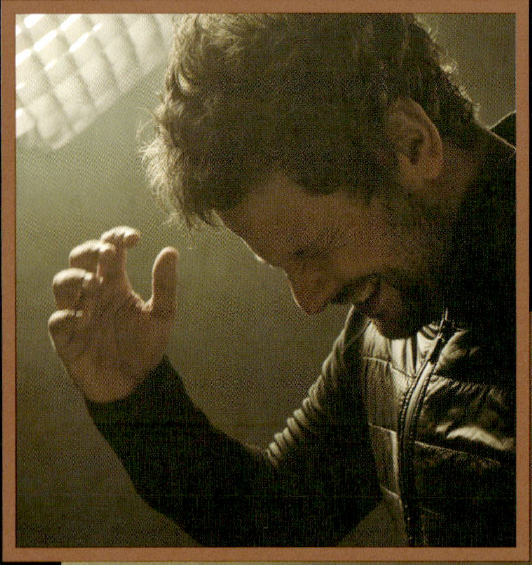
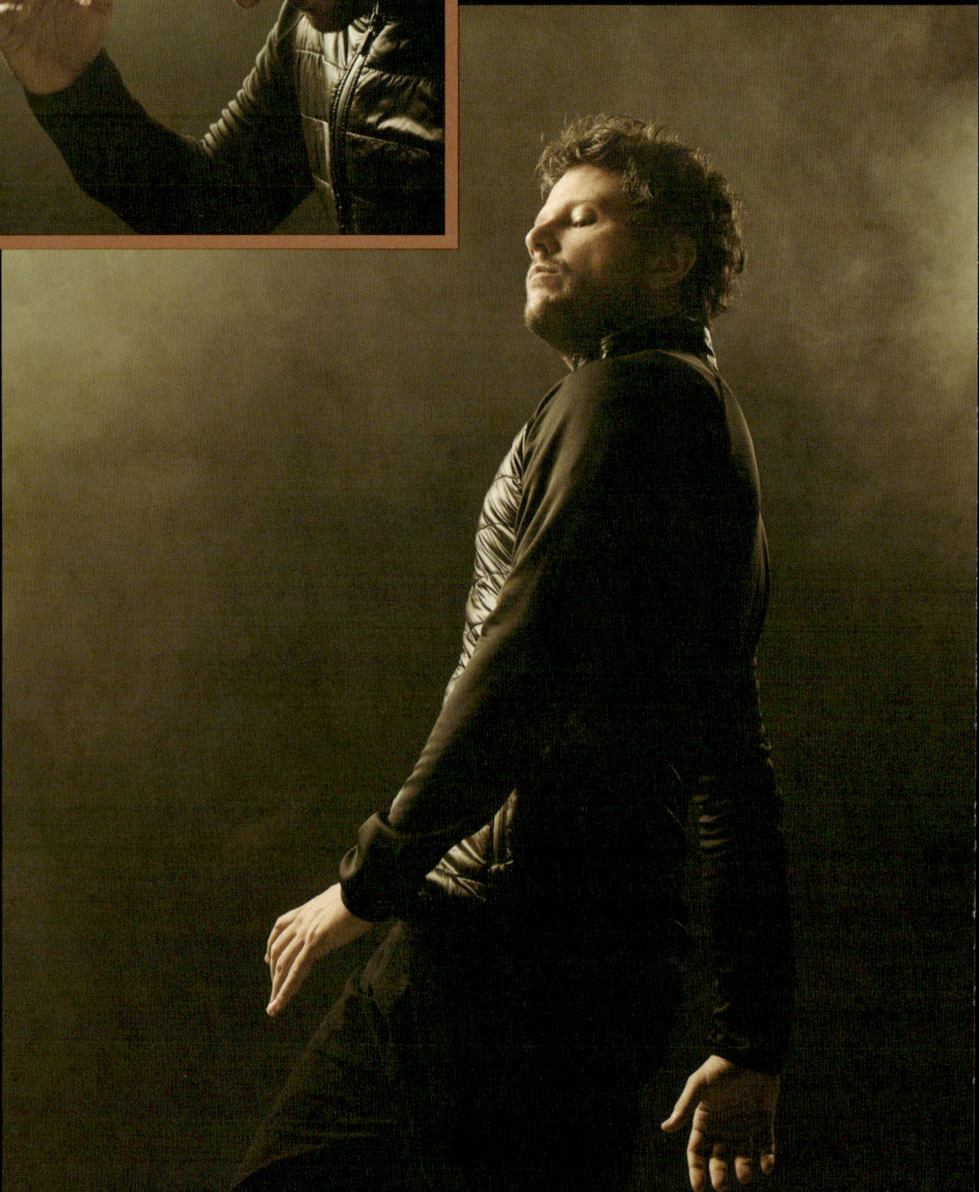

SEGUNDO ATO

IMPRESSÃO
+
ORDENAÇÃO
=
(EXPRESSÃO)

PEDRO
Bial

Por que você nunca se casou? Você tem uma relação conjugal com alguma coisa?

Olha, Bial, eu nunca planejei isso. Foi assim a minha vida. E pode ser que esta resposta fique datada em breve. Porque tudo pode acontecer. O fato é que eu sempre privilegiei muito o meu trabalho, sobrando pouco espaço pra amores. Vivi pouquíssimos amores na minha vida. Mas não falo isso com pesar. Eu jorrei esse amor represado no meu trabalho. E tudo bem! Foi assim. Essa foi a minha história. Sou um capricorniano clássico, de almanaque. Capricorniano é trabalho, trabalho, trabalho. Então é uma relação conjugal mesmo. Sou casado com minha Arte. É bonito também.

Quantas vezes se olha no espelho por dia? Para fazer o quê?

Que interessante a sua pergunta. Quantas vezes eu me olho no espelho por dia? Acho que umas duas. Na hora de escovar os dentes, que eu tô ali no banheiro e dá aquela olhada assim, e vai pra vida. Aí no elevador tem espelho, e só. Agora curioso, né? Porque o meu trabalho é um espelhamento. Ser ator é você se ver, né? Tem atores que falam que nunca reveem seus trabalhos, eu revejo. Às vezes eu tô zapeando a televisão e por acaso tá lá passando algo que fiz e me divirto revendo uns pedaços, me lembrando de coisas daquele período. Às vezes eu já me peguei vendo o filme inteiro, me lembrando daqueles tempos e vendo aquele eu de quinze anos atrás. Isso não deixa de ser um espelho.

Qual foi a pior perda que já viveu?

Ah, eu tive algumas perdas. Um tio assassinado, era um tio artista. Se chamava Silas. Irmão da minha mãe. Era um cara muito querido em Passos, cidade onde eu nasci. Ele tinha uma relação com o teatro muito forte. Logo menino eu vi uns quadros de teatro no quarto dele, ele ouvia muita música. Lembro de ouvir Alceu Valença, MPB, pela primeira vez, aprendi com ele as boas músicas brasileiras. Lembro dele apaixonado pelos palcos. Depois, meu tio ficou muito orgulhoso quando virei ator, e viveu a tempo de me ver fazendo coisas bonitas, filmes importantes. Então eu sinto uma pena porque, sendo diretor hoje em dia, eu certamente puxaria o meu tio pra atuar comigo. O destino não deixou. Não deu tempo.

Uma outra perda... é a memória da minha mãe pelo Alzheimer. Ela, que foi a minha maior incentivadora, não se lembra de mais nada. Ela vive em um mundo particular, perdeu também a visão, a fala, se alimenta através de uma sonda no estômago, seu quarto é como se fosse um quarto de hospital. Duas cuidadoras por dia, vinte e quatro horas, se revezando nos cuidados especiais. Preferi que ela tivesse o conforto de estar na sua casa, que em algum compartimento secreto dela, perceba, mesmo que em lampejos, que ali do lado estão as plantas que ela cuidava, os quadros que ela pintou, nossas fotos de uma vida. Meu pai a visita diariamente. Existe um afeto muito grande que paira no ar e sei que ela sente as coisas ao redor. Nas minhas visitas eu falo longamente com ela, monólogos cheios de informações e ternura. Coloco coisas para ela ouvir, a própria voz, em mensagens que deixava pra mim, músicas que marcaram nossas vidas. Eu gostaria que ela visse o mundo, pudesse interagir. Eu não posso mais contar com isso. Então trago a força da minha mãe pra dentro de mim. E minha conexão com ela passou a ser espiritual. Ali, temos encontros grandes. Eu carrego ela comigo. Aqui dentro.

Já tomou LSD, ou toma?

Tomei. Tomei ali com vinte e poucos anos. Tomei duas vezes. Uma foi boa e a outra foi ruim. Experimentei outras drogas nesse período e elas rapidamente saíram da minha vida. Porque não me faziam bem. Acho que sou vocacionado pra caretice. Já sou de outro planetinha de fábrica, ha ha ha. É como se a minha cabeça fosse suficientemente delirante e a minha imaginação suficientemente criativa e larga, e as drogas só fazem mal. Bebida tenho uma relação legal, sem exagero, curto uma cerveja de vez em quando, um vinho.

Mas a droga mais poderosa que usei, durante vinte e cinco anos, foi o cigarro. Este livro vem em um momento em que eu cortei esse vício da minha vida. Estou sem fumar, neste momento, há um ano e quatro meses. A pior droga que existe é o cigarro. Nem me atrevo a dizer que sou ex-fumante. Eu digo que sou um fumante que está sem fumar há mais de quatrocentos dias. Máximo respeito. Para incentivar quem está lendo e sonha em parar, deixo aqui meu relato. Eu me sentia muito cansado, um cansaço que não passava. Era o maldito cigarro sugando minha energia, tirando meu fôlego. Fiquei muito gripado, cortei o cigarro imediatamente para recuperar a saúde, subir a imunidade. Quando eu melhorei, uma semana depois, olhei para o cigarro e pensei: e se? E disse pra minha ex-namorada naquela época que eu ia tentar. Ela me apoiou.

Fui indo, dia a dia, fissura, vontade surreal de fumar. Cortei café, álcool, tudo que pudesse me levar ao cigarro. Comi loucamente, engordei muito, uns vinte quilos. Não me importava, depois era só malhar e perder peso, valia tudo pra me livrar do parceiro fedido. Sim, porque fede muito, quem é fumante fede. Não adianta perfume e chiclete. Você exala cigarro. Duro e simples assim. Com o tempo meu sono foi melhorando, o fôlego também, a sensação de cansaço foi passando. Um dia me atrevi, com muito medo, a tomar uma taça de vinho... e foi tranquilo! Café eu voltei a tomar agora, depois de mais de um ano sem cigarro. Não me deu vontade de fumar. Toda vez que eu sentia muita vontade eu me aproximava de alguém fumando. Era um teste comigo mesmo. Não me dava vontade, me dava asco. Me dava a certeza de largar aquilo. Não troquei por *vape*, nem adesivo. Eu me despedi de um casamento fedido de vinte e cinco anos. E espero não voltar a fumar. Um dia de cada vez. Hoje foi mais um dia sem fumar e me sinto muito bem.

É comum meninos ou meninas prodígio, atores e atrizes mirins, não conseguirem fazer a transição da carreira para a vida adulta, perdendo-se na adolescência. A voz muda, os papéis escasseiam, a crise de identidade natural da idade cobra seu preço profissional. Como você passou por isso?

Foi o período mais difícil da minha vida. Os papéis escassearam mesmo, pararam de me chamar. Acho que por isso virei diretor.

Para não depender de alguém me chamar. Psicanaliticamente pode ter algo aí. Então fiquei muito triste, uma adolescência melancólica, fiquei muito mal. Me sentia péssimo, me sentia feio, me sentia um ator horrível. Engordei, engordei muito, eu fui um adolescente gordo, então eu comia, toda energia eu botava na comida e a dublagem me preenchia, trazia um alento. Nesse período eu via muito filme, era assíduo na Locadora de Copacabana perto de onde morava com meus pais. Sabia os nomes dos atores todos, me abastecia de tudo que envolve o cinema. E não podia expressar, colocava tudo pra dentro. Hoje eu vejo como foi rico aquele tempo.

Hoje eu expresso, no cinema, muito do que vi e vivi naquele período. Nada é à toa na vida. A natureza tem o seu curso natural. Foi um período de estudo. Forçado, mas me abasteci generosamente. Foi um período de incubadora. Então eu vi o que era o sucesso aos dez, onze anos e aos doze me tiraram o sucesso. Me tiraram o reconhecimento. Fui amputado da possibilidade de ser ator. Isso foi doloroso? Sem dúvida. Mas logo cedo eu aprendi o que é ter o sucesso e não ter. Então quando voltei eu já não me enganava com nada. A partir dali, desenvolvi uma carcaça, uma casca mais grossa do que é fazer sucesso e não fazer. Então não fazer já não dói mais tanto e um grande sucesso já não me ilude tanto também. Muito interessante. Muito importante o período da adolescência pra mim nesse sentido.

Me ocorre dizer também que na adolescência eu era um garoto muito retraído. Sou ainda, mas era bem mais. Eu nunca fui o extrovertido, o figura da sala. Tinha lá umas graças e tal, mas eu não era exatamente o que se podia chamar de popular, o sucesso da escola. Eu era o *nerd*, gordinho, meio errado, meio torto, meio sem lugar no mundo. E eu não tinha nenhum sucesso no mundo afetivo. Eu não era atraente, não fazia sucesso. Meio que me sinto assim até hoje. No fundo, tem aquele adolescente que não se valoriza. Eu perdi a minha virgindade aos 19 anos. Pra um garoto isso é um pouco tardio, né? A gente vem de uma geração machista e finalmente estamos em desconstrução, reaprendendo tanta coisa nova e saudável. Mas sei lá, meu pai é de uma geração que se levava no prostíbulo pra perder a virgindade. Na minha geração não tinha mais isso. Mas tinha esse tabu. "E aí, ainda não perdeu a virgindade?". Será que além de errado, sem lugar no mundo, feio e péssimo ator, então eu também não tenho isso?

Fui perder com 19 anos, com uma namorada. Não foi nada demais, mas foi com alguém que eu gostava. Foi bonito, coincidiu com uma fase da vida que descobri o teatro e então ganhei uma porção generosa de autoestima. Porção essa que vez ou outra eu perco, pra depois seguir buscando novamente. As neuroses de estimação que vamos cuidando como pets.

Tô até pensando em abrir uma Neura Shop, onde você leva sua neurose pra tosar, aparar o pelo e dar banho. Depois a neura é devolvida ao dono cheirosa e com uma gravatinha no pescoço. Tô com esses planos. Mas vamos ver o que vem por aí. Não dá pra saber ainda.

"Sou casado com minha Arte."

SIMONE
Spoladore

Atuar é um ofício que invade nossos poros. Como você faz para transitar entre a vida cotidiana e os momentos de criação? Em algum momento foi difícil ir e voltar?

Simone... Amor desta vida e de outras. Você é muito importante na minha vida.

É, a arte invade nossos poros, sim. E é muito bonito, mas às vezes invade tanto que é difícil transitar entre a vida cotidiana e os momentos de criação.

A criatividade é o que me mantém vivo. Então como eu faço para transitar? Eu não sei. Eu vou indo. Na verdade, eu vivo o cotidiano criando. Eu estou fazendo as tarefas chatas e necessárias do dia a dia, mas com a cabeça voando. Tanto que eu sou meio aéreo, sou meio viajante. Sempre tenho *hyperlinks* abrindo, porque eu estou te respondendo e já pensando em um negócio pra gente filmar. Assim é a minha cabeça.

Foi mais difícil de ir e voltar antes. Aí entra a maturidade. Quando a gente é mais novo, a gente fica mais entregue e visceral. Não que a gente não continue entregue e visceral quando necessário, mas a gente sabe voltar mais rápido. Isso tem a ver com maturidade e autoconhecimento. Hoje em dia é bem mais fácil ir e voltar. Naquela época em que a gente se conheceu, era tudo apaixonado, desmedido. Mas tudo é assim na vida: os primeiros amores, o amor da escola, aí a menina muda de cidade e você acha que vai morrer, ha ha ha. Depois você vê que não morre coisa nenhuma, ha ha ha, é sobre isso.

Lavoura Arcaica foi meu primeiro filme e o único em que trabalhamos juntos. É uma adaptação da obra-prima de Raduan Nassar. Explique para a gente o que era "a presepada cósmica"?

Lavoura Arcaica foi seu primeiro filme, né, Simone? Que beleza estrear assim! E foi o único que trabalhamos juntos — péssima informação pro livro! Ha ha ha! Mas vamos virar esse jogo! A gente tem se encontrado ultimamente e com muita vontade de trabalhar juntos. É bom que eu já ponho aqui neste livro e se torna um compromisso público. A gente ainda não sabe com quem, como, em que configuração. Com certeza vamos atuar juntos, mas estamos descobrindo o que a gente quer. A gente tem uma intuição, mas não posso falar aqui neste livro. Não ainda. Em breve, a gente vai retomar e vai ser lindo esse reencontro, mais velhos, adultos.

Eu falei pra caramba do *Lavoura* neste livro. Foi lindo e duro. Foi maravilhoso e difícil. Foi espetacular e caótico. E você pergunta: "O que era presepada cósmica?". Eu não tenho tanta certeza, mas acho que era uma piada interna minha, sua, do Léo Medeiros, da Kika Kalache — dos jovens do elenco — pra gente rir um pouco. Era tão austero tudo, que a gente dava uma zoada pelas costas do chefe. Era uma forma de a gente rir muito, pra manter alguma sanidade.

Quando você se sente sozinho?

É interessante, porque eu vivo muito sozinho e gosto muito. Mas existe uma diferença muito grande entre "sozinho" e "solitário". Eu me sinto sozinho quando eu não estou bem. Quando eu estou calibrado, com as emoções nos devidos lugares, eu me sinto muito bem acompanhado, sabe? É curioso esse negócio das redes sociais, que dão uma conexão fria e distante com o mundo. Parece que você está acompanhado, mas não está. E começa a viciar e dá a sensação que você está vendo as pessoas, mas não é a mesma coisa.

E isso teve a ver com nosso encontro recente, né, Simone? Do desejo de "vamos nos encontrar, olhar no olho", falar do que a gente andou passando. Fomos num restaurante japonês, enchemos a cara de saquê, foi hilário! Você me contou um monte de coisa, eu te contei um monte de coisa. E nisso o analógico sempre vai ganhar.

Houve um momento em que eu só me sentia existindo quando estava na frente da câmera. Você já sentiu isso? Como recuperar a relação consigo mesmo? Como redescobrir que os momentos de solidão, os momentos em silêncio, os momentos consigo mesmo são alimento para a arte de atuar?

Eu entendo o que você diz. Você consegue imaginar o que é ter sete, oito anos de idade e estar na frente da câmera? Com dez anos já tem uma equipe e uma câmera — e tem mais: tem o público! Você vai na rua e falam "Que lindo aquilo que você fez!" ou "Você me emocionou ontem!".

Então é uma espécie de validação do mundo. Eu não sei nem explicar. Às vezes me perguntam: "Como seria se você não fosse ator?". E eu nem sei responder, porque não fui outra coisa! Porque o normal é a pessoa começar com 20, faculdade de artes, etc. Eu, não. Com dez anos eu já era o que eu sou. Eu não sei como é ser outra coisa.

Você já esbarrou na loucura?

Caramba... Acho que vivemos nela. Não sei se esbarrei na loucura. Acho que a loucura que esbarrou em mim. Ha ha ha ha! Acho que atuar criança já é uma doideira, então já cresci louco. Graças a Deus! Ha ha ha! Acho que até por isso que o mundo das drogas e coisas assim não vingou comigo, porque eu já sou fora da caixinha naturalmente. Eu raciocino de uma forma audiovisual. Eu elaboro as coisas de uma forma poética. Eu enxergo o mundo com lentes e vou trocando as lentes e a trilha. Eu funciono assim, de uma forma lúdica. Lunático que fala, né? Quando a gente se encontrou em cena, foi lindo, frequentamos uma região que até então era privilégio dos desajustados. Vamos repetir a dose! A realidade alucina. Uma de nossas tarefas, Simone, é romper o mundo real para criar um mundo imaginário.

Eu tentei ser normal e não gostei. Ha ha ha! Não gostei. Esse nosso delírio criativo, da transformação, da transcendência, da beleza estética, da representação do humano... é uma bela de uma loucura. Eu amo a nossa loucura! Eu amo a loucura que a gente vive. Eu gosto dos loucos. Sou do time deles.

A fama te faz se sentir acompanhado ou ainda mais sozinho? Como você lida com a imagem que as pessoas projetam sobre você?

É um pouco das duas coisas. Parece que existe uma rede de proteção, não definida claramente, mas ela existe. Se eu caio na rua, é uma mistura de uma pessoa que despencou com: "Olha aquele cara que fez aquele filme lá!". A gente faz parte da vida das pessoas. Às vezes tem gente que me olha e o olho enche d'água ou abre um sorriso tímido. E eu penso: "O que será que essa pessoa pensou? Será que lembrou daquela cena hilária do *Árido Movie*? Será que foi o filme do Walter Lima Júnior? Será que ela tá pensando em alguma fala do filme que eu fiz com o Carlão Reichenbach? Será que essa pessoa viu e se identificou com *Soundtrack*? Será que ela me viu no teatro fazendo *Os Meninos da Rua Paulo*?". Somos muitos e as pessoas pegam coisas, sensações de nossos trabalhos e levam com elas pra sempre.

O Nelson Rodrigues chamava os espectadores de "desconhecidos íntimos". Perfeito! Por conta do que fazemos, somos cercados de desconhecidos íntimos. Claro, a gente entra na casa das pessoas pela televisão, a pessoa vai ao cinema e nos vê. Nelson Rodrigues é fantástico, né? A gente faria um bom Nelson Rodrigues, hein, Simone? A gente é bem rodrigueano. Hmm, vamos pensar sobre isso.

Como você equilibra a sua fragilidade com a imagem que as pessoas projetam sobre você?

É um equilíbrio muito delicado, mas é bonito, né? Este livro começou na pandemia. Começou com um "Que que eu faço trancado dentro de casa? O mundo está acabando de vez?". E me toquei que quarenta anos de carreira haviam passado. E aí veio a elaboração desse fato e acabou virando este livro. Esta comemoração. Porque comemorar é preciso. Eu comemoro pouco, menos do que devia. Agora ninguém me segura. Ha ha ha!

E eu estou tão sincero e espontâneo, expondo coisas tão íntimas… Muitas delas eu não falei em nenhuma entrevista. Então essas quarenta pessoas que participam deste livro — e você está entre elas — foram os melhores entrevistadores da minha vida.

Aqui eu expus minha fragilidade e muita gente que me acompanha, que me assiste, talvez me compreenda melhor, me perceba um pouco mais do que antes.

Mas enfim, eu expus minha vulnerabilidade neste livro. E foi uma coisa boa de fazer. Senti muita coisa antagônica. Mas foi uma bela experiência. E tudo isso, acredite, teve um poder curativo.

Ser ator te torna mais vulnerável ou mais terrivelmente consciente de tudo o que você sente e pensa?

Curioso. Suas últimas perguntas são todas meio primas e dizem muito sobre você. Isso foi algo que reparei neste livro. Quando eu pedi perguntas, as pessoas geralmente me fizeram perguntas que tinham a ver com elas, de uma forma inconsciente. Muito interessante.

Ser ator me torna tudo isso que você falou e mais outras coisas que não sei classificar. Exacerbou tudo. Somos sensíveis. E isso nos torna pessoas que sentem as coisas de uma forma especial.

E você poderia me perguntar: "E você gostaria de sentir menos?".

E eu responderia: "Não. Eu gosto de ser assim. Eu gosto de sentir muito".

"Com dez anos eu já era o que eu sou. Eu não sei como é ser outra coisa."

RAÍ

Como explicar um mineiro são-paulino? Como foi esse processo de se tornar torcedor? E quais as lembranças mais marcantes?

Raí, ídolo! Ídolo são-paulino! Ídolo do futebol brasileiro, tetracampeão! É uma honra enorme você ter topado fazer umas perguntas aqui neste livro comemorativo — não só pelo grande jogador que é, pelo que representa pro São Paulo, mas como um homem das artes. Não sei se todo mundo sabe, mas você é completamente ligado à cultura. Você tem um cinema, cara. Isso é fabuloso! Sou muito seu fã.

Pois é, sou mineiro são-paulino, mas qual é a história? Eu nasci em Minas, mas meus pais já moravam em São Paulo. Eu nasci em Minas pra nascer perto da família, e bebezinho eu já estava em São Paulo. Então cresci assim, entre São Paulo e Minas.

E quando você tem aquela idade entre seis e sete anos, você começa a ter alguma noção das coisas. A família era muito cruzeirense, mais do que atleticana. Poderia ter tido uma influência do Cruzeiro, mas aí vem aquela coisa que não se explica. Indo com os coleguinhas pra jogar bola no recreio, aí um é palmeirense, outro é corinthiano, o outro santista, mas ainda não tinha sido fisgado... Foi amor à primeira vista com o São Paulo.

Eu acho que começou pela estética. Eu gostei da camisa branca com as faixas vermelha e preta. Hoje em dia, as camisas de times de futebol são muito cheias de invenção. Faz o básico, porque bonito é o básico!

A Copa do Mundo de 82 foi definitiva. A mais linda que eu já vi. Aquela seleção foi a mais bonita que eu vi jogar. Não ganhou, mas foi a mais encantadora. Que time! Falcão, Éder, Júnior, Cerezo, Zico, o seu irmão, o inesquecível Sócrates, foi *demais!* E quem estava no gol? Waldir Peres, goleiro da seleção brasileira, do Telê Santana, do São Paulo. Um ídolo. Na rua, na hora de brincar, eu tinha a camisa cinza dele. Gostava de jogar no gol, de me sentir o Waldir Peres. E Telê Santana, um dos maiores técnicos de todos os tempos!

E aí começou uma paixão grande pelo São Paulo, porque era o goleiro da seleção e do tricolor. E aí veio a fase do Careca. O Careca e o Müller me pegaram, ali acabou. Fechou o contrato. Foi quando virei são-paulino de coração. Teve um jogo, uma final contra o Guarani, antigo time do Careca. Um jogo daqueles disputado, ele virou o jogo e resolveu a parada. Ali eu chorei pela primeira vez por um clube — porque pela seleção eu já tinha chorado, mas agora era um choro de alegria e de amor por um clube, o clube que eu escolhi pra torcer.

E a vida é maluca, né? Porque a gente mudou pro Rio em 84 e eu fiquei um tempo desligado de futebol. Eu fui pensando nas minhas coisas, na mudança grande de vida que isso foi. E aqui é assim: tudo flamenguista... vascaíno... Inclusive, fazendo *bullying* comigo: "Que São Paulo o quê! Torce pro Fluminense, Botafogo", e eu dizia: "Não, sou são-paulino!".

E fiquei sem time aqui, sabe? Virei aquele cara que mora no Rio, é mineiro e torce pelo São Paulo. E assim foi. Eu sigo fiel ao São Paulo. Está aí uma prova de fidelidade enorme, né? Por exemplo, meu pai é cruzeirense, originalmente. Mas desde que ele se mudou pro Rio, virou um flamenguista doente. Ele arrumou um time aqui.

E aí teve a sua fase, né, Raí? Brasileiro, Estadual, duas Libertadores, Campeão do Mundo com dois gols na final contra o Barcelona. Tá doido, ícone tricolor, camisa 10. É demais ter um ídolo são-paulino neste livro comemorativo — comemorativo da vida, não só da minha carreira, então faz muito sentido.

Conte-nos como poderíamos definir/diferenciar/comparar o papel/função de ator e de diretor. Acha que deve ser parecido com jogador e treinador?

Que interessante essa pergunta! O diretor olha a cena, o macro. O ator olha o micro. Ele pensa na própria fala, como vai atuar, na cena que precisa fazer, na trajetória do personagem. O diretor olha pra tudo isso de todos ao redor, ele cuida da trajetória de todos os personagens. Interessante a analogia ator/diretor e jogador/treinador. É parecido, viu? O jogador é lateral-direito, fazendo a função dele, mas está ali jogando com um grupo. Parecido com o ator, que está fazendo o papel dele, atuando com outros colegas. Mas é preciso alguém de fora pra falar: "Ó, você segue essa tática aqui".

O que o diretor e o treinador têm em comum também é que eles recebem os louros do sucesso, mas também a fúria, se as pessoas não gostam. Se o time ganhou, o treinador arrebenta. Se perdeu, ele é péssimo. Mesma coisa na minha área. E escalar elenco é tipo escalar um time, distribuindo as camisas e decidindo quem entra no começo e quem vai ficar guardado pra entrar depois como arma secreta, ou para mudar de tática. O trabalho do diretor é parecido.

Qual o papel da arte na vida — na nossa vida? Como definir a relação artista/público? Alguma semelhança entre teatro e estádio?

O papel da arte na nossa vida é fundamental, né? É cesta básica. Todos deveriam ter acesso, para a formação do nosso caráter, da nossa construção e imaginação. É fundamental o que você faz e o que eu faço. Esporte e cultura. É básico. É importante. Não é supérfluo, é parte da nossa composição.

A semelhança entre teatro e estádio é a relação com o público, né? A gente pode usar uma palavra para definir: catarse. E nisso tem uma coisa que um ator *nunca* vai experimentar. Você experimentou algo que o maior ator do mundo nunca vai viver. Uma arena com 70.000 pessoas gritando, te xingando, te amando. É um negócio medieval. O ator vai atuar em um teatro com 3.000 lugares, no máximo. Tudo bem, um filme vai ser visto por milhões, mas um vai ver em casa, outro no celular, outro no cinema. Mas esse poder do esporte é muito distante da minha realidade.

Mas é catártico da mesma forma. O torcedor xinga, bota pra fora os sentimentos, as frustrações, chora e ri. Quando alguém vê uma peça ou um filme nosso, torce, chora e se envolve... O que une as duas coisas é a catarse. Isso é algo muito poderoso. De formas distintas, mas igualmente poderoso.

Em cada uma destas quatro décadas, qual foi o momento, acontecimento ou obra artística que poderíamos definir como transformadores na tua vida?

Raí, agora eu estou tentando fazer analogia o tempo todo nessa entrevista entre futebol e arte. Ha ha. É como quando perguntam "Qual é o seu gol favorito?", que é parecido com "Qual o seu personagem favorito?".

Eu não posso dizer que é o Chicó. É claro que é um deles, mas é também o Leléu, o Dom Pedro II, o Jean Charles, o Valmont, o Ega, o Rubens Paiva, o Johnny, o Lourenço. Eu fiz muitos personagens lindos e todos eles são importantes.

Eu tive muitos momentos que foram transformadores. O ano de 98, que foi o ano de *O Auto da Compadecida* e *Lavoura Arcaica*, com certeza foi quando eu tomei as rédeas e pensei: "Agora eu vou trilhar um caminho, porque essas obras me modificaram muito para eu simplesmente ignorar o que aprendi com elas". E, a partir dali, eu tomei um rumo corajoso e muito bonito. Me tornei diretor mais adiante, no *Feliz Natal* e depois só confirmei esse meu desejo de dirigir com *Sessão de Terapia*, *O Filme da Minha Vida* e *O Palhaço*.

Agora, tem uma coisa curiosa nisso de encontrar parentesco entre as nossas profissões. Tem algo que eu tenho, que aí o jogador não pode ter. Eu atuo e dirijo. Posso estar nos dois lugares ao mesmo tempo.

Eu não sei se existe um técnico que também é jogador. Um técnico de trinta e poucos anos que treina e também entra em campo. Acho que isso não existe. Se existir, me manda um áudio me dando uma aula. Se bobear, tem em algum lugar um cara que é treinador e também põe a camisa e entra em campo — porque é literalmente isso que eu faço.

Quando eu entro em campo, os outros jogadores olham pra mim e pensam assim: "Ele sabe muito bem o pepino que é estar aqui dentro e também tem uma visão privilegiada lá de fora. Vamos ouvi-lo".

Outra coisa em comum: você tem um irmão jogador, que faleceu, o Sócrates; e eu tenho um irmão ator, o Danton. E os irmãos são da nossa mesma profissão. O Sócrates foi um homem da maior importância no futebol. É raro ter um Sócrates hoje. Ele era tão especial que mesmo um são-paulino respeitava profundamente o Doutor Sócrates do Corinthians, a Democracia Corinthiana era foda! O que ele fez pelo esporte, a forma como ele se colocava diante da sociedade. Era um cara muito inspirador, sou fã do Sócrates. E era o magrão da copa de 82, elegância total. Raí, foi um prazer enorme ter você neste livro. Sou muito seu fã, obrigado por tudo que você fez pelo São Paulo, pela seleção e pela cultura.

Obrigado, ídolo!

"Esporte e cultura. É básico.
É importante. Não é supérfluo,
é parte da nossa composição."

NATHALIA
Timberg

Selton, meu querido amigo, ser lembrada por você para de alguma forma participar do seu livro me deixa comovida, emocionada e intimidada. Isso porque, desde o nosso primeiro contato, há anos, fiquei marcada pela sensibilidade rara que sentia nesse jovem ator já com os traços do artista que se desenvolveu e que aprendi a admirar.

Então:

Essa sensibilidade profunda a que me refiro tem como componente importante um forte olhar crítico. Essa convivência é tumultuada?

Ah, Nathalia, você foi minha avó em *Força de um Desejo* e eu te observava tanto! Tinha uma coisa muito impressionante em você: você sabia todo o seu texto e também o texto dos outros. Você é *muito* estudiosa. E muito engraçada também, muito leve! Você sempre foi uma mulher muito leve! Gostoso estar perto de você, sabe? Uma pessoa tão delicada, tão agradável! Uma grande atriz que eu cresci vendo na televisão e que eu tive a chance de encontrar em *Força de um Desejo*.

E olha a vida, né? Vinte anos depois, em 2019, nós fizemos *Sessão de Terapia*. Você faz um episódio, um episódio poderoso, interpreta a minha mãe, e a gente tem um verdadeiro duelo. É quase uma peça de teatro, vinte páginas só nós dois, eu estava dirigindo, atuando e namorando o que você fazia.

E eu me lembro de verificar que você estava com a mesma memória de vinte anos antes. Você sabia as minhas falas, você sabia todas as suas. Como você é impressionante! E continuava leve, e continuava muito divertida. A minha equipe ficou encantada! E eu me lembro de você dizer uma coisa — eu nunca vou me esquecer disso. Você falou: "Nossa! Que delícia essa experiência com o tempo dilatado! Que saudade de viver isso!".

A TV perdeu mesmo isso que existe no *Sessão*: o prazer de saborear o tempo. Tudo é correria, ritmo, ritmo, ritmo. Ritmo não necessariamente significa correr.

Então eu consegui imprimir um tempo ali e você se viu com saudades, Nathalia! Saudades da época das novelas dos anos 80, dos anos

70, que a gente vê hoje no Globoplay, no Canal Viva. Nessas novelas realmente havia cenas assim: dois atores em cena, dez, quinze minutos, somente eles! Texto e atores mandando ver, sem firulas.

Eu acho que você foi muito certeira na sua sensação, realmente é um trabalho que privilegia a pausa, o subtexto, privilegia as entrelinhas. E foi uma enorme honra ter você com a gente, foi uma alegria sem fim te reencontrar. Você com praticamente 90 anos, cheia de gás! Logo depois do *Sessão* teve a sua festa de aniversário e eu fui. A sua vitalidade, a sua mentezinha brilhante e curiosa, a sua memória, são realmente impressionantes. Você é um dos nossos maiores patrimônios.

Agora sim vou para sua primeira pergunta.

Nathalia, eu acho que essa sensibilidade já estava lá, correndo nas veias.

Minha mãe, ela realmente tinha *um olhar*. Numa certa altura do campeonato, com 50, 60 anos, ela começou a pintar. Do nada! E o que ela pintava era lindo! Tenho quadros dela na parede de casa. Uma artista que não sabia que era. Ou ainda, uma mulher tentando se expressar, uma sensibilidade sem trilhos. Eu sempre olhei com atenção o que ela fazia, suas criações, me via ali. Uma época ela resolveu escrever. E o que ela escrevia era lindo, uma alma poética, fez um livro com suas memórias. Coisas simples, e a grandeza estava exatamente aí. E me lembro de ela ficar frustrada porque ela escreveu coisas tão bonitas e parte da família não deu muita bola. Ela ficou muito triste com isso. Me lembro bem de como ela ficou frustrada. Me falou finalmente de uma forma clara, entendi seu desapontamento. Minha mãe sempre sentia muito as coisas.

E eu sou assim. Eu sinto muito. Tem gente que acha que sabe muito, tem gente que fala muito. Eu falo pouco e ajo, e sobretudo eu sinto muito. Então essa convivência interna é tumultuada, porque é a convivência com meus conflitos internos. Mas, por ser artista, eu sublimo isso tudo também. Essas dores eu transformo em arte. E boto lá. E boto o povo pra pensar.

Boto o povo pra refletir. Boto o povo pra sentir. Sentir muito.

Em relação à TV, o questionamento a que somos submetidos me levou a pensar que o veículo não é responsável pela qualidade dos que lidam mal com ele. O que você acha?

Interessante esse pensamento. Muito interessante, porque vivi a minha vida inteira ouvindo que a TV era uma coisa menor ou que não era arte. E que por exemplo o cinema ou o teatro eram melhores.

Eu tenho uma teoria: existe TV boa e TV péssima. Existe teatro brilhante e teatro horroroso. Existe cinema de grande qualidade e cinema lixo. Então não é o veículo. Sabe o que é? Comprometimento, grandeza espiritual, talento. Passou pela minha cabeça aqui: *Grande Sertão: Veredas*, adaptação do [Walter] Avancini, com Tony Ramos de Riobaldo e Bruna Lombardi de Diadorim. Aquilo é uma obra-prima! Feita na TV! A adaptação do Paulo José de *O Tempo e o Vento*, do Erico Veríssimo, com Tarcisão de Capitão Rodrigo e Glorinha Pires de Ana Terra — aquilo é uma obra-prima! Feita na TV! Fiz coisas de grande qualidade artística, de grande estatura intelectual, no cinema, no teatro e na TV, e também fiz coisas péssimas, malfeitas, no cinema e na TV. Então não tem essa de que cinema é melhor do que televisão.

Você passou por tudo isso, pegou radionovela, dublagem, TV ao vivo. Eu, que sou mais novo do que você, já peguei tanta coisa... Peguei dublagem, TV, anos 80 quando não tinha nem internet, o nascimento do YouTube, séries, *streaming*, TV a cabo, peguei essas transições todas. E vi coisa boa e ruim em todos os lugares. Todos.

Não é o veículo, é *quem* faz, é *o que* faz, *como* faz.

Hoje em dia, por exemplo, o *streaming* é o premium, é o que há de melhor. Mas minha teoria serve pro *streaming* também. Tem coisas medíocres no *streaming*. Tem coisas esquecíveis e tem coisas extraordinárias. Então não existe isso. Existe quem faz e o que faz, com qualidade, com envolvimento emocional e criativo, realizando algo importante, seja onde for.

Nathalia, a beleza do que fazemos tem a ver com liberdade. Putz... Bonito demais o que fazemos. Instantes espontâneos, fugazes, dilemas interiores, transformados em momentos vitais. Você não teve filhos, eu penso muito em você, me interesso por sua vida interior. Sempre segui expressando o que eu sentia. Buscando poesia onde não há sequer indícios de encanto. Essa é minha tentativa diária. Filmar nossos sentimentos detidamente, tipo uma ressonância magnética. Uma endoscopia de nossos desejos íntimos, alucinações, pesadelos. Filmar você foi mágico! Absolutamente mágico! Juntos, colhemos pelo caminho flores inesperadas. Muito doido tudo que passa pela minha cabeça. Você me inspira, Nathalia. Sua graça e profundidade são impressionantes. Sabe o que penso do nosso trabalho? As palavras "ação" e "corta", se bobear, nem existem. A vida tá ali acontecendo. É só filmar. A câmera começa antes do nosso preparo e prossegue além do registro, você me entende? Eu tenho grande interesse pela parte humana que escapa ao cálculo.

Nathalia, quando a gente se encontrou em cena, você me fez sentir coisas novas. Nosso episódio na série é um encontro de gerações muito poderoso. Partimos da nossa instabilidade e chegamos em um lugar bem bonito, misterioso. Você, com sua grandeza, me mostrou áreas íntimas turbulentas, que até então eu nem percebia claramente. Espelhamos o espectador, essa é uma das belezas do nosso ofício.

Eu aprendi tantas coisas, te olhando, simplesmente.

É uma honra colossal ter você neste livro.

Você me causa grande encantamento, Nathalia.

"Você não teve filhos, eu penso muito em você, me interesso por sua vida interior. Sempre segui expressando o que eu sentia. Buscando poesia onde não há sequer indícios de encanto. Essa é minha tentativa diária. Filmar nossos sentimentos detidamente, tipo uma ressonância magnética."

LETICIA
Colin

Ainda que trabalhando desde criança, houve um momento específico em que você decidiu ser artista/seguir no ofício? Como é aceitar esse destino?

Leticia, amada, você é brilhante! Que bom que trabalhamos juntos! Para quem não sabe, nós temos algo em comum: não apenas somos capricornianos, como também nascemos no mesmíssimo dia, 30 de dezembro. Leticia, te compreendo tanto! Eu te olho e percebo tudo. Muita identificação. Você também começou cedo. Eu me vejo em suas entrevistas, vejo você em cena e me reconheço. Até nas suas pausas da vida, quando você dá uma sumida, eu me identifico. É muito curioso acompanhar. É muito bonito ter você por perto e celebrar seu talento gigantesco.

Na verdade, eu decidi ser artista com seis anos de idade quando olhei para a televisão e disse: "Me leva ali dentro, eu quero ser daquela gente ali". Aí eu fui mesmo, entrei e fui parte daquela gente. Ao longo da vida foram surgindo dúvidas o tempo inteiro — até agora, fazendo este livro, e sei que essa dúvida sempre vai existir.

Parece que agora eu quero a arte de uma outra forma. Eu a quero como aliada e não mais como alguma coisa de que eu estou atrás. Como uma amiga, uma parceira que anda comigo.

Uma sensação de que este momento, este livro, é como uma carta de despedida. Uma forma concreta de inaugurar alguma coisa que não sei bem o que é.

Você falou de destino. Pois é, vira e volta eu tenho dúvidas sobre esse destino. Em um momento de muita dúvida eu fiz um filme sobre isso. *O Palhaço* é exatamente sobre isso. Acho que é por isso que ele é tão comovente. Não é só para um ator, é para qualquer pessoa. Por isso que ele toca tanta gente, é muito humano.

Então: dúvidas sempre! Acho que são essas dúvidas que não deixam a gente ficar besta, achar que está sabendo muito, que fazem a gente colocar os pés no chão e pensar "Peraí, eu quero mais, quero experimentar outra coisa, me permitir pegar outro caminho". Então essas dúvidas na verdade são saudáveis, porque sempre teremos nosso ofício como algo importante de nossa estrutura. Eu li pra você em um ensaio e divido aqui com o leitor um raciocínio preciso do cineasta russo, mestre absoluto Andrei Tarkovski: "Toda criação artística luta pela simplicidade, o que implica chegar aos níveis mais distantes e profundos da recriação da vida. Esse, porém, é o aspecto mais doloroso do trabalho de criação. A luta pela simplicidade é a dolorosa busca de uma forma adequada para a verdade que se conquistou. Desejamos imensamente realizar grandes coisas com a máxima economia dos meios".

"Uma sensação de que esse momento, esse livro, é como uma carta de despedida."

Dirigindo, no *set*, no dia a dia, qual sua grande satisfação?

A minha maior satisfação é o meu trabalho com os atores. Porque eu sou um deles. Se eu estou com os atores, estou ali viajando. Ofereço um caminho e o próprio ator me propõe outro. Você própria me propunha um caminho que eu nunca imaginei e eu ficava só dando corda na pipa. Eu deixava você ir e ficava te assistindo — menos dirigindo e mais assistindo, com prazer.

Então... acho que uma grande satisfação que eu tenho é ver todos os meus atores brilhando. Em todos os meus trabalhos como diretor os atores brilham, eles arrebentam. E eles também são bem editados depois, eu não deixo as partes em que eles não estão tão bem. Sacou? Eu protejo meus atores. Quando eu vou editar falo: "Aqui não funcionou, tira ou deixa em *off*". O que vai para o ar, o que vai para um filme, para uma série, é o melhor de cada um. Isso é uma baita satisfação: fazer com que eles estejam oferecendo o seu melhor.

O vazio, o prazer, a solidão, a dor, o contentamento, o indizível, o tempo, o espaço, a força, o verbo, a calma... O que você leva nos bolsos quando veste um personagem?

Eu levo tudo isso. Eu levo a vida comigo. No meu bolso tem toda a minha vida.

Eu acho que atuar é uma coisa natural. E acho que você se identifica com isso que estou falando, porque você também foi uma atriz criança. Então você sabe exatamente o que eu estou falando, né, Leticia? A gente aprendeu rápido que é sobre brincar. Então quando começa a psicologizar demais, eu começo a ficar um pouco incomodado, porque eu acho que a coisa necessita de frescor.

Então levo tudo isso no bolso, levo a minha vida. Estou colocando ali a experiência da minha trajetória. Não falo da minha experiência como ator, não, tô falando de mim! Um cara falho, cheio de buracos e conquistas. Eu estou ali botando no personagem o que experimentei na vida, expondo minhas vísceras, meu sorriso, minhas cicatrizes do trajeto.

Já odiou uma personagem sua? Como foi fazer a travessia da obra dessa maneira?

Olha, não me lembro de odiar uma personagem.

Tem trabalhos em que você não é muito feliz, não é legal estar ali, você fala: "Por que eu estou aqui?". Nada é à toa. Você está ali para fazer alguma espécie de evolução e a travessia é dura. Então vamos lá, respira e passa, mais pra frente tem outro.

Acho que tem uma coisa bonita também sobre a profissão de ator: é preciso ter uma espécie de sabedoria pro fracasso e pro sucesso. Para os extremos. No fracasso você não deve se achar a pior pessoa do mundo. Errou naquilo ali, ou o negócio em que acreditava não deu certo? Calma. Outras coisas vão vir. Vai na sua. E no sucesso também! No sucesso igualmente, porque no sucesso muitas vezes você fala "Agora eu tô arrasando!". Calma lá também. Respira e vai andar. Vai andar porque esse sucesso vai passar também. Então eu acho que tudo tem a ver com uma certa calma e isso também tem a ver com atuação.

Os melhores trabalhos são quando você está mais relaxado. Eu não acredito em tensão para chegar em um bom resultado. Eu acredito em relaxamento, acredito que, quanto mais calmo, tranquilo e à vontade você estiver naquele espaço, mais você vai render e mais coisas lindas vão surgir e brotar daqueles esforços. Então eu acho que essa calma é uma coisa fundamental. Para a vida e para a arte.

É preciso ter calma.

"É preciso ter uma espécie de sabedoria pro fracasso e pro sucesso."

ROLANDO
Boldrin

No trabalho de ator:

Antes de se "notabilizar" como tal, teve alguma Escola-de-Arte (cursos etc.) ou, como alguns poucos grandes atores que conhecemos, aprimorou os seus trabalhos durante a "batalha" pela carreira, pela grande paixão, pelos palcos e TV?

(Vivendo e aprendendo... fazendo.)

Boldrin, querido. Escola da vida. Totalmente. Eu acho que é uma profissão que exige muita observação. Observação do mundo, observação das técnicas, observação do outro, observação do ser humano, observação dos métodos distintos que vão aparecendo na sua frente. Eu ali menino, começando a cantar em televisão, você por exemplo já era um professor! Eu assistia seu programa, que sempre valorizou a cultura brasileira. Ou seja, algo quixotesco, importantíssimo, fundamental. A sua importância no cenário cultural brasileiro é gigante! Então imagina eu ali menino vendo você contando causos, histórias, fábulas, cantando músicas do Brasil profundo. Você foi um dos meus primeiros professores.

Aí eu comecei a trabalhar, comecei a ver os outros atores, como eles trabalhavam, como decoravam texto, como se comportavam, como reagiam a uma determinada cena. E eu ficava observando e aprendendo. E sou assim até hoje. Eu cresci cercado de grandes atores, falando texto de grandes autores, sendo dirigido por grandes diretores, vendo como cada um se expressava. E eu fui descobrindo ao longo da vida como era a minha expressão de uma forma intuitiva. Fui estudar teatro no Tablado, que é uma escola bem tradicional do Rio de Janeiro, quando eu tinha 17, 18 anos. Ou seja, eu já tinha dez anos de profissão. A descoberta do teatro foi uma passagem linda na minha vida. Foi onde, aliás, eu descobri que era mais capaz do que supunha. Foi onde eu redescobri a minha autoestima. Como você bem termina o seu raciocínio. Vivendo e aprendendo. Foi literalmente assim, Boldrin!

Como diretor:

Quando está dirigindo um trabalho para as telas (TV/cinema), as cenas selecionadas por você e pela produção para o dia de filmagem (ou gravação) são as mesmas previamente estudadas e elaboradas em termos de marcação dos atores etc.? Ou as marcações vão saindo na base da inspiração do momento, da direção de cada uma delas?

Por exemplo, em *O Filme da Minha Vida*, em que tive a honra de ser dirigido e também de contracenar com você.

Bom, existe um planejamento prévio enorme do que vai acontecer. Agora, a vida está acontecendo. Aí a gente chega lá e tá chovendo. E aí? Cancela ou assume aquela chuva? Eu tendo a achar que se choveu é porque era pra filmar chovendo. Mas nem sempre é possível por causa de continuidade, equipamento, por causa de segurança, por um monte de coisas. Acho até que teve algum caso seu em *O Filme da Minha Vida* nesse sentido. Choveu um pouco e não podia estar chovendo porque eu já tinha feito a parte do Johnny no sol, e a gente fez mesmo assim. Existe roteiro, que em espanhol se diz *guión* e eu acho que é a melhor definição do que é um roteiro. Guia, é estar aberto pra vida! E adaptar, e mexer.

A gente foi filmando as nossas cenas, demos uma volta de trem, fizemos várias sequências soltas, livres, você conduzindo o trem, conduzindo o filme. Giuseppe, o Maquinista, foi um personagem que foi inventado. Não existia no livro. Foi criado pra você, Boldrin. Eu sonhava em te ver na tela novamente, em um papel fundamental que costurava toda nossa trama. O seu personagem não existe na obra original do Antonio Skármeta, escritor chileno fabuloso que, aliás, escreveu também o livro que inspirou *O Carteiro e o Poeta*. Eu fiz a adaptação com Marcelo Vindicatto e, quando você topou a aventura, nossa... você encheu a tela. Você confiou em mim, me deu segurança para criar não apenas o condutor do trem, mas o condutor da história, da vida, o homem que tudo viu, o homem que tudo sabe. Ele viu toda aquela história que o espectador descobre junto com o protagonista, Tony Terranova. Ele sabe tudo! Ele sabe tudo que aconteceu. Mas, como ele mesmo diz, tudo tem a sua hora pra acontecer. Se a gente botar o carro na frente dos bois a gente acaba atropelando os acontecimentos. É linda a sua participação em *O Filme da Minha Vida*. Luminosa. Uma honra gigante. Aliás eu citei os seus programas celebrando a cultura brasileira, mas eu vi muito você como ator! Vi você na Bandeirantes, na novela *Os Imigrantes*, você é um ator especialíssimo! Então ter você ali comigo era realizar um sonho de infância.

Então, Boldrin, existe o preparo, mas é fundamental manter os poros abertos. Te dou outro exemplo de *O Filme da Minha Vida* sobre o meu personagem, Paco. Quando a gente foi visitar a locação que seria a casa dele, eu andei pelo terreno, fui andando pelo quintal, curral, e lá em cima eu dei de cara com uns porcos gigantescos. Fiquei muito impressionado com aqueles porcos. Pareciam irreais de tão grandes, ha ha ha ha. Não tinha isso no roteiro. Não tem isso no livro. Eu fiquei tão impressionado com aqueles porcos que botei isso no filme! E isso virou a coisa principal do meu personagem. Brincando com a máxima "eu sou um homem ou um rato?". Aí eu trouxe isso pro dilema do meu personagem. Eu sou um homem ou sou um porco? Por causa do que acontece com ele no filme que eu não vou contar pra quem não viu. E aí virou toda essa história de: eu sou um homem ou sou um porco? Aí ele chega num outro lugar e pergunta: "Você acha que eu sou um porco?". Ele fica griladíssimo com essa coisa do porco, ha ha ha. Aí ele fala pro Tony Terranova: "A diferença entre o homem e o porco é que o homem sabe que é um homem, o porco não sabe que é um porco, ele é só um porco, é completamente porco". Ha ha ha ha ha! Tudo isso, que é tão rico, só aconteceu porque eu fui naquele quintal com os poros abertos e vi aqueles porcos maravilhosos naquele quintal, gostei da cara deles, eles foram com a minha cara e eu botei isso pra dentro.

Para mim, essa é a beleza da construção artística. É como você se preparar para uma viagem. Você se prepara, organiza a mala, bota gasolina, mas e aí se furar um pneu? Você vai ter que lidar com isso.

Então dirigir um filme, contar uma história, é muito parecido. Se preparar e estar pronto para o inesperado.

Boldrin, você disse que teve a honra de ser dirigido e de contracenar comigo. Meu Deus, eu assistia você quando era menino e, anos depois, eu estava ali na sua frente, trabalhando em parceria, é um misto de obstinação com a realização plena de estar diante de uma pessoa que eu respeito tanto.

Eu queria ter tido isso com muito mais gente. Paulo Gracindo foi um dos maiores atores do Brasil. Que grandeza. Que ator. No cinema, ele e Fernanda Montenegro em *Tudo Bem*, do Arnaldo Jabor. Ele com Glauber em *Terra em Transe*. Odorico Paraguassu na TV... Paulo Gracindo, realmente... Este é um livro sobre memórias em um país sem memória.

Enquanto eu escrevo esse livro, estou sacando que estou aproveitando a chance pra homenagear pessoas que não podem ser esquecidas. Você é uma dessas pessoas, Boldrin. Sua passagem por aqui foi fundamental.

Outro ator que eu amava ver na televisão era o Milton Moraes. Eu não conheci o Milton, mas eu adorava vê-lo em cena. Ele tinha algo que me cativava. Acho que ser ator é isso, né? O ator cativa. O público quer vê-lo em ação. Eu gostava de vê-lo. Ele era muito crível nos personagens. Eu acreditava em tudo que ele fazia. Ele tinha uma tranquilidade em cena, tinha uma presença muito poderosa. Milton Moraes foi um ator extraordinário. Não pude conhecer, mas deixo registrado aqui minha admiração.

Um outro que lembrei agora e me emociona muito — e que tive o prazer de conhecer — foi o Armando Bógus. Que ator maravilhoso. Que pessoa maravilhosa. Eu fiz a última novela do Bógus, *Pedra sobre Pedra*, aquela novela do Jorge Tadeu, com Fábio Jr., que aliás é um baita de um ator. Sempre falo isso pra ele. Ele tinha que atuar mais. Ele abandonou demais esse lado dele. Sempre foi um ator maravilhoso em tudo que ele fez.

O Bógus, nessa novela, fazia um vilão, senhor Cândido Alegria, que era um mineirinho. Ele falava de um jeito muito delicadinho e absurdamente assustador. Ele falava umas coisas assim: "A senhora quer um cafezinho? Ah, então daqui a pouco eu trago pra senhora porque agora eu tenho que ir ali matar uma pessoa". Ha ha ha ha.

E ele tava debilitado de saúde nessa novela. Foi uma despedida. Eu convivia com ele. Eu fazia um personagem coadjuvante, um ajudante no hotel do qual ele era dono. Eu vivia ali com ele, era o menino de recados, o faz-tudo dele. Eu vivia colado no Bógus. Foi uma aula, colado no Bógus, aprendendo, absorvendo, olhando, viajando...

Eu nunca vou esquecer de uma coisa. Eu vi acontecer. O diretor de novela vai pra um lugar chamado *switcher*, onde ele já fica cortando de uma câmera pra outra. Então ele fala com a gente por um microfone bem alto pelo estúdio. E era uma cena trivial. Ele colocou um figurante para servir um refrigerante para um cliente na mesa. Quando o cara foi servir, ele bateu a garrafa no copo... tava nervoso. Tava em cena o Armando Bógus, o genial Lima Duarte, Renata Sorrah, outra atriz maravilhosa e pessoa extraordinária! Renata, te amo!... O figurante ficou nervoso. O diretor lá de cima, só aquela voz de estúdio, disse: "Ô, meu filho, não sabe botar um refrigerante no copo, não?". Absolutamente desnecessário.

Óbvio que o camarada ficou mais nervoso ainda. Derrubou o refrigerante de novo. Aí o cara lá de cima: "Ô, meu filho, já tomou um guaraná na vida?", ou alguma coisa bizarra desse nível. O figurante começou a suar, passar mal, de tão nervoso que ele estava. Aí na terceira vez que o diretor falou algo assim, o Bógus entrou e falou, como se falasse com Deus lá em cima: "Só um instantinho. Me dá só um instantinho". O estúdio parou.

O Bógus foi até o cara conversar, calmíssimo. "Tudo bem? Como você se chama?". O cara respondeu: "Cláudio". "Ô, Cláudio, é tranquilo, deixa eu te contar. Você pega a garrafa aqui e põe no copo. Igual a gente faz na vida. Se o cara está gritando, está nervoso, o problema é dele. Pega aqui tranquilo, não tenha pressa, e coloca. Faz aí pra eu ver."

Aí o cara foi lá e fez. Aí o Bógus falou: "Tá vendo? É isso. É simples". O cara olhou pro Bógus com uma cara de "Obrigado, alguém humano veio falar comigo". E a cena foi feita, sem sobressaltos.

É um pequeno gesto, mas é algo grandioso. Armando Bógus é um camarada extraordinário, e um dos maiores atores que eu vi de perto.

Então, Boldrin, eu acho que é isso. A honra desses encontros. E a reverência aos grandes que eu não encontrei.

Então, este livro é também pra dizer quem me inspirou, quem me fez ver o mundo de forma diferente, e seguir contando a minha história — porque talvez eu possa ser essa pessoa também para os outros.

Obrigado por tudo, Boldrin.

"Enquanto eu escrevo esse livro, estou sacando que estou aproveitando a chance pra homenagear pessoas que não podem ser esquecidas."

ARACY
Balabanian

Você é múltiplo profissionalmente: atua, dirige, canta, escreve... Mas sempre coisas muito específicas, escolhas requintadas. Em qual desses caminhos você fica mais à vontade?

Aracy, amada, você é uma luz, uma pessoa muito maravilhosa de se ter por perto! Que alegria que nosso caminho se cruzou! Eu me lembrei agora e vou contar uma passagem linda em *Ligações Perigosas*. Um dia a gente estava fazendo uma cena juntos — que dia bonito! E subitamente eu fiquei tão emocionado de estar em cena com você que, quando terminou, eu chamei todo mundo do estúdio pra te fazer uma homenagem espontânea. Você lembra disso, Aracy? Eu falei algo assim: "Amigos, olha aqui, quero falar da grandeza da Aracy, da história dela, da importância que ela tem na nossa cultura. Quero que todo mundo saiba que estamos diante de uma pessoa maravilhosa, de uma atriz espetacular e vamos agradecer pela chance de estar com ela e aplaudi-la fortemente!". A gente aplaudiu longamente, toda a equipe. Foi tão bonito aquilo! Eu guardo você com muito amor.

Na Argentina, durante as filmagens de *Ligações Perigosas*, você contou pra gente a história fabulosa dos seus pais. Vieram da Armênia refugiados, escapando do genocídio turco, em famílias separadas. Seus pais se conheceram naquele navio em fuga rumo ao Brasil. Que história! Seu pai era de uma família e sua mãe de outra, se conheceram naquela circunstância. Se estabeleceram no Brasil e viraram um casal, entre os filhos, nossa Aracy veio ao mundo. Que coisa de filme!

Sua primeira pergunta: eu fico mais à vontade quando eu tô criando. Quando eu tô criativo, eu tô feliz. Quando eu tô burocrático, eu tô apagado, sem brilho. Sou movido a criatividade. Quando eu tô assim, tô vibrante por dentro e, quando eu tô vibrante por dentro, eu tô vibrante por fora também. O principal é estar vivo, com tesão.

Um estado amoroso de encantamento criativo. Quando estou nesse estado, estou feliz. Eu tenho prazer em viver a aventura poética do nosso ofício. Descobertas diárias que vão enriquecendo nossa existência e ampliando os horizontes de quem assiste o que fazemos. Cuido para que minha imaginação não seja asfixiada. Trabalho, zelosamente, para que meu impulso criador seja livre, espontâneo. Circulando entre o presente, a memória e a fantasia. Passeando diariamente entre a realidade física e a metafísica. O lar do artista fica atrás daquele morro, entre o mundo do visível e o mundo do sensível. Ali, me sinto muito bem. Prezo muito minha liberdade de impressão.

Você montaria um texto de Pinter atualmente?

Essa é uma pergunta muito legal. Harold Pinter é um dramaturgo inglês fabuloso. Eu fiz duas peças dele no teatro. Na minha pequena carreira de teatro. Porque eu não fiz tantas peças. E aliás, bom, vamos lá: isto é um livro. Então as pessoas precisam saber coisas. Por que fiz poucas peças? Porque eu sou preguiçoso! Ha ha ha ha ha! Resposta tão sincera quanto pouco honrosa. Eu tenho preguiça de ensaiar, eu tenho preguiça de ficar três meses ensaiando um espetáculo. Ha ha ha ha! Depois também tenho preguiça de fazer o espetáculo de quinta a domingo, ou de sexta a domingo. Porque a gente é que nem todo mundo. Domingo chuvoso, bom pra ficar em casa vendo um filminho... Mas aí você tem que levantar, aquecer a voz, ir lá fazer. E então é por isso que fiz pouco teatro na minha vida. E o pouco que eu fiz gostei demais!

Enquanto te escrevo, perdemos Zé Celso Martinez Corrêa. Um dos maiores diretores de teatro do Brasil. Um xamã, um homem livre, um feiticeiro deslumbrante. Tive a honra de ser dirigido por ele. Ele me chamou pra ser o Vladimir, em uma montagem delirante e solar de *Esperando Godot*. Foi mágico conviver com o Zé. Quanta liberdade, quanta alegria e fome de vida! Eu e Otávio Müller fomos muito felizes trabalhando em dupla sob a batuta do Zé Celso. A grandeza da passagem dele por aqui ainda vai ser muito estudada e reverenciada. Eu amei ter sido dirigido por ele.

Eu fiz duas peças do extraordinário Harold Pinter, *O Zelador* e *A Luz da Lua*. *A Luz da Lua* foi dirigida pelo Ítalo Rossi. Que maravilha conviver com ele! Aquela voz, aqueles dois maços de cigarro sempre na mão. Ele era hilário e adorável! A peça era uma delícia, convivendo diariamente com o queridíssimo Guilherme Piva e com esse atorzaço que foi o Cláudio Corrêa e Castro. Mal-humorado, ha ha ha! Sempre tinha um problema pra contar, do carro que pifou, do motor que bateu, da obra que deu errado. Eu amava o Cláudio, um rabugento adorável. Ha ha ha! A gente adorava quebrar o estado de espírito dele e deixá-lo contente. Depois fiz *O Zelador*, que foi minha primeira produção teatral. A primeira vez que toquei um projeto. Dirigido pelo parceiro querido do Tablado, Michel Bercovitch, numa montagem inspirada, deliciosa, ficamos anos em cartaz, viajando pelo Brasil. Harold Pinter tem essa característica que adoro: nada é o que parece ser. Então, se tem dois personagens falando sobre alguém que faliu, eles podem estar um do lado do outro, falando sobre a falência do terceiro, mas eles falam da calça que rasgou. "Ah, rasgou a minha calça... A tua também? É, pois é..." E eles vão viajando, duas, três páginas falando disso, mas é claro que estão falando da falência do outro de uma forma irônica, com um humor muito sofisticado e absurdo. E como o mundo nunca deixa de ser absurdo, eu montaria um texto do Pinter atualmente, sim.

Adorei contracenar com você. Você gostou de mim?

Olha, Aracy... Essa é possivelmente a pergunta mais sensacional de todo este livro! "Você gostou de mim?" Ha ha ha ha ha! É uma beleza de pergunta, Aracy! Isso mostra quem você é. Atriz cativante e pessoa mais ainda! Isso remonta ao início desta entrevista, quando contei sobre a homenagem espontânea que fiz a você num dia normal de trabalho, quando chamei todo mundo no estúdio e te exaltei!

É isso! Essa é você! Olha que pergunta adorável! Te amo, Aracy!

CHRISTIAN
Malheiros

Você tem um histórico de uma vida mais reservada e, ao mesmo tempo, fez personagens que cruzaram fronteiras e estão na boca do povo até hoje. Você acha que a sua melhor parte está na sua arte ou no que ainda não conhecemos?

Eu tenho um histórico de vida mais reservado, sim. Primeiro porque sou mineiro, então é uma coisa muito natural. O mineiro não fala, ele faz. Quando você pensou, eu já estou fazendo. Eu não canto a bola — como a gente fala na sinuca. O fanfarrão vai e fala "Vou botar a bola naquela caçapa" aí vai lá e erra. O mineiro não fala nada. Ele tenta. Se acertou, ótimo. Se errou, beleza. Então isso já é muito orgânico e eu acho saudável para o artista. Eu gosto muito dos atores, do mundo todo, que se mantêm reservados. Gosto de não saber muito bem: ele é casado? Com quem? Tem filhos? O que pensa da vida?

Acho que isso também é um fenômeno muito da nossa época, das redes sociais, que deram a possibilidade de expor muito da sua vida, de quem você é, do que você acha, sobre todos os temas possíveis. E isso não me interessa. Eu tenho opiniões sobre muitas coisas, mas falo para um amigo, falo em um barzinho. Eu não sei tudo, não tenho conhecimento para falar sobre tudo. Menos, minha gente. Falem menos, ouçam mais. Eu acho que não devo falar sobre tudo.

Não sabe muito a meu respeito? Ótimo, e não é pra saber mesmo! "Nossa, você sumiu..." "É, e eu vou continuar sumido, ha ha ha ha!"

Fiz personagens que cruzaram fronteiras, é verdade. Meus personagens cruzaram muito mais fronteiras do que eu. E estão na memória do povo até hoje, são personagens lindos, são como filhos que tenho na vida. Eu realmente interpretei personagens que fizeram coisas loucas, tive grandes aventuras emocionais através deles, mas eu mesmo tive pouco disso. Talvez esse seja um desejo: cruzar algumas dessas minhas fronteiras.

Partindo para a última parte dessa pergunta: "Você acha que é melhor na sua arte ou no que não conhecemos?".

Eu não sei, viu? Acho que minha melhor parte talvez esteja na arte e isso me incomoda hoje em dia. Cansado de mim. Meio bolado comigo mesmo. Querendo férias da minha existência. Enjoado da minha própria cara. Não quero buscar a receita ideal para minha decadência, espero mais de minha pessoinha. Quero ir além. Meus sentidos e meu intelecto devem ser preservados. Luto internamente para não sofrer uma atrofia da minha natureza. Trabalho diariamente para não colaborar com a debilitação da minha imaginação.

Acho que é isso: estou mais a fim da pessoa física do que da pessoa jurídica. Acho que a pessoa jurídica já teve um espaço muito grande e vai continuar tendo até a velhice, mas é como se eu falasse: "Tá legal, pessoa jurídica, valeu, um abraço! Agora a pessoa física precisa solar, ir com mais fé, ter mais espaço!". Eu acho isso bonito, vou seguir por esse caminho. Estou intuindo, vou seguir a minha intuição.

Na vida, você acredita que os finais devem ser felizes ou justos?

Nossa, que pergunta bonita, Christian!

O que é a felicidade, né? Hoje em dia parece que as felicidades estão... muito rápidas, no mal sentido. Felicidades efêmeras. Você tem um susto hoje e ele dura pouco. As coisas te assombram, mas durante pouco tempo. Você tem uma felicidade, mas é muito instantânea. Eu acho que eu estou atrás de uma felicidade mais plena, mais longeva. E acho que a vida tem que ser justa e que, se no final for justo, a pessoa foi feliz. Se o final for feliz, não necessariamente foi justo... Entendeu o que eu quis dizer?

Quando crescer você quer ser o quê? Eu diria: feliz. Sendo eu mesmo, sabe? Acho que é muito ruim não ser você mesmo.

Normalmente eu me ouço muito. Mas às vezes me vejo querendo ser uma coisa que eu não sou, para atender a alguma expectativa de alguém. Aí eu vou fazer um esforço gigantesco, não vou atender à expectativa desse alguém, vou me violentar por não ser eu e não vai dar em nada saudável! Então, meu amigo, volta para trás, se reorganiza, seja você e seja feliz! E vai vivendo. A vida é bonita, é esquisita, troncha, bela, misteriosa, louca muitas vezes, mas linda no fim das contas. Acho a vida um milagre e uma coisa curiosa de ir observando no dia a dia.

Você é uma das pessoas mais generosas e amorosas que eu conheço. A vida sempre lhe foi leve ou você é o contraponto, a exceção disso tudo?

Christian, eu acho que essa leveza... Trabalhamos juntos no fim da pandemia, um momento ainda muito duro, e você é tão sensível. Nosso encontro foi lindo e espero que venham muitos outros.

Eu acho que sou uma mistura, né? O peso da responsabilidade desde sempre, mas tendo a leveza como uma válvula de escape. Uma vereda para me permitir andar ao acaso. Essa suavidade é *muito* importante na minha vida. Mas também acho que tem a ver com sua percepção do meu trabalho quando eu dirijo. Eu acho que, pra dirigir, você tem que criar uma atmosfera. Não é só ir lá, sentar, dirigir e ver onde põe a câmera. É também pensar em como está tudo ao redor, como as pessoas estão se comportando. Gosto que as pessoas estejam se sentindo bem, prezo um trabalho sem histeria.

Então acho que sua sensação também foi por isso, porque a gente se divertia. Era gostoso e bonito. Quando a gente aprofundava no drama dos personagens, ia com fé, aí voltava e curtia o barato agradável de estar ali.

Nossa profissão é difícil. É difícil dentro, é difícil fora. As chances que você tem, as chances que você *não* tem. Você nunca sabe se amanhã vai conseguir um lugar ao sol. É impossível saber se o que você fez foi o suficiente. Já é tudo tão custoso — então que seja leve, que seja bom, que seja prazeroso e engraçado, bonito e comovente, que seja uma boa onda, que seja legal.

Isso que eu acho da arte é exatamente tudo que eu acho da vida, eu não separo uma coisa da outra. No meio dessa balbúrdia do cotidiano, tento enxergar a sutileza do que se passa aqui dentro.

Selton, nesses anos de carreira que se confundem muitas vezes com a sua vida, você foi mais cruel com suas personagens ou com você mesmo?

Olha, acho que não há dúvida de que eu fui muito mais cruel comigo mesmo. Os personagens sempre tratei como visitas adoráveis, e muitas vezes, para isso, eu me sacrificava.

Esse marco de 50 anos, 40 de carreira, me fez repensar isso. Tenho a sensação de que, a partir de agora, a missão vai continuar passando *pela* arte, mas não é mais *para* a arte — e sim *através* da arte. Não sei se deu para compreender.

A arte agora se torna um meio e não mais um fim. Quero que meus trabalhos de ator me atravessem e façam bem, levem minha sabedoria adiante, mas eles não são a coisa mais fundamental da minha vida.

Eu sou arte. Eu respiro arte, penso nisso o tempo inteiro, eu amo isso, é a minha vida. Mas agora é como se eu passasse pela arte para uma missão maior, sabe? Para curar, talvez. Cura. Para curar alguém através do humor, amor, horror, através de um raciocínio autêntico, um pensamento solto. A pessoa vai assistir e pensar: "Nossa, isso me fez ser tocada por alguma coisa em especial". Ela olha pro lado e não sabe o que aconteceu exatamente. Gosto disso. A arte como um veículo em movimento, sabe? Como um trem que vai, vai, vai indo. Não mais como a estação. Eu sempre busquei a arte como estação, sempre quis chegar em algum lugar. Agora eu não quero chegar em lugar nenhum. Eu quero o trajeto — quero saborear a viagem.

É um momento muito especial. Muito bonito o que eu estou enxergando. Muito gracioso o que estou antevendo e sentindo. Quero que o público sinta algo raro e ao mesmo tempo familiar. Algo difícil de nomear, mas que seja essencial. Um lugar de calma. Calma dos sentidos, calma do modo acelerado do mundo. Eu sinto as coisas e não quero fugir disso que fui feito. Essa é minha matéria. Sou assim e gosto do que percebo em mim. Quero ir mais fundo e descobrir mais coisas — em mim e nos outros. Na vida. Acho sinceramente que a gente deveria começar a colher os frutos espirituais de nossas conquistas materiais.

"Meus sentidos e meu intelecto devem ser preservados. Luto internamente para não sofrer uma atrofia da minha natureza. Trabalho diariamente para não colaborar com a debilitação da minha imaginação."

JACKSON
Antunes

Meu amigo, meu amigo... me diga: o ser humano tem salvação?

Meu amigo, meu amigo. Pode entrar, não repara a bagunça. A resposta, se eu não tivesse tempo pra pensar, seria não. O ser humano não tem salvação. Mas eu me deparo com figuras como você, que espalham onda boa. Você é uma das pessoas mais gentis, divertidas, doces, que já cruzaram o meu caminho. E que eu tenho a sorte de chamar de amigo e colega, e trabalhar junto, como já fizemos algumas vezes. E pretendo ainda estar muito perto de sua pessoa, porque você emociona. Então ao mesmo tempo que eu acho que não tem salvação, tem gente como você, que eu olho e falo assim: "Olha aí, se mais gente tivesse acesso ao Jackson e a outras pessoas sensíveis desse tipo, talvez o mundo tivesse salvação". Tenho esperança, que nem o nome daquele circo. A realidade é dureza, precisamos dos lunáticos, classe da qual fazemos parte. Quero mais é pegar meu velocípede e sair desbravando esse mundão.

Como bom mineiro, faço essa pergunta a outro bom mineiro: o que Minas influencia ou influenciou na sua obra como diretor?

Jackson, alma boa, jogando conversa fora, sabia que na infância eu amava ler as coisas ao contrário? Placas, outdoors, revistas, eu lia tudo ao contrário. Passatempo. Curtição. Lembro de cabeça que meu nome nesse multiverso particular é Notles Ollem. Isso te diz algo? Faz mais sentido pra entender como minha mente funciona? Tá tudo bem ou eu deveria procurar um aconselhamento profissional? Ha ha ha!

Interessante sua pergunta, Jackson, como você pergunta especificamente como diretor. Não sei se são aquelas montanhas, eu não sei se é o nosso jeito. Eu ouvi uma coisa muito óbvia sobre nós, mineiros, do porquê do nome Minas Gerais. Eu não sabia e descobri, já adulto, que o nome é porque os mineiros iam por debaixo da terra em busca dos diamantes e das pedras preciosas. E, quando achavam, tinham o hábito de não falar pra ninguém, porque senão poderia vir gente pegar o que foi encontrado. Ha ha ha, sensacional! Isso diz muito sobre a gente! Sempre como tatus embaixo da terra procurando as pedras preciosas, a beleza. Então não sei se são aqueles vales, a falta do mar, que possibilitou nascer uma gente com essa sensibilidade típica mineira: Milton Nascimento, Lô Borges, Lúcio Cardoso, Drummond, Adélia Prado, só pra citar alguns. Somos todos parentes desse lugar misterioso rodeado de montanhas. Somos todos tatus arqueólogos.

Isso, de exercer a elasticidade da minha sensibilidade, me botou pra frente. Moveu meu corpo no mundo. Sou um monte de coisa que nem cabe neste livro. A gente não cabe em caixa. Me sinto um escafandrista. Astronauta tupy. Não quero documentar a realidade, quero transfigurá-la. Como diretor, estou sempre sonhando em criar um mundo particular. De uma forma sólida e brincante.

Comecei no circo, conheci teatro no circo, nos dramas, fui trapezista solo, atirador de facas, escrevia os dramas, fui palhaço. Tive imensas alegrias no circo, também grandes dores e tristezas, a vida é assim. Mas, acima de tudo, o circo me ensinou a cuidar do outro. Apesar de ter suas vaidades, as virtudes da lona são imensamente maiores. Dito isso, pergunto ao amigo palhaço junto com uma confissão: *O Palhaço* foi o filme mais tocante da minha vida. Conheço você, caro amigo, o matuto tem disso, conhece a alma do outro num abraço. Você tem umas tiradas de humor, mesmo nos momentos mais tensos. Só te conhecendo pra não estranhar, isso é coisa de palhaço, alma de palhaço. O que te motivou a levar pro cinema uma trupe mambembe com suas dores e tristezas? Vou te dizer algo: tivesse meu amigo não feito mais nada na vida (e olha que fez coisas lindas) o filme *O Palhaço* já o deixaria na galeria dos realizadores inesquecíveis.

Eu queria falar sobre identidade, sobre o peso e a beleza que o destino exerce na história de cada pessoa. Queria discutir o lugar no mundo de um indivíduo a partir de suas escolhas, de seus dilemas. Eu poderia falar de um médico, de um engenheiro, mas escolhi Benjamim, um palhaço em crise, que acha que perdeu a graça. Ali era eu, em mais uma dúvida a meu respeito. Sonhava em fazer um filme claro, legível, sem afetações estéticas. Um filme que chegasse ao público pela via mais calorosa, o caminho do coração.

Eu sabia quem era aquele personagem. Os dilemas do personagem foram se proliferando como gremlins, já não eram mais os meus dilemas, virou um personagem palpável. Foi assustador num primeiro momento e libertador logo em seguida. Pude refazer alguns caminhos que eram muito caros pra mim. Que beleza poder fazer o que fazemos. Reformular, revirar, transfigurar. Meu amigo, meu amigo. *O Palhaço* é uma beleza mesmo, fizemos algo demasiadamente humano, juntos. Não sossego, Jackson. Você já me conhece bem. Eu filmo pra me ocupar, pra ocupar os outros. Pra me trazer um calor no coração e ajudar, de alguma forma, quem se depara com o que faço. Eu filmo pra fazer alguma coisa boa entre o berço e a cova. Eu preciso jorrar.

E dá-lhe trabalho pesado pra chegar em alguma relevância. Trabalho. Não acredito em sorte. Acredito em trabalho duro.

Uma vez ouvi o Zico dizer algo que nunca esqueci. Perguntaram se ele achava que tinha muita sorte fazendo gols de falta. Ele disse que ficava sempre depois dos treinos, sozinho, batendo falta, então devia ser por isso: quanto mais ele treinava, mais sorte tinha. Ha ha ha, sensacional isso. Fechado com o Zico. Quanto mais eu treino, mais sorte eu tenho.

"Eu filmo pra fazer alguma coisa boa entre o berço e a cova. Eu preciso jorrar."

FERNANDA
Torres

Selton amado,

Te escrevo um dia depois da cena de Rubens e Eunice no quarto, fechamento da nossa parceria no *Ainda Estou Aqui*. Refilmamos a cena, depois de mais de mês de convivência, já amigos, já casados e cúmplices na vida e na arte.

Jamais vou esquecer da nossa conversa na maquiagem, que começou com a sua retrospectiva de ator mirim e terminou numa competição desenfreada, ao longo da filmagem, dos dinossauros com os quais tivemos a honra de trabalhar. Você mandava um Moacyr Franco e eu um Sebastião Vasconcelos; Wilker e Walmor comuns aos dois; Paulo José íntimo seu, mas parente meu por osmose familiar; Jardel Filho só meu, Ítalo todo seu, embora meu também, por tabela, pela amizade com os Fernandos.

Você foi ator mirim e eu cria de coxia, somos veteranos nessa guerra e jovens ainda para tanta história. Você já foi elenco de apoio de *Olho no Olho*, novela mutante das sete, e eu vendi caipirinha em pó. Você conheceu o ostracismo na adolescência e eu a crise dos trinta, quando comecei a escrever, meio arrependida de ter seguido a profissão dos pais. Você foi para trás das câmeras dirigir e eu fui buscar uma alternativa nas letras, para não ter mais que me maquiar. Na raiz, no entanto, somos atores mesmo, gostamos do ofício, do tijolinho que se conquista a cada tomada. Jamais vou esquecer de você pedindo para repetir um *take* que havia começado promissor no banheiro, mas que na porta já havia te deprimido e, no armário, já o havia feito desistir da profissão. É o resumo da nossa conquista diária de detalhes mínimos, imperceptíveis, mas que separam um instante vazio, em cena, em um momento sublime, que vale a pena ser registrado.

Você é uma mistura indefinível de domínio total do ofício de ator com um desconforto eterno de ter que se expor ali. A desconfiança é sua reação primeira, o ensaio te incomoda, a repetição, o risco de perder o frescor, acompanhado do temor de entregar algo medíocre. No avançar dos trabalhos, no entanto, vê-se, no seu rosto, o prazer de tornar uma cena sua, de fazê-la própria, de dominá-la numa medida delicada, humana e verdadeira, como te ensinou o Paulo José. Por fim, a repetição já não te parece tão inútil e você se lembra até com saudade e orgulho do desagrado da preparação.

Eu não sabia que a tua família havia se mudado, para investir na sua carreira promissora de criança na televisão. E que o ostracismo, na adolescência, havia te pesado tanto e tão cedo. A responsabilidade de não ter o direito de fracassar perante a vida e a família. Eu não passei pelo trauma da carreira mirim, embora tenha começado cedo, mas cresci com o peso de que jamais me igualaria à minha mãe, e isso carregando o nome dela. Já nasci perdendo, Selton, e, nesse sentido, com o mesmo sentimento de falência e exposição que o seu. Somos parecidos, duas crianças veteranas e, hoje, adultos anciãos. Temos amor pelo *gauche*, pelo fora do lugar, pelos atores que experimentaram a decadência em algum momento da vida. Somos almas antigas, Selton.

Você virou dublador na adolescência para continuar pelas beiradas de uma profissão que te virou as costas. E num momento triste, trágico, num estúdio de dublagem de desenhos animados, você aprendeu a modular a velocidade e a clareza da emissão. Ao contrário de mim, você sabe que não precisa se expressar tanto com o rosto, se a intenção da fala estiver precisa. Você acerta sempre de primeira, enquanto eu só engato na quarta tomada. Eu aceito a indicação do diretor como um cachorro bem treinado, mas você desconfia sempre, apostando no próprio taco.

Quando fizemos *Os Normais*, fiquei meio abismada porque, de perto, parecia que você não tinha feito nada. Depois, quando via a cena no ar, estava tudo lá, todas as intenções na modulação corretíssima das palavras, no ritmo e na fineza ímpar. Eu, ao contrário, sacolejava o corpo, mexia a cabeça, ria alto e exagerava numa tomada de dois segundos, uma Carmen Miranda fora de controle, enquanto você era todo humor inglês. Eu te admiro muito, Selton, o bebê idoso que você é. Daniela Thomas, minha parceira de uma vida inteira, também não resistiu aos seus encantos, ao seu carisma. Carisma é algo difícil de definir, mas que você tem de sobra.

Fomos parceiros num comercial de banco por três anos, lembra? Você odiava ser fotografado e eu dizia "Vamos, Selton, ri com esse cartão na mão para a gente ir logo pra casa", e você ria, desconfortável e meio me agradecendo pelo variar de poses, que tornava mais breve o seu suplício. Esse desconforto eterno, misturado com a profundidade com que você enxerga a nossa profissão, o teu olhar demasiado humano para a fragilidade de nós todos, a sua sutileza, a tua mineirice, a maneira ao mesmo tempo íntima e formal com que você se aproxima da gente, esse mistério que você tem, essa melancolia de palhaço, tudo isso dá uma vontade enorme de que você queira, e permita, o nosso carinho e amizade.

Espero que você me considere para sempre como uma parceira e amiga, Selton, e que a gente ainda se cruze muito por aí.

PS: não consegui te fazer nenhuma pergunta, só essa ode de amor.

Nanda... por onde começo?

Que leitura precisa você tem de mim...

Bem, eu estou escrevendo emocionado essa resposta pra você, neste livro que vai ficar pra sempre, chegando em casa do último dia de filmagem do nosso lindo filme, *Ainda Estou Aqui*, do Walter Salles. Waltinho, que é seu parceiro de toda uma vida, né? Vocês fizeram *Terra Estrangeira*, *O Primeiro Dia*, e agora vocês se reencontraram no *Ainda Estou Aqui*. E até então eu era um espectador de vocês. Walter Salles, que dirigiu *Central do Brasil* com a sua mãe e fez história no mundo, no mundo, né? Foram indicados ao Oscar, Melhor Filme Estrangeiro, Melhor Atriz, entre tantas outras coisas.

Nanda, é muito tocante isso que a gente viveu, muito emocionante te escrever, muito comovente ter você na minha vida. A gente fez um filme muito raro, diferenciado e sobretudo necessário, né? O Brasil tem a memória muito curta, então relembrar nossa história é uma coisa fundamental. É um exercício que deve ser feito diariamente. E o cinema... A grandeza como o Waltinho imagina o cinema... que coisa poderosa... isso fica para sempre, né? É importante lembrar.

Você foi Eunice e eu fui Rubens Paiva. Rubens Paiva, que era um engenheiro, casado com sua personagem, pai de cinco filhos, ex-deputado e na época da ditadura é levado e não retorna. Num domingo qualquer, entram na casa deles e o levam para dar um depoimento. E ele vai tranquilamente, porque não tem nada para esconder. E nunca mais foi encontrado.

A família nunca enterrou o corpo, a família nunca conseguiu se despedir do pai. Esse é o filme que a gente fez, baseado no livro do Marcelo Rubens Paiva, contando a história do próprio pai, da mãe e de sua família, dirigido pelo Waltinho Salles. Walter, que era amigo da Nalu e do Marcelo... Ele tinha mais ou menos a mesma idade deles e frequentava essa casa. Imagina isso. Imagina para um cineasta contar essa história do ponto de vista de quem convivia com essa família.

"Eu não sei o que é carisma, mas eu acho que esse lado luminoso, suave, bendito da vida, vem do meu pai."

O Waltinho é mais do que um diretor, ele é um cineasta. Eu trabalhei com muitos diretores na minha vida e com pouquíssimos cineastas. E a distância entre um e outro é grande. É bem grande. O Walter tem o cinema como um lugar sagrado, como o lugar da expressão máxima de sua sensibilidade. E ele é muito preciso, trabalha no detalhe do detalhe do detalhe. É muito bonito o que eu senti fazendo esse trabalho.

No início, eu me senti engessado, porque ele tem uma forma de trabalhar muito rigorosa, que talvez tenha a ver com a formação dele. É interessantíssimo, porque é uma mistura de sensibilidade vasta com uma exatidão muito grande.

Me senti engessado metaforicamente, depois literalmente, já que durante os ensaios eu caí de bicicleta e quebrei o ombro e o pulso. Também arrebentei dois dentes e entrei numa cirurgia. Sou o falso calmo. Ha ha ha ha. Talvez eu seja o maior ator-processo que acha que não é. Ha ha ha ha.

Enfim, eu costumo dizer que o Walter Salles é um *sniper*. Ele é muito exato. O alvo dele é muito claro. Então foi muito emocionante viver o Rubens Paiva, dar vida a um personagem que a gente não sabe o que aconteceu depois que foi levado daquela casa. E ele é o sol do filme. Ele é o momento em que a gente conhece essa família completa. E, depois que ele é levado, a gente acompanha a trajetória de uma mulher com cinco filhos, respondendo às questões íntimas e desses filhos. Uma vida inteira. Sua jornada linda, Nanda. Que estou doido pra assistir como um espectador comum. Sei o quanto você estava mexida fazendo esse trabalho. Flagrei, clandestinamente, algumas vezes, você verdadeiramente emocionada com o trabalho, com a vida. Ela, mais velha, recebe alguma notícia, alguma informação sobre o que pode — talvez — ter acontecido com o marido. E essa informação chega na hora em que ela está começando a perder a memória. Essa informação chega na hora que a memória dela está começando a falhar. E é o início de um Alzheimer.

Então, o leitor que está acompanhando este livro até agora, pode imaginar o que significa para mim ter feito esse filme. Um filme que fala sobre memória, que fala sobre a falta de memória. A falta de memória de uma pessoa, a falta de memória de um país. Carregando comigo, delicadamente, a falta de memória da minha mãe. Então o que a gente fez é muito precioso.

Acho que a gente vive um momento também de muita imagem, em excesso. *Streamings*, TV a cabo, celular, aplicativos. A imagem está muito vulgarizada. E o Waltinho trabalha de uma forma sagrada. A gente filmou em película, que é uma coisa que eu não vivia desde 2012, 2011. Acho que a última vez que eu filmei em película foi o meu próprio filme, *O Palhaço*. Depois a gente foi para o mundo digital. Então, película... cinema... é realmente um privilégio.

O processo não foi fácil, não. Quem está acompanhando este livro e lendo com atenção até agora sabe que eu tenho dificuldade com ensaio. Eu gosto do... Não sei, eu gosto de uma coisa menos prevista. E esse filme foi muito ensaiado. Eu brinquei algumas vezes aqui que eu pretendo lançar uma edição deste livro no ano que vem, falando tudo ao contrário. Mas, na verdade, eu já estou fazendo isso. Porque neste ano estou em dois trabalhos que são absolutamente ensaiados, preparados, organizados. Então é como se eu falasse, mas, no fundo, talvez eu quisesse outra coisa.

E você, Nanda? É uma força da natureza. Está no sangue. Filha da Fernanda Montenegro e do Fernando Torres, dois gigantes do teatro. Quantas histórias a gente compartilhou! Quantas histórias fabulosas. Eu me lembro de vocês viajando de Kombi, fazendo turnê de teatro, peça do seu pai e da sua mãe, que eles produziam e também atuavam, viajando pelo Brasil, junto com o cenário e o figurino, e vocês, tipo, balangando no fundo da Kombi, você e o Cláudio, meu querido amigo Cláudio Torres, que já me dirigiu tantas vezes, vocês crianças ali nessa Kombi. Ou seja, predestinados, já vivendo ali a dificuldade, a beleza, o amor pela profissão.

Então te reencontrar... A gente trabalhou juntos algumas vezes no cinema, na televisão, mas te reencontrar neste lugar, neste momento das nossas vidas, maduros, foi tão emocionante. Eu estava ali fazendo uma parte importante, considerável desse filme, mas esse filme é teu, é um filme que você leva, um filme que você leva o espectador pelas mãos — e eu faço o que falta. Eu faço a lacuna. O que me cabe nesse filme é a ausência e isso é muito bonito. E a nossa cumplicidade, a nossa alegria também. O Wagner Moura me perguntou neste livro que tipo de ator eu gosto de trabalhar e eu disse: "Os atores engraçados". Foi uma resposta muito louca, mas você é a personificação dessa resposta, porque a gente fez um filme denso, dramático até não mais poder, mas chorando de rir na coxia. A gente se divertia, mas não era pouco, não. Porque você é uma colega hilária. A sua inteligência, a sua mente brilhante. Então a gente ria muito, a gente se zoa. É o meu ideal, você chegar num lugar muito poderoso dramaticamente, só que com leveza nos bastidores.

Então você é a colega dos sonhos, Nanda. E é isso mesmo, somos veteranos nessa batalha, nessa guerra de tanto tempo. Sensacional você lembrar que eu fui elenco de apoio no *Olho no Olho* e que você fez comercial de caipirinha em pó. Ha ha ha! E aí, numa altura do campeonato, a gente se dividiu no que a gente ama, da profissão que é atuar, e aí você foi para a escrita e eu fui para a direção.

É muito interessante, porque é como se a gente... Você sacolejou na Kombi... eu fui jogado para esse canteiro na adolescência... Então acho que isso é muito psicanalítico. A gente ampliou a fórceps o nosso espaço expressivo.

É, o nosso trabalho é isso aí. Ele é invisível — detalhes fazem toda a diferença. E isso nos une, né, Nanda? Porque você é uma atriz construída no teatro, né, pela formação do seu pai, da sua mãe, e pela sua própria formação. E eu não, eu sou uma cria da televisão. Mas eu confesso, já me contradizendo, porque eu amo me contradizer, nesta altura do campeonato, elaborando neste livro, falando tanto de teatro... eu estou com uma espécie de saudade de teatro.

Que doido, e a gente falou disso, né? Que a desconfiança é a nossa reação primeira. Você disse que a minha reação primeira é a desconfiança e um dia eu te falei: "É, Nanda, você achou graça nisso porque você se identifica, porque você também é assim". Porque nós somos assim, né? Pensadores. *Talking Heads.*

Isso é outra contradição. Eu acho que tenho esse discurso do ator intuitivo e que vai indo e que quer pouco ensaio, mas eu acho que tem muito a ver com aquele menino da primeira foto deste livro. É um menino muito concentrado. Eu sou muito concentrado. Acho que essa minha concentração é tão grande que permite que eu entre com a leveza e a intuição, porque na base de tudo existe um rigor interno gigantesco. Por isso dá certo no fim das contas. Eu sou muito duro, rigoroso comigo mesmo. Eu acho que não é tão simples quanto eu falo. Ha ha ha, aquele que agora dá um nó na cabeça do estudante de atuação que está lendo este livro!

É, eu tenho dificuldade com o ensaio, com a repetição. Ensaio, ensaio de novo, e faz mais uma vez, e faz mais quatro vezes, "Semana que vem vamos ensaiar!". E eu fico sempre com a neura de que eu vou perder a espontaneidade. A espontaneidade é a coisa mais importante. É, o Paulo José é meu mestre. Ele é o ator que se expressava da maneira mais simples que já vi na vida. Eu tô sempre atrás do Paulo. Eu tô sempre em busca da simplicidade do Paulo. Algumas vezes eu consigo, às vezes não. Eu acho que nesse trabalho com você eu consegui algumas vezes.

Que beleza de filme que a gente fez, Nanda! Eu estou escrevendo isso e te dizendo isso ainda comovido com o fim. A gente acaba os trabalhos e fica um buraco, né? Essa sensação é linda na nossa profissão, são despedidas eternas e sempre bonitas. Eu acabei agora, cheguei em casa, abri um vinho e tô te escrevendo. Eu tô feliz, eu tô me sentindo realizado por fazer o meu ofício de uma forma grande.

O encontro com a Daniela Thomas. A Dani eu conhecia de longe desde sempre. Eu sou fã da Dani. Eu via sempre os trabalhos dela como diretora de arte, os cenários que ela fazia para as peças do Felipe Hirsch, para tanta gente, os filmes dela, os que ela codirigiu com o Walter. Agora foi um encontro espiritual com a Dani. O Ziraldo, Minas, meus pais. A finitude da vida, as memórias se esvaindo. A gente ficou com vontade de juntar forças. Muito, muito bonito.

Eu amei "duas crianças veteranas". É isso, duas almas velhas. Totalmente, totalmente. O bebê idoso... amei "o bebê idoso"! Ha ha ha!

Você fala de carisma, não sei se eu disse isso tão claramente nesse livro, mas o que será que é carisma, né? Eu não sei o que é carisma, mas eu acho que esse lado luminoso, suave, bendito da vida, vem do meu pai. Quando eu me permito essa leveza, eu proporciono a quem está perto essa leveza, e é tão bom. Isso me faz tão bem e faz tão bem pra quem está por perto. Isso vem do meu pai. Eu imprimo isso na tela e sei que herdei dele essa coisa que não se explica e nem se ensina.

A profundidade, a sensibilidade aflorada, o lado espiritual aceso e xamânico herdei da minha mãe.

Nanda, você é Virgem com Escorpião, eu sou capricorniano com ascendente em Virgem e lua em Escorpião, a gente é mais parecido do que a gente imagina.

Eu te agradeço por essa carta... você falou coisas tão bonitas, eu não tô sabendo muito te dizer, mas sim, sou um melancólico hilário... Sei lá. Eu sou esse monte de coisa aí mesmo que o pessoal já tá vendo até agora, nessa altura do campeonato deste livro. Mas o que eu posso dizer é que você é uma pessoa que eu amo ter por perto. A sua mãe é a nossa mãe. Que louco, né, Nanda? A sua mãe é a nossa mãe! Somos irmãos, portanto.

Porque a Fernanda Montenegro é a mãe do Brasil, é a nossa mãe cultural, é a mãe idealizada, a mãe educadora. Que louco você ser filha dela, né? E que lindo que eu sou seu irmão e do Cláudio.

Nanda, estamos aí nessa vida maluca e bela, e a gente fez um filme importante juntos.

    Foi uma alegria conviver com você diariamente. Foi uma grande onda estar com você ali, em cada cena, em cada dificuldade, em cada descoberta. Você é um farol. É uma beleza ter você na minha vida. Um beijo enorme e obrigado por estar perto.

"Carregando comigo, delicadamente, a falta de memória da minha mãe."

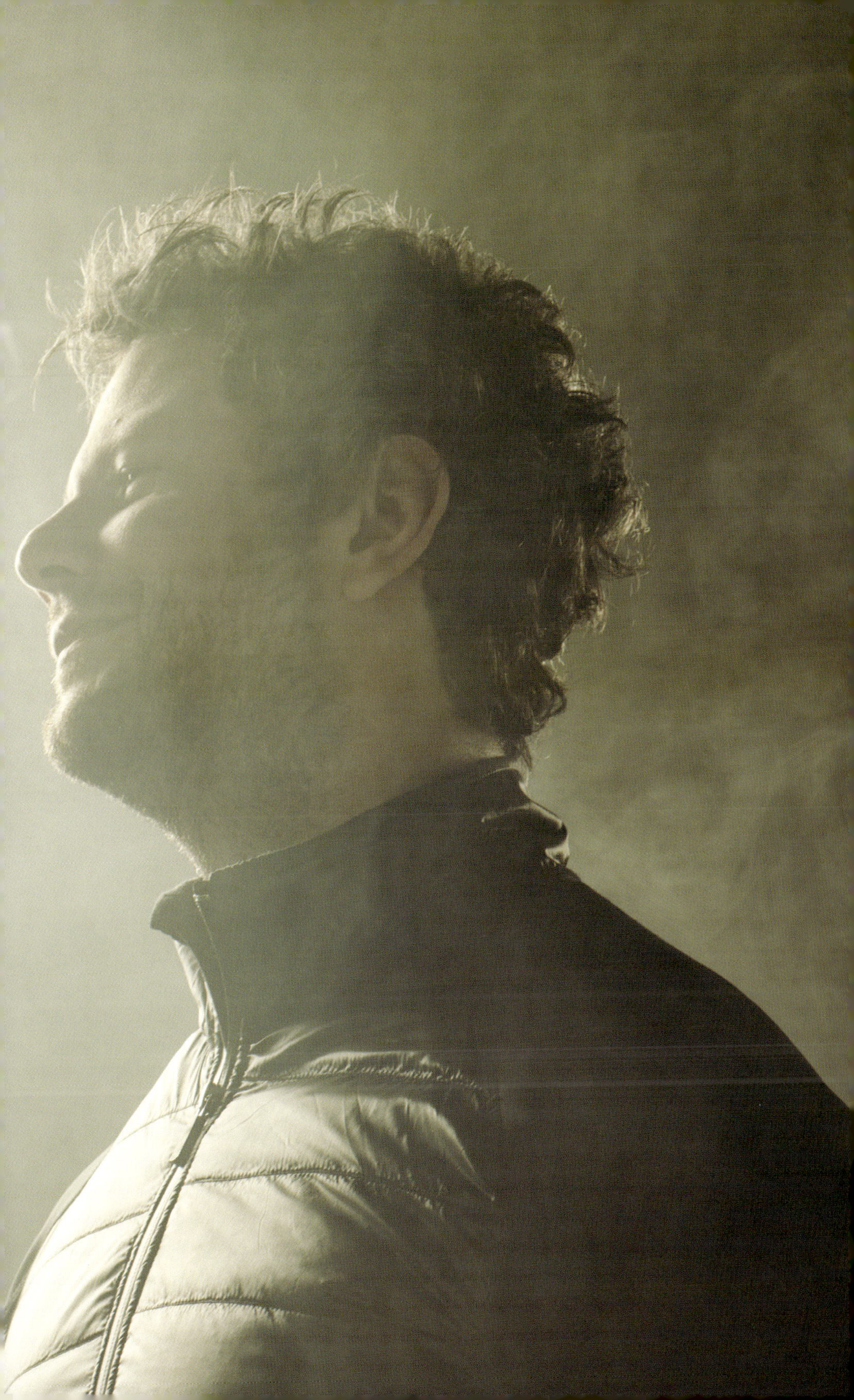

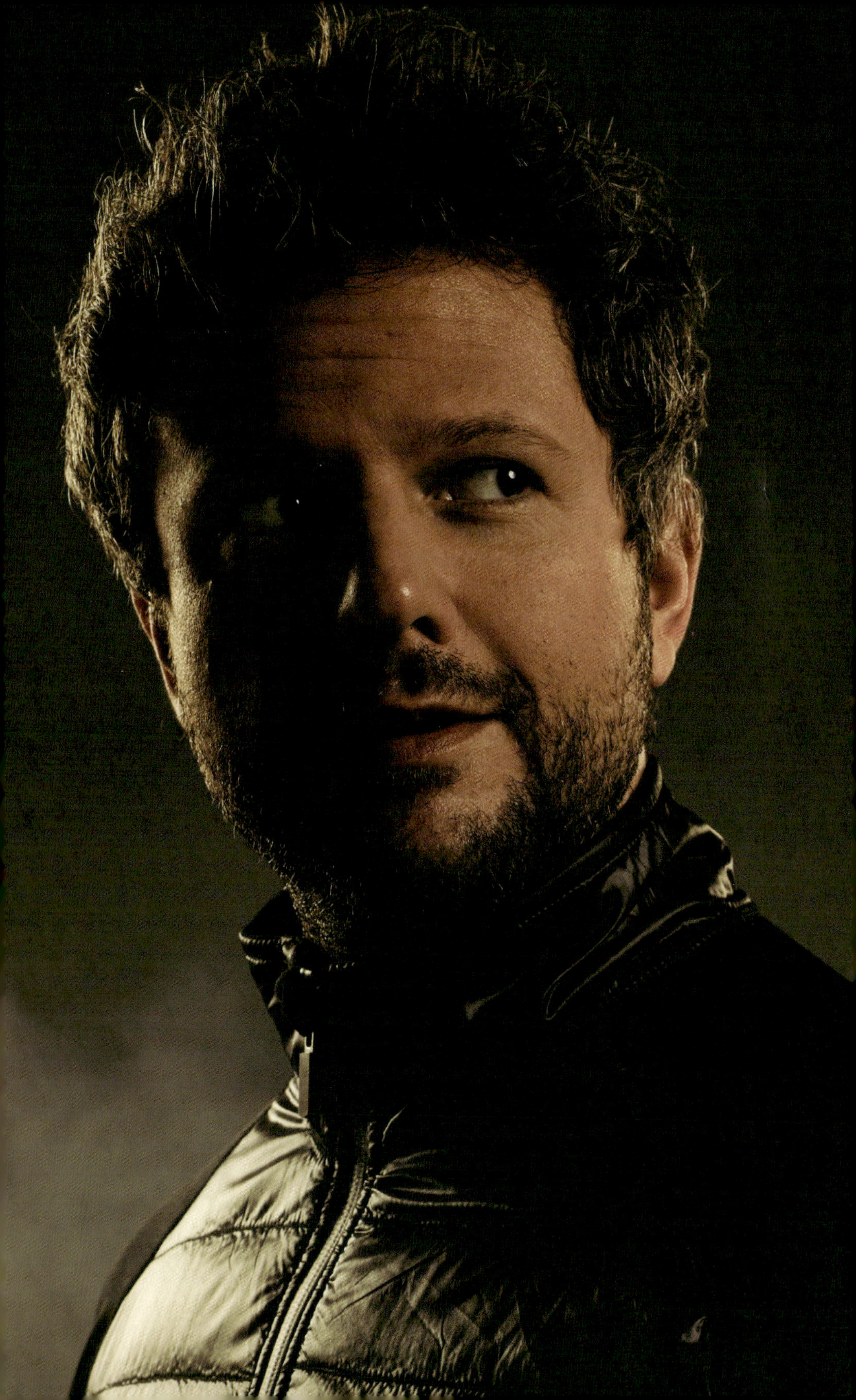

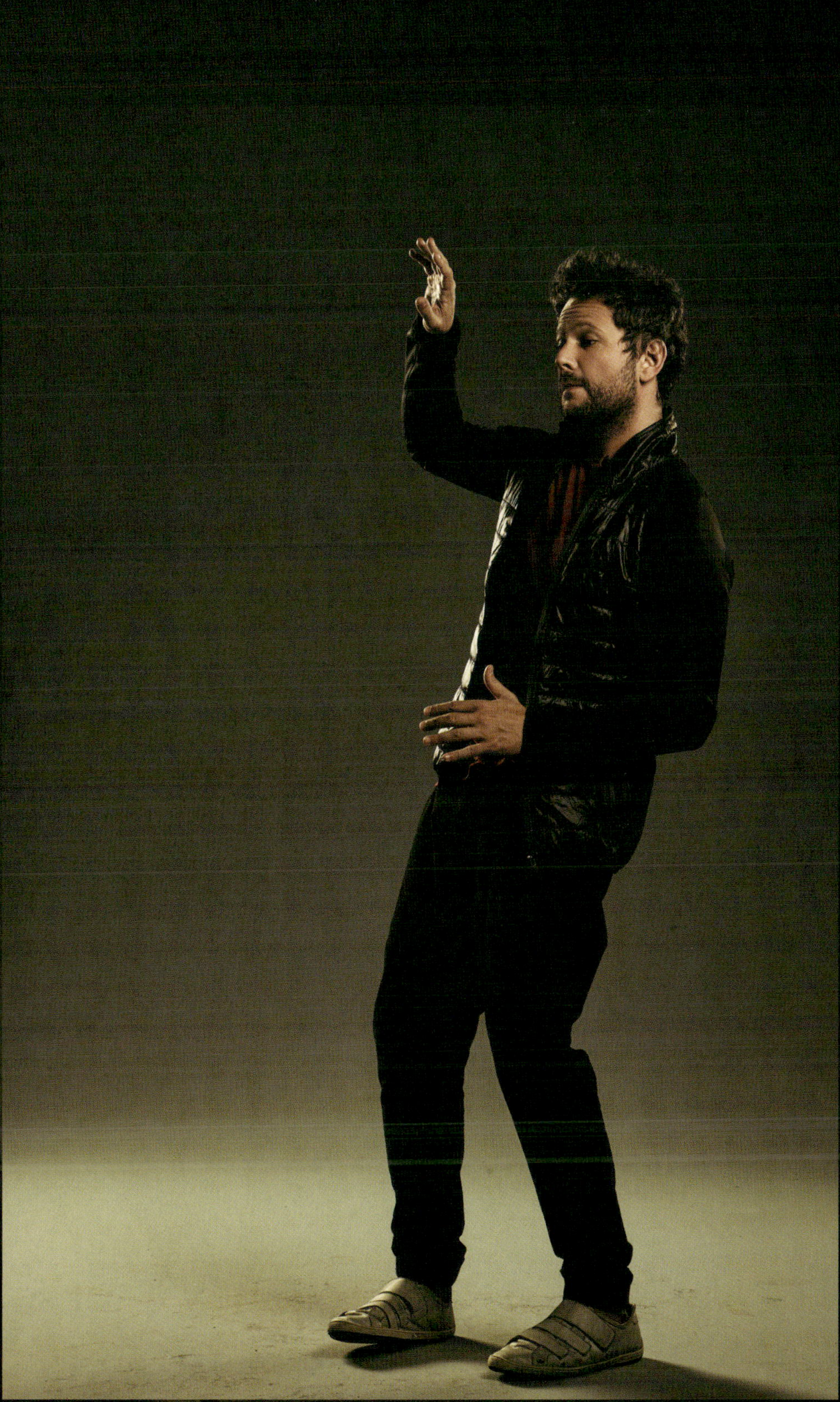

Dirigindo meus três filmes:
Feliz Natal, com Darlene Glória,
O Palhaço, com Paulo José,
O Filme da Minha Vida, com Vincent Cassel.

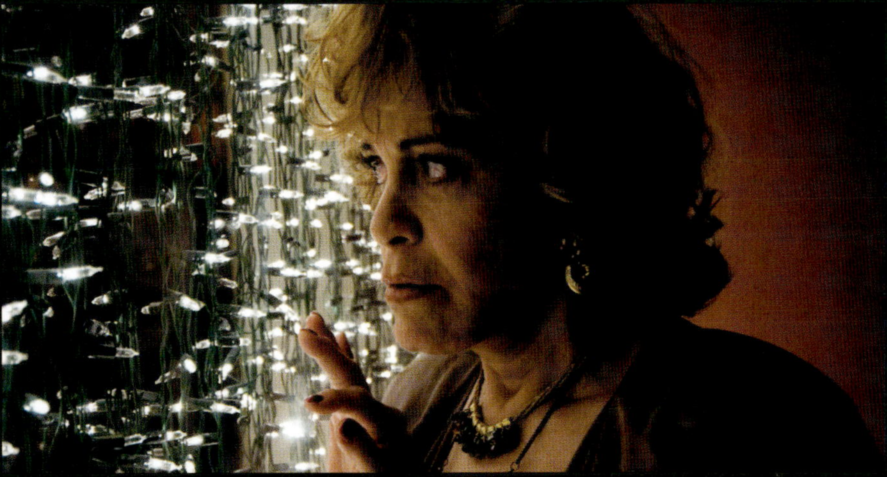

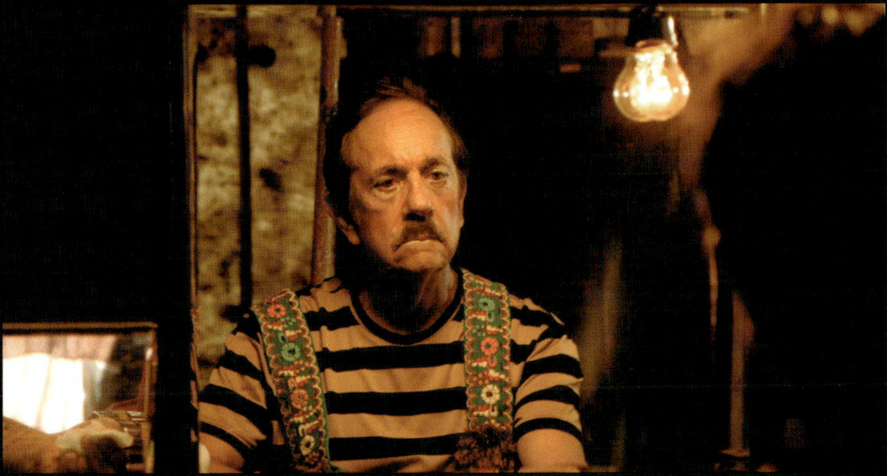

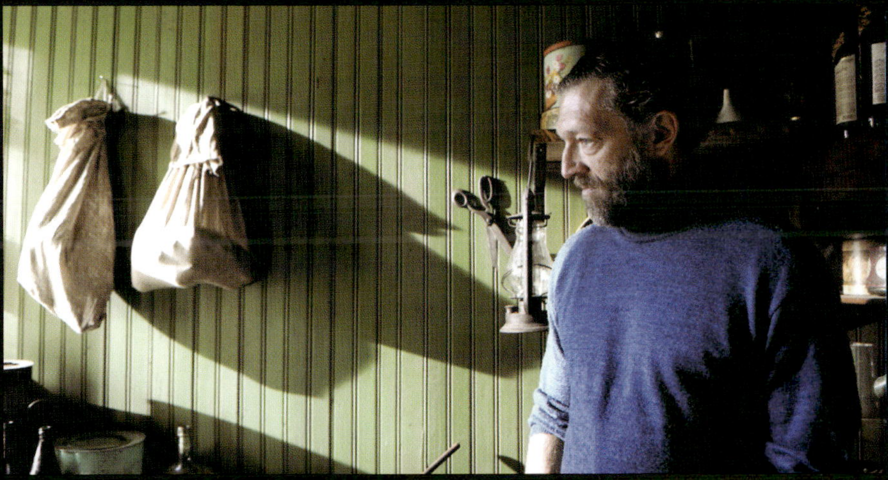

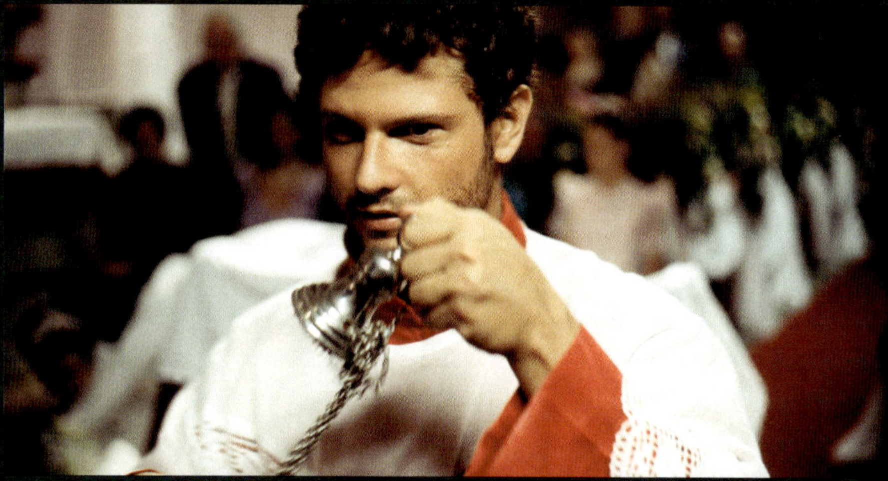

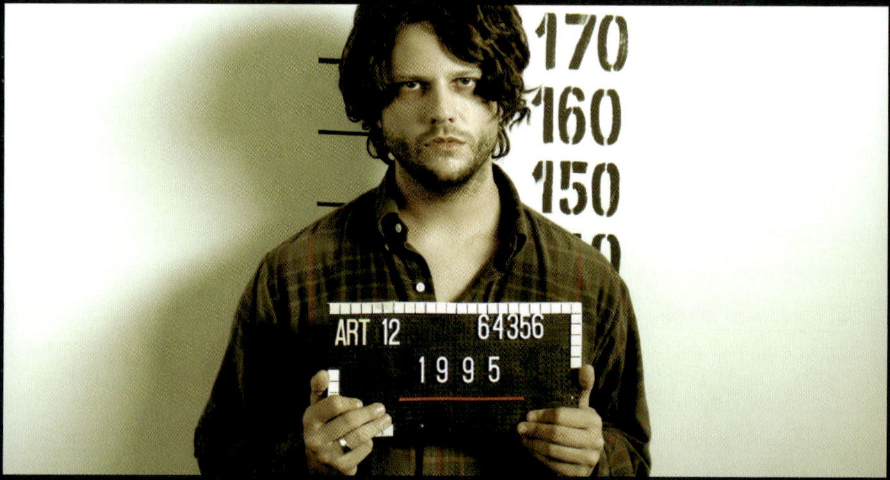
170
160
150
ART 12
64356
1995

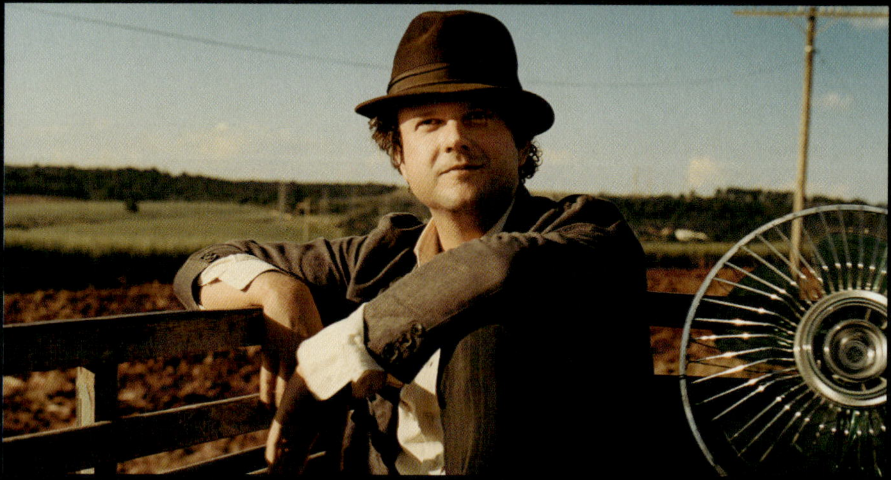

*Lisbela e o Prisioneiro.
Meu Nome Não é Johnny.
O Palhaço.
Sessão de Terapia.*
Coisas bonitas que fiz
para mim mesmo e, sendo
assim, encontraram a
sensibilidade de alguém
do outro lado da tela.

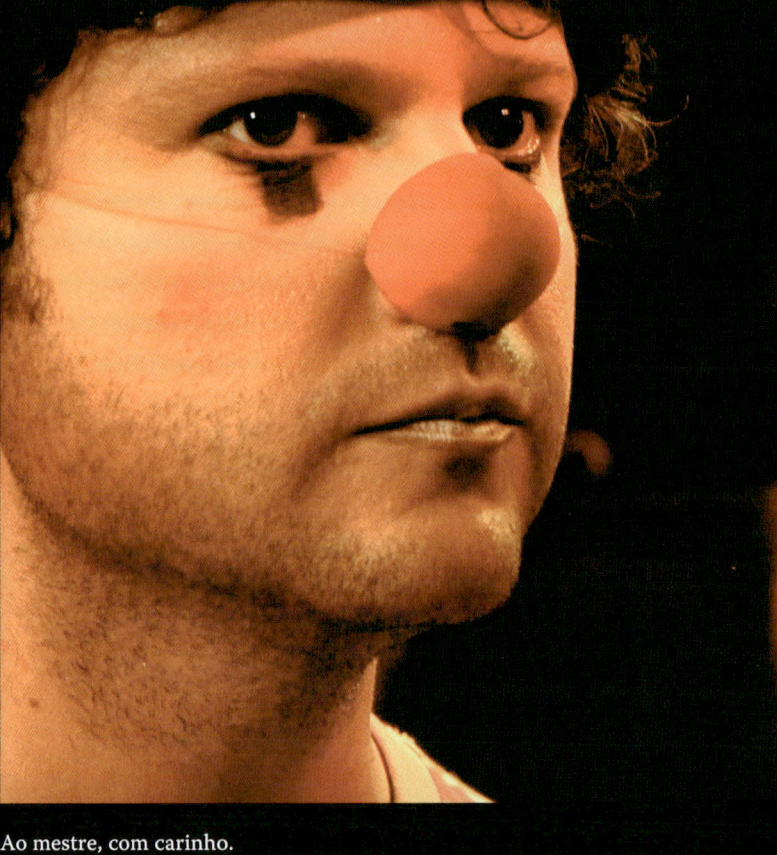

Ao mestre, com carinho.
Paulo José, o ator mais importante
que já cruzou o meu caminho.

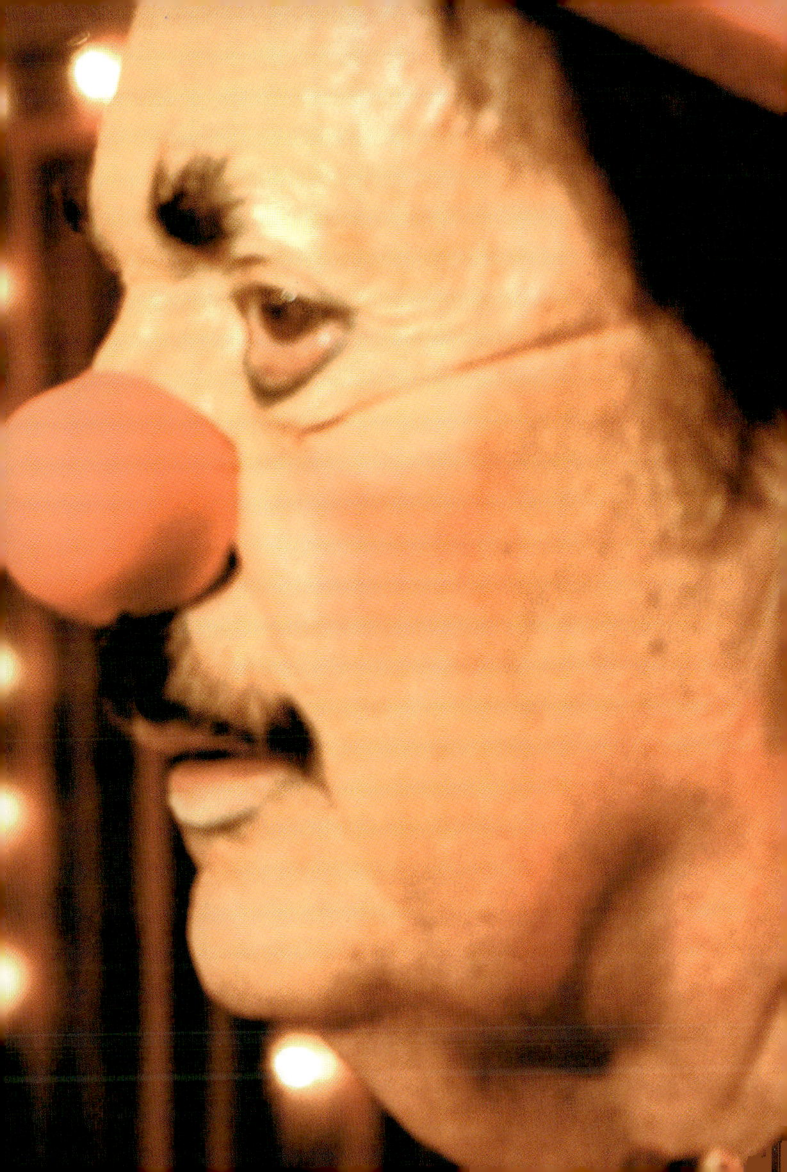

Com minha turma.
Eles me deram a base.

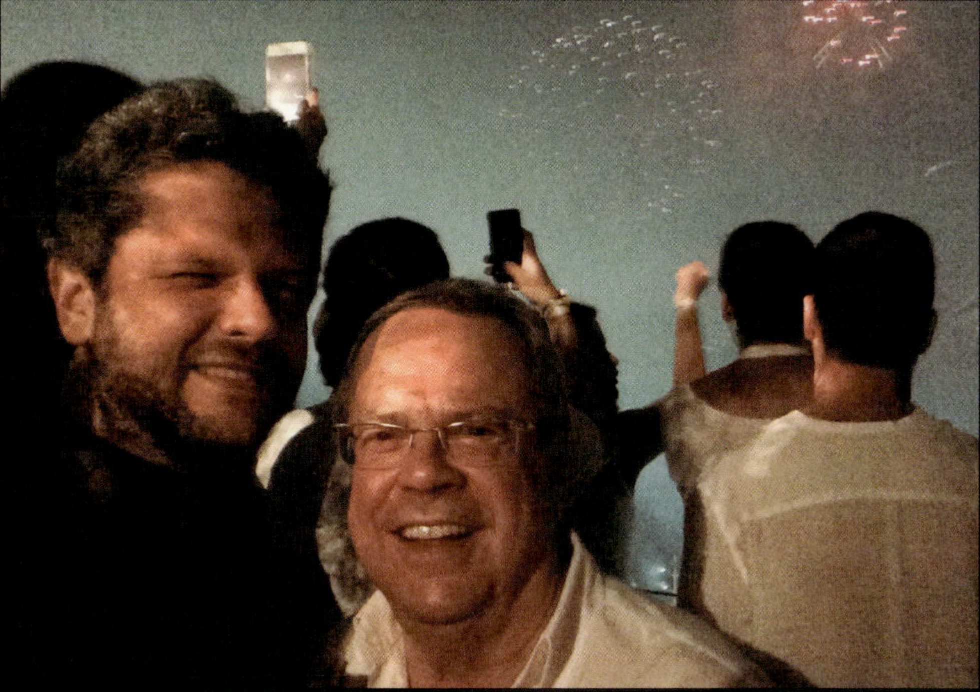

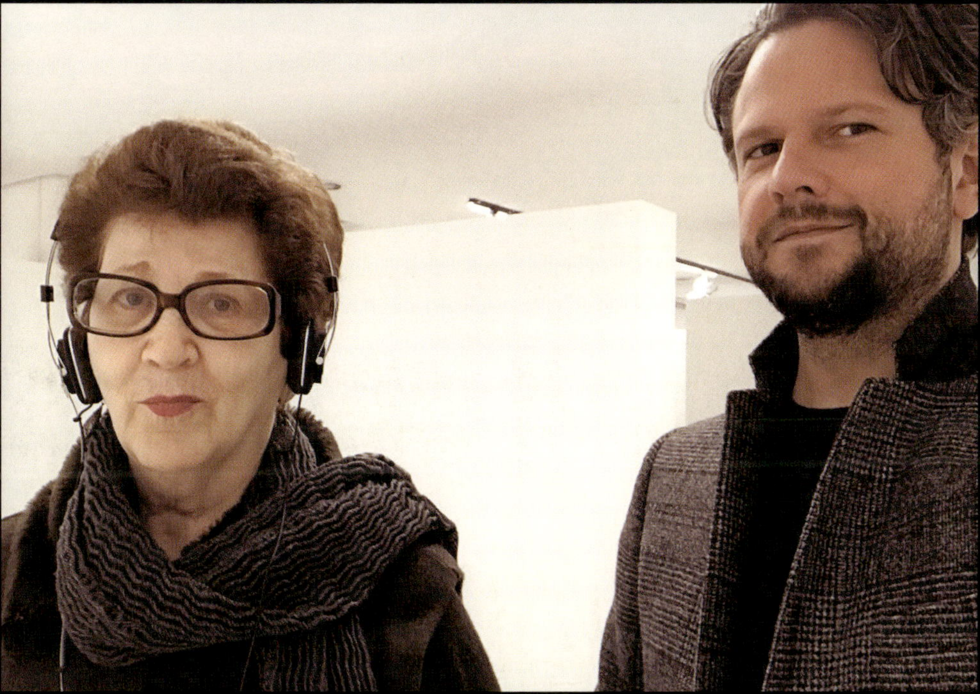

Um dos últimos encontros
com minha mãe, antes de ela
se desligar deste lugar onde
transitamos. Minha conversa
com ela agora é de outra
ordem: espiritual.

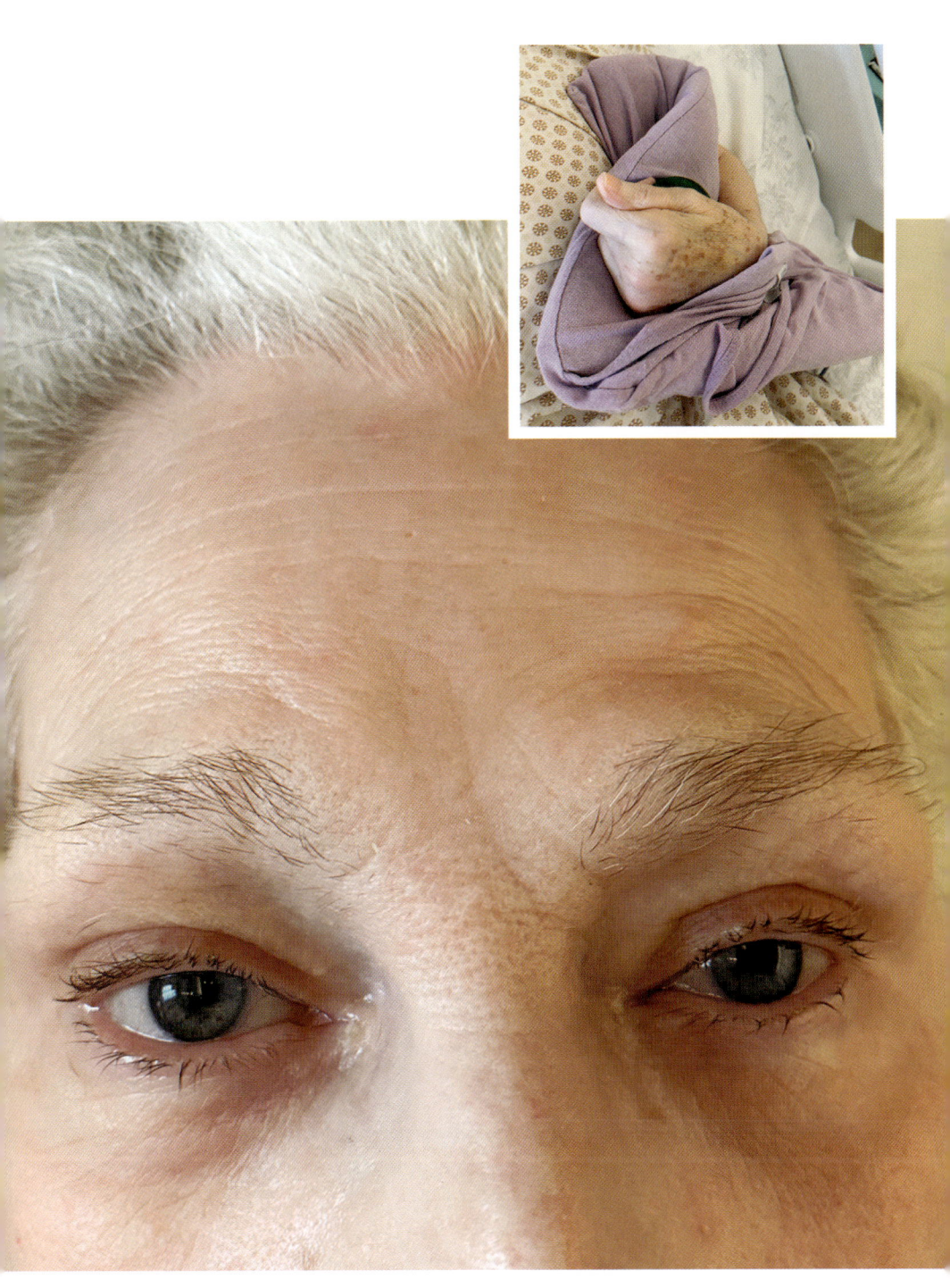

Eu morei na minha mãe.
E sigo com ela dentro de mim,
mais do que nunca.

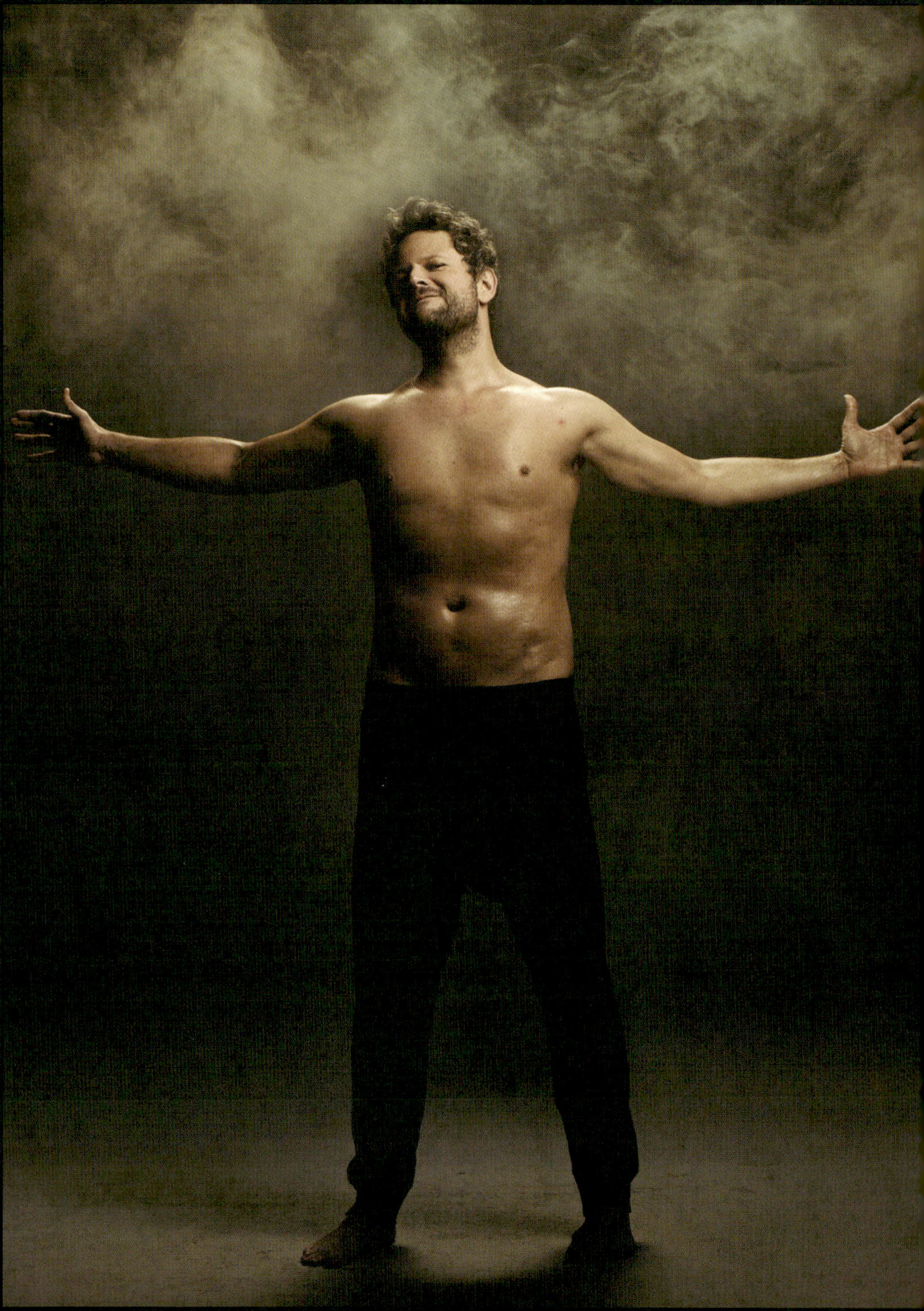

terceiro ATO

CURA
TRANSCENDÊNCIA
+
ALINHAMENTO
 • ESPIRITUAL
 • PSICOLÓGICO
+
SUBLIMAÇÃO
=
ESTRADA DE TERRA
DA INFÂNCIA

(CÍRCULO VIRTUOSO)

LUANA
Xavier

Qual seu sonho de criança que te vem à cabeça em primeira mão?

Luana, querida... Ser artista.

Eu nem sabia o que era isso direito, mas ficava vendo os programas de televisão com o pessoal cantando... Música e arte, e ficava vendo aqueles atores. Aquilo para mim era a terra encantada. Então meu sonho era fazer parte daquela terra encantada, fazer a diferença na terra encantada.

Morar na terra encantada.

Quem era o adolescente Selton em sala de aula? Era da turma do fundão? Sentava na frente e copiava tudo? Mandava bem apenas nas matérias de humanas?

Pergunta ótima, ha ha ha ha!

O adolescente Selton, bom, falando da escola... Falando dessa tua pergunta, que engraçado... Eu era uma mistura.

Eu era um bom aluno e fui piorando, fui ficando pior ao longo do tempo. Acho que fui melhor aluno criança, adolescente comecei a ficar pior e no final já passei de ano no sufoco. E acho que é porque eu já estava com a cabeça na terra encantada. Eu já queria morar de vez, não queria ter uma mala feita aqui no mundo da física, da química. Eu queria ter mais tempo para ir para a terra encantada, queria mais tempo para ficar lá. Eu era todo errado quando adolescente, travado, *nerd*, mas tenho lembranças ótimas no Rio de Janeiro — passei a infância em São Paulo, o período da infância para a adolescência no Rio de Janeiro e a adolescência inteira no Rio também.

Era em Copacabana, uma Copacabana que não existe mais — fecharam agora o último cinema da região, o Roxy, que é um cinema maravilhoso, que era o que eu mais gostava de ir. Uma dor enorme. Ultimamente, antes da pandemia, eu sempre esperava para ver o filme ali. Eu gostava de ir, me lembrava da adolescência e tudo... e fechou, cara. Na minha época tinha, sei lá, seis cinemas. Vários cinemas em Copacabana, era gostoso caminhar lá. Eu era um adolescente de Copacabana. Um adolescente em parte bagunceiro, da turma do fundão, que tinha amigos engraçados, mas ao mesmo tempo muito inadequado no mundo. Muito...

Bom, como já falei em outras passagens do livro, eu era um adolescente que não *estava* ator. As coisas pararam de rolar para mim e isso me dava uma angústia, eu me achava péssimo. Então eu era uma mistura de menino inadequado com adolescente engraçado. Acho que eu ganhava mais força por estar em uma turma mais solta, brincava mais na escola.. Aliás, é um lugar que não existe mais, chamava Instituto Santo Antônio de Pádua, ficava em uma vila em Copacabana perto do centro comercial da Siqueira Campos. Acabaram com a vila inteira e hoje em dia o metrô de Copacabana fica exatamente ali.

Adolescência. Taí. Acho que falei pouco sobre a adolescência neste livro.

Namorei pouco. Tive aquelas paixonites pelas meninas lindas da escola, mas nem falava nada com elas, elas nem reparavam em mim, eu me sentia muito inadequado. Não tinha traquejo. Zero confiança, achava que não tinha nenhum *sex appeal*, me achava muito ruim, me achava muito equivocado, muito feio, todo errado.

Eu era muito introvertido, muito *nerdzinho*, muito fechado, muito "gordinho de óculos". Eu estava longe de ser o popular da escola, o gatinho. Eu só era um carinha da escola que fazia dublagem, eu era dublador. Então isso gerava uma curiosidade. Falavam: "Ah, vi o desenho que você fez e tal". Mas também tinha uma dor nisso, porque não tinha crédito. Ninguém sabia direito se era eu mesmo. Sei lá, era meio esquisito, foi uma adolescência um pouco travada.

É interessante fazer um livro-memória. É uma terapia.

Como era formada sua família? Nuclear, apenas mãe, pai e irmão? Ou era familião? Do tipo muitos primos, quintal de vó...?

Olha, isso teve a ver com as fases da vida. Na infância era familião: muita gente, muito tempo em Minas, aí depois ficou mais difícil viajar. Ficou mais difícil também ter dinheiro pra viajar. De São Paulo a Minas a gente pegava um ônibus, às vezes não tinha ônibus direto e a gente pegava para algum lugar e depois trocava de ônibus.

Tem até uma história que meu pai e minha mãe lembravam muito: era uma parada dessas de ônibus com um desses restaurantões de beira de estrada, em que o pessoal desce pra comer um pão de queijo. E eu sumi no meio da multidão. É uma multidão mesmo, uns quarenta ônibus encostados com um monte de gente andando para lá e para cá. Eu sumi e os meus pais ficaram desesperados, naquele desespero: "Ai, meu Deus do céu, meu filho sumiu! Levaram ele!". Aquele pânico, procuraram, pediram ajuda... Aí o motorista diz: "Gente, achei! Está aqui no lugarzinho dele". Simplesmente, eu fui no restaurante, comi meu negócio, voltei sozinho. Eu tinha uns três ou quatro anos, mas sabia voltar. Decorei o estacionamento, memorizei a placa do ônibus, sei lá! Mas eu sabia voltar, entrei no ônibus e sentei quietinho. Tipo, assobiando calmamente, quieto no meu canto, esperando todo mundo voltar e lá fora estava um pânico atrás de mim! Engraçado lembrar isso assim do nada.

Na infância tinha muita roça, muitos tios e primos. Acho que a gente vai ficando adulto e vai tendo mais obrigações, mais compromissos, vai se desgarrando mais também. Então na fase Rio já começamos a ir menos a Minas. Muito trabalho sempre. Aí, quando dava uma pausa, era mais para descansar por aqui mesmo. E foi afunilando, o núcleo familiar foi ficando cada vez menor. Hoje em dia eu tenho algum contato com uns poucos primos e fui focando meu afeto no que eu entendo como família. Pai, mãe e irmão.

Acho que faz parte da vida e da distância também. Se eu morasse lá seria outra situação. E eles vêm muito pouco, sempre vieram muito pouco. A gente ia lá, mas eles sempre vieram muito pouco. Não sei se é porque tinham medo do Rio, medo de assalto. Povo do interior tem uns medos assim. Também iam pouco a São Paulo. Então eles vinham pouco e a gente passou a ir pouco e terminou ficando só a gente.

Muito boas lembranças!

Aliás, quintal de vó! Até agora não falamos dela e chegou o momento Chica Xavier! A sua avó, porque eu sei que você tem familião.

É, Luana, tivemos aquele encontro ali no *Sessão de Terapia* e você estava brilhante, num momento em que acho que você também estava duvidando um pouco de si. Não chegavam muitos convites de atriz e eu estendi minha mão para você e disse: "Vem que você vai brilhar". E a dona Chica ainda estava ali, no finalzinho da vida dela, com certeza ela abençoou esse movimento. E a gente falou disso, não é? Mas é legal deixar aqui no livro para a eternidade. A beleza que foi sua chegada no *set*, e eu enxerguei isso como uma passagem de bastão para você.

E preciso falar da importância da Chica Xavier para a cultura brasileira. Quem teve a sorte de se encontrar com ela, como eu tive na novela *Força de um Desejo*, via que realmente era uma pessoa muito espiritualizada, com uma presença muito doce. Uma Rainha. Como explicar a Chica para quem não a conheceu? Era uma figura imponente, porém muito suave. Sábia sem ser professoral, dava vontade de levar ela para casa, vontade de ser neto dela também. Realmente a Chica era uma mulher muito linda, uma atriz especial, dona de uma sabedoria ancestral. Era emocionante estar perto dela; olhar para ela emocionava. Então te olhar ali, da cadeira de diretor, me emocionava também, porque eu estava vendo você, a Chica, a ancestralidade, a continuação.

Muito lindo, Luana, você é maravilhosa. É uma alegria muito grande ter você na minha vida. E você ainda viajou com meu pai, fazendo uma peça anos atrás, também tem ali um afeto do meu pai por esse tempo. Bonito também deixar aqui neste livro a alegria que eu tenho de ter você e Chica na minha vida. Eu me sinto abençoado pela família Xavier.

Você foi educado com alguma crença religiosa? Seguindo algum tipo de doutrina? Que memórias religiosas tem da infância?

Eu fui educado na religião católica. Minas, catolicismo. Catolicismo beeem rígido, bem missa do domingo. Sei lá que horas era a missa, sete da manhã, dez da manhã? Mas todos se aprontavam e todos os compromissos eram depois da missa. "Ah, então depois da missa é o churrasco" e "Então na missa a gente se encontra e combina a segunda-feira". A missa na pracinha de Passos é a lembrança da infância, depois aqui em São Paulo esse hábito se estendeu um pouco. Era muito mais algo da minha mãe, que tinha uma coisa religiosa, de fé.

Não sei se sou religioso, mas sou absolutamente espiritualizado. Me sinto conectado com o Alto. Minha mãe sempre foi assim também. Sempre foi a pessoa que acende vela e prepara um banho pra te proteger. A pessoa que cuida. A pessoa que, se receber algo que dá sorte, usa e também vai à igreja. Eu herdei muito isso dela, essa curiosidade espiritual. Então as primeiras lembranças da infância sobre a maneira como eu fui criado, são basicamente da fé católica. Católica tradicional.

Com o tempo, eu fiz tudo: batismo, primeira comunhão, toda essa parada. Mas parece que não era eu. Eu ia porque era da família. Mas parecia que não era a minha expressão, não me emocionava. Eu fazia como um hábito. Só que eu sempre gostei de acender velinha. Sei lá, fazia um teste, aí minha mãe acendia uma velinha e eu gostava de acender com ela. Gostava de rezar, pedir "Se for pra ser meu que seja, se não for, que saia do meu caminho". Aí, se eu não passava, acendia outra vela agradecendo — porque, se fechou uma porta era para abrir outra. Tinha o lado de acreditar em algo maior. Algo que não é pedestre, que não é daqui, algo que não se pode tocar.

E ao longo do tempo eu fui descobrindo outras coisas. Por exemplo, anos atrás, em Salvador, fui à casa da Mãe Menininha do Gantois, queria ir lá ver essa coisa cultural tão forte de raízes africanas. E a primeira vez que eu fui ao candomblé foi um negócio assim: *"Uau!".* Os tambores, o ritual, aquela ancestralidade, aquela vitalidade, aquela coisa pulsante, sanguínea, de vida... Aquilo me emocionou. O tambor batendo, um banho de ervas, isso mexeu comigo. Isso me arrepia, me emociona.

Lembro também de uma imagem da infância muito curiosa. Você vê, criado como católico, mas olha o episódio da infância, que interessante! Com cinco ou seis anos de idade eu andava muito de chapéu. Era roça, tinha cavalo lá, eu botava chapéu para fingir que era caubói, brincadeira de criança. E o chapéu ficava em cima do muro, no quintal. E teve uma ocasião que eu peguei o chapéu, pus na cabeça e fui lá brincar. Então no dia seguinte acordei com o corpo tomado de bolhas de sangue. No meu rosto, em todo meu peito, nas pernas, nos braços! Bolhas com crostas grossas de sangue. O que era isso? Isso se chama cobreiro, é uma doença que vem da urina do sapo. Algum sapo passou pelo chapéu, urinou nele e eu botei na cabeça. Isso vai pro corpo e forma bolhas. E eu já tinha tomado antibiótico, já tinha passado no hospital, tinham tentado a coisa tradicional, mas não revolveu. E aí veio o pânico: "Ele vai ficar assim pra sempre? Com essa cara e esse corpo cheio de bolhas de sangue?".

Para você ver como minha mãe é católica, *pero no mucho*, ela me levou onde? Numa benzedeira. Num quintal de alguém em Nepomuceno. Era aquele mistério: "Vamos lá na benzedeira!". Eu não me esqueço dessa imagem. Veio aquela senhora, pegou umas ervas, me ungiu, depois jogou umas águas, rezou, passou umas folhas no meu corpo. Ela passou as ervas, fez umas rezas, eu não entendia as palavras que estavam sendo ditas. No dia seguinte, acordei sem nenhum vestígio. Não havia nada em meu corpo. Miraculosamente sumiu tudo. É muito impressionante.

A ancestralidade, a força e a beleza dos orixás, tudo isso me fascina, como foi com aquela senhora benzedeira em Minas. Não acredito em um Deus punitivo, de barba branca, esperando que a gente cometa algum erro para nos castigar. Não. Deus é tudo, é a natureza. Deus é a árvore, é a água, a cachoeira, é o vento. Deus está em você.

Então eu sou bem minha mãe. Se precisar, eu estou rezando um Pai Nosso, mas também bato um tambor. Se me levarem pro budismo eu vou com prazer, pra entender como é. Eu tenho curiosidade pelo que não está aqui na terra.

E cada vez estou ficando mais, Luana. Isso me preenche, me dá a sensação de que estou em conexão com algo maior, sabe? A gente é mais que essa carcaça. Isso é matéria. A gente é espírito. Eu não ando só.

Eu acho inaceitável e muito louco existir briga religiosa no Brasil. Nós somos miscigenados! Somos uma mistura gigantesca, de várias culturas. Todo mundo deveria ser o que quisesse e ser respeitado por isso. O que interessa é todo mundo ficar bem. Intolerância religiosa no Brasil é algo que não entra na minha cabeça, não combina com quem somos. De minha parte, eu quero é tudo. Me dá uma figa que eu uso, me dá uma pedra, um cristal... gosto de tudo que me eleve, me tire do cotidiano.

Sou muito ligado nas minhas proteções, no meu anjo da guarda, nos meus orixás, em quem me protege. Sou muito ligado à natureza. Tudo que é transcendental me comove.

Ouço com muita atenção, tudo, absolutamente tudo que vem do Aílton Krenak. Leiam Aílton Krenak, ouçam o que ele tem a dizer. Um dos maiores filósofos do Brasil. Encerro essa entrevista com um de seus pensamentos fascinantes.

"Cantar, dançar e viver a experiência mágica de suspender o céu é comum em muitas tradições. Suspender o céu é ampliar o nosso horizonte; não o horizonte prospectivo, mas um existencial. É enriquecer as nossas subjetividades, que é a matéria que este tempo que nós vivemos quer consumir. Se existe uma ânsia por consumir a natureza, existe também uma por consumir subjetividades — as nossas subjetividades. Então vamos vivê-las com a liberdade que formos capazes de inventar, não botar ela no mercado. Já que a natureza está sendo assaltada de uma maneira tão indefensável, vamos, pelo menos, ser capazes de manter nossas subjetividades, nossas visões, nossas poéticas sobre a existência."

DÉBORA
Falabella

Querido Selton, trabalhei com você como atriz e pude ser dirigida por você em alguns episódios da série *A Mulher Invisível*. Fiquei muito impressionada pela sua delicadeza com os atores e com a equipe. Sempre sensível e amoroso. Como consegue manter essa calma em um *set*?

Débora, querida, antes de tudo preciso falar da nossa parceria em *Lisbela e o Prisioneiro*.

Que encontro mágico! Recentemente esse filme passou de novo na TV, eu assisti e fiquei tão comovido! Fiquei comovido com a gente, com a nossa cultura, com o Brasil. Guel Arraes fez algo extraordinário. Fizemos algo tão raro, tão profundo, tão popular, tão refinado, tão lindo... E a gente nem se conhecia. Que filmaço! É tanta coisa: o filme dentro do filme, amoroso, requintado e muito gracioso. *Lisbela e o Prisioneiro* está no topo das coisas mais importantes que fiz e foi ao seu lado. Parceira absurda, doce, forte, sagaz, apaixonante. Era a Lisbela perfeita! Eu tive que ralar pra virar o Leléu. Você já tava voando. Tudo no filme é deslumbrante. Todos os nossos parceiros: Virgínia, Nanini, Dedé, Lívia, Bruno, Tadeuzinho Mello, todos arrebentam fortemente! Tenho um orgulho gigantesco de *Lisbela e o Prisioneiro*. Acho que é um filme que representa lindamente o Brasil. Eu tenho você comigo pra sempre por isso. Se a gente não fizer mais nada na vida, já fizemos *Lisbela e o Prisioneiro* e eu já estou satisfeito. Mas espero que façamos muito mais!

Agora vou pra sua pergunta sobre minha direção na série. Obrigado pelas suas palavras, obrigado por estar ali atenta, curiosa, vendo como eu trabalho. *A Mulher Invisível*, série do gênio amado Cláudio Torres, contou com a direção de três pessoas: o próprio Cláudio, Carol Jabor e eu. Cada um fez três ou quatro episódios. Começou com o Cláudio, dando o tom, passou pela Carol, baita diretora, e depois chegou minha vez. Você deve ter pensado: "E agora acontece o quê?". Ha ha ha ha ha! Né? "Esse cara que tá atuando comigo agora também dirige... Vai dar certo isso?" Ha ha ha ha ha!

Eu ficava olhando pra sua carinha e acho que você se divertiu muito vendo a insanidade que era eu estar dentro, com um olhar de fora, atuando, mas de olho no restante, tudo ao mesmo tempo. Visão periférica. E ainda por cima tinha uma mulher invisível pra eu lidar! Ha ha ha ha ha! Então era a esquizofrenia plena, toda ali ao seu dispor. Um ambiente incrível, a equipe fabulosa, a parceria com a Luana [Piovani] divertidíssima, reencontrando depois do sucesso do filme.

Você e Luana já grudadas no celular, eu naquela época usava um jurássico que só mandava mensagem, vocês me aplicaram na nova era. Luana já me deu muitas letras na vida, a terapia foi uma das mais importantes. Ela é muito danada, maior carinho por ela! Uma vez, a produção pediu pra gente levar a carteira de trabalho. Levei minhas duas. Luana olhou e mandou na lata: "Duas carteiras de trabalho? E passaporte você tem quantos?". *Pow!* Luana, personal hedonista sinistra. Bingo! Eu só tinha um passaporte. Algo errado não estava certo, ha ha ha. Era hilário e gostoso de fazer, uma série muito bem-sucedida e uma alegria te reencontrar. Dirigindo e atuando. Eu me deleitava vendo você se divertindo ao me ver dividido nas duas funções loucamente. Ha ha ha ha ha! Sou seu fã eterno, Débora!

Durante as filmagens, descobri algo interessante relacionado ao seu paladar. Você poderia contar um pouco pra gente sobre seu paladar infantil?

Ha ha ha ha ha ha! Claro que tinha que ter essa pergunta, porque isso virou uma marca da gente, né? Você mineira, observadora, rapidamente nos primeiros momentos de filmagem já começou a sacar o que eu comia. Ha ha ha ha ha!

Na hora do almoço eu comia basicamente a mesma coisa sempre, né? Era assim: frango à milanesa, arroz, feijão e batata frita. E doce é sagrado, né? Ah, um docinho sempre! Um chocolatinho? Aceitamos. Um bolinho? Opa, passa pra cá. Final de tarde bem que poderia vir um bombonzinho né? Ha ha ha ha ha! Aí você: *pá!* Você matou a charada! "O Selton tem paladar infantil!" Ha ha ha ha ha! Menu *kids*, ha ha ha ha ha! Nunca me esqueço disso! Sempre falo disso nos lugares que vou: "A Débora diagnosticou que tenho o paladar infantil".

É verdade. Não sou dos frutos do mar, não me venha com invencionices gastronômicas, nem tente comidas exóticas, não queira me levar a restaurantes com misturas louconas. Sou contra sanduíche de frango com abacaxi, sou contra maçã na salada de maionese. Não tem que ter uva passa no arroz, não tem que ter essa mistura agridoce. Eu gosto dessa mistura quando dirijo, gosto de drama/comédia... Mas na comida não me venha com novidades! Ha ha ha ha ha! É o famoso feijão com arroz e vamos nessa! Feijão com arroz, hmm... Carninha, batatinha frita, aipinzinho frito... Isso é vida!

E do docinho não abro mão. Sou capaz de deixar de comer o salgado pra ir pra sobremesa. Num restaurante, a primeira coisa que olho no cardápio é a sobremesa. Decido minha alegria, daí tomo as decisões salgadas menos importantes, ha ha ha ha ha! E atenção: sobremesa é chocolate! Não me venha com torta de pera, mousse de manga, figo em calda... Sobremesa tem que ter chocolate envolvido. Dou desconto para doce de leite — importante, sim, e tem muito valor. Respeito e gosto muito também dos azedinhos: torta de limão e qualquer coisa de maracujá dá uma boa mistura com chocolate. Você me levou bala Chita de presente, nunca vou esquecer!

Chocolate é vida. Chocolate é pop. Chocolate é tudo. Eu sou o maior chocólatra deste país. Falo isso de fronte alta: sou o maior chocólatra do Brasil. O desafio está lançado. Nunca fiz um comercial de chocolate! Estão perdendo uma atuação comovente! O dia em que eu fizer vou ganhar um prêmio de interpretação, porque vai ter uma verdade comovente naquela venda. Talvez seja o meu grande trabalho de ator que ainda está por vir! Ha ha ha ha!

Não mudei muito não, viu, Débora? Sigo com paladar infantil. Óbvio que me alimento direito no dia a dia, me exercito com frequência, mas tudo em prol do momento que terei com os chocolatinhos amigos.

Não é apenas o paladar que é infantil e te amo por identificar isso.

TONICO
Pereira

Eu vou me permitir te chamar de irmão. Irmão e vizinho, claro.

Na minha vida eu conquistei algumas referências — não por mérito meu, mas por mérito delas.

Exemplos: Garrincha, que tem o título mais nobre que eu conheço, "Alegria do Povo"; Didi Folha Seca, que proclamou o verdadeiro grito de independência do Brasil, na Suécia, em 1958. Na última partida do Brasil na Copa do Mundo, contra a própria Suécia, levamos um gol. Didi pegou a bola na rede brasileira, caminhou com passos de um Príncipe de Ébano, dirigiu-se ao meio do campo e, no caminho, incentivava os outros jogadores proclamando: "Vamos meter gol nestes lourinhos!". Deram a saída, a bola chega a seus pés, ele lança para Garrincha na ponta direita, este entorta a defesa sueca, chuta, a bola não entra — bate nas redes do lado esquerdo da trave. Não foi gol, mas a Suécia perdeu o rebolado e a nossa independência estava proclamada. A verdadeira.

Outra referência: Muhammad Ali, que abriu mão do título mundial por se recusar a ir à guerra no Vietnã para matar pobres como seus irmãos afro-americanos. Dois anos depois reconquistou esse mesmo título, com a grandeza de um herói negro. Dizem que um dia, instado a falar para uma plateia gigante, ele declamou: "Eu, tu, nós!".

Uma síntese gigante do ser humano.

Não posso deixar de falar na política. Nela, encontrei Leonel Brizola e Darcy Ribeiro, que ergueram, juntos, a bandeira da emancipação do povo sofrido brasileiro. Não conseguiram, mas sonharam e me fizeram sonhar também.

Agora, os atores. Ah, os atores! São muitos, muitos mesmo.

Vou citar um que representa todos os que me ensinaram a minha, a nossa profissão: Grande Otelo!

Um beijo, Selton, irmão de remos na galera da vida.

Ah, ia me esquecendo: você tem alguma ou algumas referências na vida? Me interessa saber.

Tonico meu amigo, meu vizinho, meu irmão também. Eu te amo, cara. Você foi uma das pessoas com quem eu mais trabalhei. Ainda bem! Porque, além de grande ator, você é um dos caras mais engraçados que já cruzaram a minha vida. Então estar com você é diversão garantida. E não, eu não vou te dar mais uma vaga na garagem por causa desse comentário.

Pra quem não te conhece, Tonico, eu acho que é importante contar algumas passagens doidas nossas, ha ha ha ha. Afinal de contas, alguém resolveu ler este livro, então eu preciso entreter essa pessoa de alguma forma.

Caramuru, a Invenção do Brasil. Tonico, a gente gravava em Paraty e, pra quem não sabe você é o verdadeiro Mercador de Veneza. Você é ator, mas é sobretudo um comerciante. Você já teve loja de parafuso, você compra e vende carro usado, toca um brechó! Então, no *Caramuru*, você fazia o pajé, ha ha ha ha. Chegava de sunga no hotel, com o corpo topo pintado. A gente chegava do trabalho cansado e com calor, doido pra ir pro quarto tomar banho! Mas você não! Você primeiro ia com muita tranquilidade, de tanga, quatro ruas adiante, com as pessoas olhando e falando: "Olha aquele ator de tanga com o corpo pintado!". Ha ha ha ha ha ha! Você ia andando com calma até o mercadinho onde comprava frutas secas cristalizadas! Que é um negócio que eu odeio! Ha ha ha ha ha! Você comprava sei lá, um quilo daquele troço, dois quilos, sei lá quanto... Porque na verdade o grande lance pra você era depois vender pra equipe e pro elenco! Vender frutas secas cristalizadas!

Aí você chegava pra mim: "Selton, bananinha cristalizada, vai?". Ha ha ha ha ha! "Esse saquinho aqui custa R$ 1,50!". E na verdade você tinha comprado ali atrás por R$ 1,20! Ou seja, é o prazer de comprar por 1,20 e vender por 1,50! Ha ha ha ha ha! Que lucro você teve naquilo? Troço ínfimo! Ha ha ha ha ha! Mas você falava:

"Compra uma bananinha!"

Mas eu não gosto disso! Ha ha ha ha ha! Eu falava: "Obrigado, Tonico! Quero banana nenhuma! Isso é muito ruim!". Ha ha ha ha!

"Não! É importante pra sua saúde! Compra!"

Aí você deixava no meu quarto e eu tinha que te dar 1,50! Ha ha ha ha ha!

Tonico, você realmente é único! Único! Ha ha ha ha ha!

Vamos voltar aqui pra sua questão. Mas eu não podia deixar de contar uma coisa tão espetacular como essa!

Que maravilha, Tonico. Você me fez pensar em coisas variadas. Mas, pegando o embalo do que você falou: você começa falando de futebol, né? Do Didi Folha Seca. Eu sou são-paulino, Tonico. Eu nasci em Minas, em Passos, mas meu pai era bancário. Não confundir com banqueiro, a diferença é grandinha. Meu pai trabalhava em São Paulo quando eu nasci, então ali fui criado. E mais adiante quando comecei a ver televisão, vi o São Paulo jogar. E era o São Paulo do Telê Santana, ídolo. E esse time era uma coisa muito emocionante, extraordinária. Aí virei São Paulo de coração.

Você conta a história do Didi Folha Seca e eu lembro de um episódio da infância muito marcante, que tem a ver com Zico, que tem a ver com a Copa de 82, com Telê Santana. Pra mim aquela seleção foi a mais linda que eu vi jogar. Não teve nenhuma outra! Nem a do penta. Ok, ganhou... Mas não encantou. Encantamento foi a Copa de 82. Falcão, Zico, Cerezo, Leandro, Júnior, aquela turma. Waldir Peres, o goleiro do meu time, era o goleiro daquela seleção. Éder... Essa seleção era uma coisa mágica! Sócrates! Era muito emocionante ver esses caras. E aí foi a primeira decepção e tristeza da vida! Aprendizado, né? Porque foi o Paolo Rossi que acabou com a nossa seleção. E que não deixou essa seleção extraordinária ganhar uma Copa do Mundo. Acho que a seleção que mais merecia uma Copa era essa de 82. Foi a Copa mais linda que já vi, a seleção mais linda que vi jogar. Da minha geração não tem conversa. Nem as campeãs me encantaram tanto quanto essa aí.

Bem, sei lá por que tô falando isso, né? Fazer um livro como este é meio terapêutico, você vai falando... Eu lembro que chorava! Eu tinha, sei lá, dez anos. Nasci em 72. Na infância você vai pra rua jogar bola, imitar seus ídolos, jogar futebol com a camisa. Aliás, é uma coisa que a gente também perdeu, né? Hoje em dia quando pinta a escalação da seleção, você fala: "Quem é esse cara? Ah, é do Tottenham...". Você vai conhecer o cara durante a Copa. Não tem mais aquele amor, aquele sentimento de dizer: "Esse é do meu time!

Pô, o goleiro da seleção é do meu time!". Esse amor acabou. Virou um negócio. Não tem mais esse amor.

Mas tudo isso pra dizer o mais importante: aquele time extraordinário perdeu! Foi uma lição de vida. Porque quantas vezes a gente perde? A gente perde muito! A gente perde hoje, perde amanhã. Perde, a gente perde! Quantos prêmios você perdeu, Tonico? Quantas vezes você fez um trabalho extraordinário, foi lá e não ganhou? Ou perdeu alguém da família? A perda, né? Então aquele momento foi bonito, porque era uma seleção extraordinária que perdeu. Muito marcante. Um crescimento!

Você fala de Muhammad Ali, você fala de Brizola e Darcy.

Sobre política é um negócio interessante. Quem me conhece intimamente sabe, eu nunca fui uma pessoa apaixonada por política. Partidária, claro, porque tudo é política. Escrever este livro é um ato político.

E acho que muito disso vem da minha formação. A minha mãe é uma pessoa que nunca se interessou por esse tema. O meu pai, o homem da casa, que abria o jornal na sala, também não. Nunca me esqueço. Lembro claramente que ele abria o jornal, ia no caderno de esporte ler o time dele, lia a parte de cultura, e política ele deixava de lado na mesa.

Isso diz muito a meu respeito. Evidente que, como ator, eu cresci cercado de uma classe muito politizada, e eu sou politizado também. Eu leio com muita atenção o caderno político, não deixo ao lado na mesa. Mas existe um abismo entre ser politizado e ser ativista. Não tenho alma militante. Achava chato essa parte do colégio, grêmio estudantil, etc. Não tá no meu sangue. Já me cobrei, já sofri com o que, por uns tempos, julguei uma falha minha, e compreendi que não dá pra ser o que não sou. Seria forçado, falso.

E vou falar: vejo vantagens nisso, porque eu olho tudo de uma forma razoável, pensando com a razão e não com a emoção. São todos funcionários públicos. Eles trabalham pra gente. Nós pagamos os salários. "Façam bem o serviço, senão serão cobrados! E, se mandarem mal, que saiam pela mesma porta por onde entraram." Então é um assunto que nunca me dominou. Minha sensibilidade vibra de uma outra forma.

Falando de Darcy Ribeiro. Um pensador extraordinário do Brasil! Um homem da maior importância na construção de nossa identidade! Uma cabeça privilegiada, que sempre lutou contra a desigualdade social, protagonista de pensamentos muito elevados sobre a nossa educação. Darcy me comove, suas ideias me contemplam. Sua humanidade me toca e me representa.

E os atores, né? Você fala de Grande Otelo. Que artista! Que maravilha Grande Otelo, né? *Macunaíma* é uma obra-prima! Tá ali junto ao nosso igualmente genial Paulo José. Uma maravilha aquilo!

Mas nossa, Tonico... Você é outro cara fundamental!

E são tantos, né? Eu tive a beleza de começar criança e cresci cercado de talentos absurdos: Francisco Cuoco, Antônio Fagundes, Milton Gonçalves, Tony Ramos, Hugo Carvana, dona Ruth de Souza, Zécarlos Machado, Eva Wilma, Flávio Migliaccio... Cresci cercado por esses grandes e eles foram me ensinando, sem saber. Não de uma forma professoral — eu fui aprendendo com eles só de observar, porque eu sou um grande observador.

Eu observo mais e falo menos. Aliás, devia ter mais gente seguindo a minha dica.

Falatório sem consistência.

Todo mundo falando e ninguém ouvindo.

Muita gente limitada querendo te limitar.

Gente com visão estreita dando opinião igualmente estreita.

Muito barulho por nada.

Muita gente tóxica tapando o umbigo.

Resumindo a ópera:

É muito Salieri pra pouco Mozart.

ANA PAULA
Maia

Sua carreira de ator começou ainda na infância. Com o que trabalharia se não fosse ator?

Ana, a minha vida é completamente misturada com a arte. Eu acho que a minha sensibilidade me levaria para as artes plásticas ou para a música. Toco violão desde os 7 anos, mais adiante aprendi contrabaixo, guitarra e bateria. Já tive uma banda chamada Vendetta, com meu amigo e parceiro roteirista Marcelo Vindicatto. Música é um negócio fascinante. Eu não sei ser outra coisa fora das artes.

Ao mesmo tempo, muitas vezes eu luto contra essa coisa que eu sou. Uma luta interna muito doida. Talvez essa fricção seja o meu segredo. Talvez essa pororoca de sentimentos contraditórios faça o artista que sou.

Como é para você assistir a um filme com um personagem que você dublou? Qual é a sensação de emprestar sua voz para os outros?

Emprestar a voz é uma coisa curiosa. Eu aprendi muito na dublagem, vendo as estrelas que eu dublava. Ficava vendo aqueles atores fazendo seus trabalhos e eu só tinha a voz pra me expressar. Mas ao mesmo tempo em que colocava a minha voz, eu tava vendo como eles trabalhavam. Eu vi muita coisa, foi uma época de muito abastecimento, de receber muita informação. Eu fui dublador profissional dos doze aos dezoito anos, no mitológico estúdio da Herbert Richers. Eu dublava séries ruins, séries boas, séries lixo, filme B, filme C, filme Z, filme maravilhoso, filme péssimo, clássicos... Era muito volume, muita quilometragem. Ganhei uma familiaridade grande com a língua inglesa também.

Eu já falei tanto de dublagem neste livro, mas talvez as pessoas não saibam exatamente o que eu dublei: o Charlie Brown do *Snoopy*, Tom Hanks em alguns filmes, como *Punchline* (em português *Palco de Ilusões*). Dublei Robert Downey Jr., River Phoenix, Griffin Dunne em *After Hours*, Ralph Macchio em *Karatê Kid 2 e 3* e em *A Encruzilhada*, C. Thomas Howell em *A Morte Pede Carona*. Em *Anjos da Lei* eu dublava o policial Ioki. Na série *Três É Demais*, que passava domingo de manhã, eu dublava o tio Jesse. Dublava o Asnésio em

Duck Tales, isso pra não falar em *Irmão Urso* e principalmente *A Nova Onda do Imperador*, que é um grande sucesso. Mas aí eu já era um ator convidado pra dublar o Kuzco. Foi um retorno delicioso ao passado. O Kuzco tem uma legião de fãs! Esse filme da Disney é uma maravilha mesmo! Os adultos mostram para os filhos e eles gostam mais do que as crianças! Ha ha ha. A tradução e direção desse filme é do Garcia Jr., um gigante da dublagem, dublador do He-Man, MacGyver, um grande cara, que cresceu na dublagem, filho de dois gigantes desse ofício, Garcia Netto e Dolores Machado. Kuzco é um marco na minha trajetória.

Fiz a voz de dois lindos filmes brasileiros também: *Lino* e *Uma História de Amor e Fúria*. Lindos trabalhos.

Outro dia vi a Fernanda Montenegro falando que quem veio do rádio, como ela, tem a leitura praticamente certeira de um texto. Quando se lê um texto, parece que já pega na veia. E eu digo o mesmo com a dublagem. Dá uma bagagem tão grande, ensina onde acentuar, onde dar ênfase em uma frase. E então, quando eu faço a leitura de um texto, a leitura de qualquer coisa, parece que imediatamente fica legal de ouvir. Porque é uma intimidade muito grande com as palavras e com nossa voz.

É muito divertido, principalmente desenho animado. Você assistir a um desenho animado que você dublou com uma voz maluca é uma coisa muito divertida. Eu dublava os *Snorkles*, por exemplo. Os Snorkles eram os Smurfs do fundo do mar. Eu dublava o Júnior, que era o vilãozinho dos Snorkles. Ha ha ha ha ha! Era muito louco fazer isso.

Quando você aceitou o convite para viver o Edgar Wilson nos cinemas, qual fator foi decisivo para a tomada da decisão?

Ana, eu tive um encontro fabuloso com a sua escrita, com a sua literatura, com esse personagem que você criou, o Edgar Wilson. É um personagem que está em vários livros teus. Eu tive um encontro muito feliz com Marco Dutra, um dos maiores diretores com quem já trabalhei. Quando li o roteiro escrito pelo Marco, fiquei encantado e assustado com aquele universo apocalíptico que faz parte do gênero terror, que é um gênero que eu nunca fiz e do qual não sou fã como espectador. Tirando *O Iluminado*, que é uma obra-prima, eu não sou um cara que gosta de ficar assistindo filmes de terror. Não gosto de filme de terror. Me faz mal. Vai que eu sonho com esse troço, então se eu puder não vejo filme de terror. Ha ha ha ha ha!

E tem filmes de terror *bem* interessantes, filmes de arte/terror, como *The Witch/A Bruxa*, como é o nosso *Enterre Seus Mortos*. Fiquei apavorado e fascinado pelo universo do filme, pelo Edgar Wilson, o universo que você criou e como o Marco traduziu para o cinema. Então eu comecei a ficar muito interessado nesse gênero e a enxergar outras coisas, muito por influência do Marco. Comecei a enxergar que o gênero de terror engloba drama, comédia... Porque tem coisas hilárias dentro daquele surrealismo. Tem ação, tem crítica social, tem muita coisa. Claro que não em todos os filmes de terror, mas *Enterre Seus Mortos* tem, e muito. Acho que vai ficar um filme interessante, muito peculiar. Foi uma das experiências mais poderosas que vivi como ator, no cinema, nesses 40 anos. Tenho o Edgar Wilson como um trabalho diferente, especial na minha vida. Não sei o que vai virar o filme, mas a experiência foi grandiosa.

E fiquei com vontade de fazer mais filmes de terror, ha ha ha! É um gênero que eu não me via fazendo, mas gostei. Achei que tem coisas muito interessantes pra vasculhar. E vasculhar na gente, nos nossos medos, no que a gente teme. São muitas vezes medos infantis. Medo de espantalhos inofensivos, de fantasmas frágeis, que muitas vezes nós mesmos criamos e acabamos nos ferindo nas barras de jaulas que nós inventamos. Devemos conhecer nossas sombras, vasculhar as nossas trevas. Isso fortifica, encorpa, engrossa a casca e dá polimento.

O que te desafiaria como ator? Tem o sonho em fazer um gênero ou personagem específico?

Pois é, quando você trabalha há muito tempo, assim como eu, você fica atento aos sinais. Aliás, estar sempre atento acho que é a coisa principal. Eu leio tudo que posso. Eu vejo tudo que for possível. Coisa boa, coisa ruim, porque quero ver tudo que estão fazendo. Então eu acompanho a garotada nova, os novos movimentos, os mais velhos, novela, série nossa, série gringa, série americana, série europeia, filme europeu, anime, programa popular. Eu vejo tudo: Tiririca e Truffaut. Eu gosto de saber tudo, as variadas manifestações artísticas, pra entender onde posso me desafiar. E na verdade esse desafio sempre existe e sempre existirá.

Eu quero seguir atento. Eu quero seguir vivo. Eu quero seguir ligado, faminto. Falando dos contemporâneos, eu acho o Caetano Veloso o maior artista brasileiro em atividade. Um cara que se reinventa sempre. Fez um disco de rock n' roll, com guitarra, baixo e bateria uns anos atrás. Ficou um bom tempo fazendo turnê com esse *power trio*, completamente roqueiro, aos 70 anos. Eu acho essa capacidade de reinvenção do Caetano um negócio inspirador. Eu sou muito fã, ele não deita no sucesso que já tem há muito tempo. Ele tá sempre inventando moda, inventando a sua própria moda. Produz o disco de alguém, grava com uma pessoa que ninguém espera, faz uma parceria que ninguém imaginaria. Eu tenho grande admiração pelo Caetano e tenho ele como um grande farol.

Outro cara referência total é o Ney Matogrosso. Sempre foi à frente do seu tempo. Sempre fazendo a diferença. Ney é um dos maiores artistas brasileiros de todos os tempos.

Eu sigo tentando. E sou fã da nossa literatura, tem muita coisa inspiradora nos nossos livros. E quero viver o Edgar Wilson outras vezes! Afinal de contas, você criou um universo pra ele. É um personagem que daria uma série ou outros filmes. Ele tem outras histórias, outros lugares por onde passou ou vai passar. Tenho muita vontade de trabalhar com você de novo, acho seu trabalho realmente espetacular.

Você acha que vivemos um apocalipse? É otimista ou pessimista quanto ao futuro da humanidade?

Outro dia falei pra um amigo: "O mundo tá acabando, né?". Aí ele fez um comentário ótimo: "É, tá acabando... mas não vai acabar não". Ha ha ha. Como quem diz "Aguenta aí, se vira, se organiza, se reestrutura e segue o barco, porque tá acabando, mas vai demorar, vai ser aos poucos". Então é isso.

Acho que na verdade a gente tem uma ideia dos filmes com finais de mundo espetaculares, do apocalipse que acaba com tudo, mas acho que o mundo está acabando diariamente, devagarzinho, lentamente. E cabe a nós ressignificar isso, se entender, saber o que você quer fazer com esse fim do mundo.

Eu amo o Ariano Suassuna, não só por ter feito o Chicó, que ele criou com o maior amor, mas também pela quantidade de pensamentos que ele tem sobre a vida. Um deles é: "Não sou nem otimista, nem pessimista. Sou um realista esperançoso". Que maravilha! Eu concordo com o Ariano e me sinto assim: um realista esperançoso. Tô vendo o mundo acabando, tô vendo coisas boas, coisas péssimas, coisas maravilhosas, mas acho que sempre tem esperança. Acho que tem gente boa. A maldade humana existe, me deparei com ela. Acho que tem pessoas muito legais e é por causa delas que o mundo segue valendo a pena.

Mas se você me perguntar: "Você vai colocar um filho no mundo?", aí eu já não sei. É uma responsabilidade muito grande, não sei se tenho aptidão ou vocação. Eu não vou colocar uma pessoa no mundo só porque existe a convenção de que a gente precisa casar e ter filhos. Talvez eu não queira casar, não queira ter filhos. Talvez eu queira ter um filho quando for mais velho, talvez queira adotar. As convenções sociais acabam oprimindo e deixando as pessoas se sentindo obrigadas, como se pra fazer parte da sociedade você tivesse que cumprir um papel. E na verdade eu posso ter outro tipo de satisfação, me realizar paternalmente de outras formas. Enfim, fui parar em outro assunto, mas os temas conversam, né?

Eu lembro também de Machado de Assis, que não teve filhos. Eu amo Machado profundamente. E ele deixou eternizada essa pérola: "Não tive filhos, não transmiti a nenhuma criatura o legado de nossa miséria".

CAMILA
Pitanga

O que te inspira na vida?

Camila, querida! Primeiro, que bom que você está aqui neste livro, muito amor por você, por sua história e pela história do seu pai, Antônio Pitanga. Seu pai é protagonista da construção de nossa identidade. Eu e você trabalhamos juntos algumas vezes, mas a mais marcante para nós foi com o Guel Arraes, em *Caramuru: a Invenção do Brasil*. Sua companhia diária foi muito divertida e prazerosa, você é hilária, morríamos de rir. Tinha uma piada interna que eu nem sei se você lembra, que ao acordar sua voz era *muito* grave. Aí eu dizia que você acordava com a voz da Alcione e demorava para você voltar à sua voz normal. Ha ha ha. E aí você já mandava um "garoooto maroto, traveeesso no jeito de amar". Camila, você é uma alegria, baita atriz e uma maravilhosa companheira de trabalho!

O que me inspira na vida? Silêncio, cinema, música, gente legal, poesia, espiritualidade, natureza, humor (...) e silêncio.

Sempre me chamou a atenção seu riquíssimo conhecimento sobre atrizes, atores, diretoras e diretores. Mas, puxando para a minha classe, acho fantástico que você conheça atrizes e atores de várias gerações, do mundo inteiro e especialmente do Brasil, e que tenha o hábito de, nos seus trabalhos, dar relevo à turma da velha guarda misturada a descobertas lindas.

Gostaria que você comentasse isso.

Pô, Camila, que linda essa chance de poder falar sobre isso. Olha, eu sou uma pessoa muito atenta, então eu fico ligado em tudo e todos, sempre vi esses atores e eles sempre me encantaram desde a infância. Eles eram meus heróis. E eu fui vendo ao longo da vida o quanto essa profissão é cruel, o quanto essa profissão vai encostando pessoas fabulosas com essa cultura da busca pelo novo.

Sempre a busca pelo novo. Quem é a nova menina não-sei-o--quê? Quem é a nova Camila? Quem é o novo Selton? Quem vamos lançar? Lançar, ok. Lançar é maravilhoso. Eu amo lançar, descobrir pessoas maravilhosas, como foi com a Larissa Manoela em *O*

Palhaço e a Lívia Silva em *Sessão de Terapia*, que você aliás ajudou e deu conselhos maravilhosos para ela, essa garota é realmente muito diferenciada. Amo, amo lançar algum talento. Mas também amo cuidar de quem não está sendo visto. Olhar e pensar: por que esse gênio está fora do jogo? Por que essa pessoa estupenda não está sendo convocada? Por que vão encostando pessoas como se fossem utensílios?

Bom, isso é o mercado de uma maneira geral. O que é o "mercado"? Enfim, essa é uma outra conversa.

E eu sempre tive esse olhar. Quando eu comecei a dirigir, comecei a ter a minha voz, a chance de tomar as decisões. Quando você é ator você vai e faz o teu, você pode olhar para o lado e não estar concordando com o texto, com a direção, com o elenco, com a trilha que foi usada. Mas, quando você dirige, diz: "Opa, agora eu vou contar uma história do meu jeito, com quem eu quero, com quem eu sonho". E aí ficou óbvio que essa era parte importante da minha missão. Meu primeiro curta-metragem chama-se *Quando o Tempo Cair*. Quem estrela esse curta? Jorge Loredo, o Zé Bonitinho — ele fez esse personagem ao longo de muitas décadas antes de falecer. E eu entrevistei o Jorge Loredo para um programa que eu tinha no Canal Brasil chamado *Tarja Preta*, e era um senhor adorável. Meu Deus, eu cresci assistindo, morrendo de rir com ele. E era um senhor super culto, advogado (ele tinha uma outra profissão, advogado), fã de cinema italiano, a gente conversava muito sobre Fellini, Antonioni. E eu falei "Que maravilha!" e perguntei: "Você já fez algum papel dramático?". E ele disse que nunca o chamaram. E eu disse: *"Agora!"*. Eu saí dali inspirado, escrevi um negócio para ele, peguei um dinheiro do bolso e fiz um curta-metragem para ele. É bonito o curta, porque fala exatamente disso: é um senhor que é tirado da empresa porque está velho, ultrapassado. Depois viajei com Loredo para Gramado, homenageado em Vitória, o curta foi pra Guadalajara, Estados Unidos, sendo ovacionado em festivais, sendo homenageado em mostras de cinema. E eu pensei "Que maravilha! Que prazer poder fazer isso" e para um ator que estava ali pensando "Essa vai ser minha história mesmo, vou fazer só o Zé Bonitinho, ninguém me vê como outra coisa" — quando na verdade você pode ser muitas outras coisas. E depois eu o convidei de novo e ele fez uma participação muito especial em O Palhaço.

Fazer isso em vida, fazer esses grandes desfrutarem disso em vida.

E aí eu te dou uma lista, Camila, de coisas assim: *Feliz Natal*, meu primeiro filme, que eu amo, com a Darlene Glória, um verdadeiro mito do cinema brasileiro. Ela e Leila Diniz mandavam no Rio de Janeiro, no cinema da década de 70. A Darlene tinha uma história de vida extraordinária. E ela fez um trabalho excepcional no meu primeiro filme, uma Gena Rowlands dos trópicos, uma mulher descompensada, mais velha — escrevi para ela brilhar — uma mulher cheia de remédios, delirante, sendo ignorada pela família. Um trabalho de atriz forte, lindo! E foi lindo, de novo, viajar pelos festivais e ver o público pirando com a Darlene. *Feliz Natal* passou em Los Angeles, em um festival, e sabe quem amou o filme e especialmente o trabalho da Darlene? Dustin Hoffman. Um dos meus maiores ídolos amou o filme e ficou doido com a potência que é a Darlene Glória. Nesse mesmo filme, Paulo Guarnieri, que não atuava fazia tempo, um ator que eu amava ver na televisão, respeito demais também o pai dele, Gianfrancesco Guarnieri pelo dramaturgo e ator que ele era. Ter o Paulo perto foi uma honra! Seu Lúcio Mauro, ainda no *Feliz Natal*, eu perguntei: "Lúcio, você já fez um personagem dramático?" e ele disse que não. As pessoas rotulam no Brasil! Como é que Lúcio Mauro, com aquela cara maravilhosa, aquele potencial, nunca tinha feito algo trágico? Aí eu escrevi para ele. Um pai bem rodrigueano, meio cafajeste, brigado com os filhos. Ele arrebentou! Aí depois chamaram ele pra novela nesse registro, para coisas diferentes. Em *O Palhaço*, Moacyr Franco foi meu ídolo da infância, o programa dele era uma maravilha, *Moacyr Franco Show*, ele cantava, atuava e tudo o mais. Aí chamei o Moacyr para *O Palhaço*, pra fazer o delegado, ele faz uma cena e ganhou vários prêmios com essa cena, um monólogo de cinco minutos. Um espetáculo! Nesse mesmo filme tem Ferrugem, que é outro cara da infância que eu amava. Aí em *O Filme da Minha Vida* está o Rolando Boldrin, também um homem da maior importância para a cultura brasileira com *Som Brasil*, resgatando o cancioneiro do Brasil profundo, um homem de tanta importância e um ator extraordinário, cresci assistindo o Boldrin nas novelas da Bandeirantes.

Cláudio Cavalcanti, no *Sessão de Terapia*. Que encontro! Um homem culto, maravilhoso, um ator extraordinário, ele estava com muita vontade de fazer aquilo.

Realmente, eu tenho um olhar muito sensível para esses que foram colocados à sua revelia numa estante empoeirada, enquanto eles tinham que estar no time principal com a camisa 10. Eu sou muito ligado nisso mesmo, é uma das minhas missões como diretor. Isso me emociona, me alimenta. Enquanto eu estiver aqui, vou fazer com que pessoas maravilhosas não sejam esquecidas e sejam homenageadas em vida. Porque é um tal de morrer e aí vem duzentos posts e matérias falando sobre a pessoa maravilhosa que foi. E aí, e durante a vida? Quero que essa pessoa tenha holofotes nela e tenha glórias de novo, seja vista e reverenciada em vida! Acho que essa é uma de minhas maiores missões na arte.

Camila, talvez psicanaliticamente isso seja um medo de não ser visto, não ser lembrado. Talvez um reflexo da minha adolescência, quando me encostaram, como se dissessem "você não serve mais". Caraca! É isso! Quando eu voltei a poder fazer algo eu pensei: "Ah, agora eu vou fazer por quem merece, não apenas por mim, vou honrar cada um que foi pro banco de reserva como eu fui um dia". É totalmente isso! Este livro está me fazendo muito bem, ha ha ha.

Camila, amo você e estou muito curioso de ver o filme que está fazendo com seu pai neste momento em que estou respondendo a esta entrevista.

"Por que vão encostando pessoas como se fossem utensílios?"

ZUENIR
Ventura

Selton, meu caro, como admirador de seu trabalho, pergunto: que sonho profissional você gostaria de realizar ao completar quarenta anos de carreira?

Zuenir, querido, primeiro de tudo é uma honra ter você aqui neste livro. A importância que você tem no jornalismo e literatura deste país é gigantesca. Eu estou vivendo o ano em que comemoro 40 anos de um jeito especial. Neste momento estou terminando as filmagens do novo filme do Walter Salles, *Ainda Estou Aqui*. Baseado no livro de Marcelo Rubens Paiva. Eu faço o Rubens Paiva, pai do Marcelo, levado para dar um depoimento aos militares no período da Ditadura e nunca mais voltou. Eunice Paiva, vivida por minha querida Fernanda Torres, conduz o filme em busca de justiça e respostas para esse desaparecimento. Cinco filhos esperando notícias ao lado da mãe. Falar desse período, com a delicadeza que Walter sempre traz nos seus filmes, me parece fundamental. Um filme potente, necessário.

Na sequência vamos filmar, vinte e cinco anos depois, o reencontro de Chicó e João Grilo. *O Auto da Compadecida* 2. Guel Arraes e Flávia Lacerda dirigem. Uma responsabilidade enorme, frio na barriga, medo de não saber fazer direito. E ao mesmo tempo um reencontro luminoso com meu anjo da guarda, Chicó. Esse personagem que entrou para o imaginário do povo brasileiro. Reencontrar Matheus, voltar a viver esses personagens é muito comovente. Uma mistura bem louca tá rolando dentro de mim neste exato momento.

Em breve lanço um trabalho bem diferente também e que me deu um grande prazer. Uma audiossérie que se chama *França e o Labirinto*, uma parceria Spotify e Jovem Nerd. Acho que é algo inovador e onde pude trabalhar com algo que adoro: a voz. Conversa diretamente com meus anos de dublagem e isso me dá uma coisa boa no coração. Quero retomar *Sessão de Terapia* também. Temos uma nova temporada escrita, o público me pede, mas não depende só de mim.

No mais, eu e Pedro Paulo Araújo adaptamos um conto do Dostoiévski para o cinema e vou entender quando fazer e com quem fazer, mas é algo muito íntimo e poderoso, quero que esse filme aconteça no tempo dele, calmamente. Mais adiante sonho em levar *O Alienista* para as telas. Trata-se de um conto extraordinário do Machado de Assis. Eu sou fã dessa história há muitos anos. Desde que li, com uns vinte e poucos anos, passei a nutrir o sonho de um dia viver esse personagem: Simão Bacamarte. Dr. Simão Bacamarte é um estudioso da mente humana. O que me encanta nesse projeto é falar do limite que existe entre a razão e a loucura. É um conto atemporal, muito divertido, muito crítico, acho que cairia muito bem nos dias de hoje, porque o doutor tem métodos peculiares, começa a achar que todo mundo é louco e passa a prender todo mundo na Casa Verde. Ele vai e volta no pensamento do que é loucura, do que não é. O que ele achava que é loucura daqui a pouco acha que é exatamente o contrário. Ele vai enlouquecendo na medida que vai estudando a loucura. Esse trabalho já foi adaptado pelo Filipe Miguez, por mim e pelo Marcelo Vindicatto. Ou seja, uma hora dessas deve virar uma minissérie ou um filme.

No mais, querendo abrir cada vez mais espaço pra mim. Preciso de mais tempo para bloquear chamadas de números desconhecidos. Ha ha ha! E por fim, Zuenir, estou vivo, saudável física e psicologicamente, contente com as escolhas que fiz nesses 40 anos, cheio de dúvidas que mais me impulsionam do que me paralisam, com esperança e fé na vida. Assim, sigo na estrada.

"Preciso de mais tempo para bloquear chamadas de números desconhecidos."

EMILIO
Orciollo Netto

Acho que *Lavoura Arcaica* foi o grande diferencial da sua carreira. Gostaria de saber como surgiu o convite para o filme.

Emilio, meu *brother* dessa vida louca! Você está neste livro, entre outros motivos, como um dos meus grandes amigos. Você está representando algumas pessoas muito importantes na minha vida, como o Ângelo, o Hossen, o Vindicatto, Neto, Renatinho, Dahl, Duda, Cassy e nosso eterno Caio Junqueira, que faz muita, muita falta e sempre fará.

Lavoura foi um longo processo. O Luiz me deu o livro, mas não tinha certeza se eu deveria fazer aquele personagem. Aí ele fez testes no Brasil inteiro e a gente continuava conversando enquanto isso. Na paralela tinha uma coisa muito peculiar, o Raduan era fã de *Tropicaliente* e adorava me ver na novela. Achei isso muito curioso. Ha ha ha, o Raduan via novela, assistia *Tropicaliente* e era meu fã, ha ha ha! E ele torcia por mim, torcia para eu fazer o papel porque ele me assistia na novela e achava que eu era a pessoa certa, ha ha ha. Ele achava que eu era o André. O Luiz, em algum lugar dele, também achava provavelmente e estava (agora que eu sou diretor entendo essas coisas) testando outras possibilidades, outros atores, até pra ter certeza se era eu mesmo ou não.

Hoje que sou diretor entendo que às vezes precisamos fazer isso mesmo: rodar, rodar, rodar pra chegar no lugar inicial do raciocínio mais puro e espontâneo. Foi assim em *O Filme da Minha Vida*, escrevi o roteiro com o Vindicatto, tendo no meu computador uma foto do Johnny Massaro, da Bruna Linzmeyer e da Bia Arantes. Mais adiante rodei, rodei, pensei em outros, fiz testes com vários atores... e filmei com o trio que ficava me olhando o tempo inteiro na tela do computador.

Fale um pouco do processo criativo desse filme e como funcionava a dinâmica entre você e Raul Cortez.

Cara, o Luiz é um grande diretor. Estamos falando de 1998, ele devia ter quarenta e poucos anos. Se é que tinha quarenta, mas ele dominava muito o ofício. Então a gente assistia filmes, passamos cinco meses naquela fazenda em Minas Gerais, aí era assim: numa semana a gente via Bergman, via tudo do Bergman. Outra semana, a gente via tudo do Kurosawa. Na outra semana, Tarkovski, via tudo do Tarkovski. A gente acordava às 5 da manhã e arava a terra, plantava, sabe? Muita vivência naquela relação com a terra, com o tempo. Eu lembro que a gente tava muito ansioso no começo. Tipo: "E aí, começa a filmar quando?". E ele falava assim: "Quando for a hora". E a gente achava isso uma loucura. Data, não temos? Pra ensaiar e começar a filmar não tinha. E aí uma hora essa preocupação acabou.

Muito interessante observar a relação com o tempo e como a gente se coloca em lugares de ansiedade profunda. Como é importante parar. Como é importante se distanciar das coisas frenéticas da cidade grande, dar um tempo pra focar ali num outro ritmo. Eu tinha 25 anos de idade, muito novo! Eu era um menino, totalmente disponível ali pro processo, e eu tinha que ficar muito magro. E eu tomei muito moderador de apetite. Deu resultado pro filme? Deu. Mas deu um resultado muito negativo na minha vida.

Essa pressão estética pode destruir sua cabeça. Eu estava esquálido, passei a tomar somente líquido e o médico me deu diurético. Eu virei um fantasma. Eu ficava ali sozinho, era muita solidão. O resultado é fabuloso, mas o custo foi alto.

Então acabou esse filme, fui para *O Auto da Compadecida* magérrimo de uma forma não natural. Meu distúrbio alimentar foi se acentuando ao longo da minha carreira. Quando eu ia fazer outro trabalho, tomava aquelas pílulas "milagrosas" de novo, porque me emagreciam rapidamente. Isso foi uma coisa viciante e muito danosa. Hoje em dia eu digo ao diretor: "Eu estarei lá do jeito que eu puder estar, do jeito que eu achar melhor. Não me peça nada nesse sentido. Topa? Beleza. Não topa? Respeito, mas não é pra mim então". Amadurecer é uma bênção.

Mas voltando ao *Lavoura*, todas as dores, dúvidas e medos, e ansiedades, tudo isso foi pra tela. Costumo dizer que o *Lavoura* é como se eu tivesse feito o *Hamlet*. O trabalho do Raduan junto com o do Luiz Fernando, que junção poderosa! E toda a união do elenco.

Walter Carvalho, mestre das imagens, um pintor! Esse filme não seria o mesmo sem o Walter Carvalho. Com Raul era um tratamento respeitoso pelo grande ator que era, mas a gente não tinha uma relação tão boa na vida pessoal. Eu não sei. Talvez ele achasse que não devia ser eu o André. Talvez no fundo fosse isso, sabe? Acho que ele não me admirava. Mas era muito cordial. Então era uma relação cavalheiresca. Apenas. A gente não era amigo, como eu era do Leo Medeiros, da Simone Spoladore, e isso tinha tudo a ver com o filme. Então a cena do embate entre pai e filho tinha uma carga perfeita na verdade. Porque eram dois atores debatendo furiosamente. Eu tinha muita admiração pelo Raul, ele talvez não por mim. Então a gente foi pro embate. E fomos pro embate com duas câmeras, uma pra cada ator. Foi a única vez no filme que teve duas câmeras. Acho que na festa teve também, mas numa cena com tanto texto foi a única vez. Uma cena gigante, memorável.

O bonito é que depois da cena eu e Raul nos abraçamos e tudo mudou! É como se a gente tivesse ficado cinco meses numa relação apenas cordial e não amigável, como se intuitivamente a gente estivesse esperando fazer essa cena, que foi uma das últimas, pra ficar em paz. Ficamos em paz. Tanto que, quando soube que ele faleceu, eu só tive bons pensamentos. E foi muito forte. Muito forte tudo desse filme. É como se ali eu ganhasse as rédeas da minha história, de uma forma mais consciente. Trabalho árduo, doloroso, delirante, fascinante.

Já vi você no set como ator, diretor, cada função única e específica. Como não misturar as funções e manter a sanidade mental pra desenvolver um trabalho de excelência?

Emilio, eu costumo dizer que como ator eu não penso. Eu faço. É o menino. Atuar é brincar. O que eu gosto de ter começado cedo é isso. Eu aprendi logo cedo a coisa principal. Que atuar não é fazer esforço. Atuar não é se martirizar. Não. Atuar é leve. Deve ser. Atuar é simples. Atuar é botar a imaginação pra jogo. Então, quando eu atuo e dirijo ao mesmo tempo, eu nem penso na atuação. Pensei antes, enquanto escrevia, eu já sei o que preciso fazer. Então eu só estou ligado mesmo é na minha função de diretor. O enquadramento, o tom, a pegada, como eu vou fazer, como eu vou montar depois e tal, e quando eu vou me dirigir simplesmente boto minha roupa e faço. Eu penso muito mais como diretor do que como ator quando eu tô nas duas funções.

Conta pra gente umas coisas loucas que já aconteceram na sua vida. Curiosidades, segredos, o que passar pela sua cabeça.

Rapaz... Ha ha ha! Sem pensar muito, vamos lá. Aleatoriedades é comigo mesmo.

Eu não sei nadar. Eu entro em piscina tipo um velhinho descendo pela escadinha. Ha ha ha ha! Fazer um surfista seria meu maior desafio como ator, ha ha ha!

Eu fiz teste pro *Balão Mágico*. Manja o Tob? Pois é, eu fui pra final com outras crianças e o Vimerson [Cavanilas], que acabou ficando com a vaga. Imagina se eu fosse do *Balão Mágico*, que coisa bem louca? Mas perdi o teste pra ser o Tob. Sabe outro teste que perdi? Pra ser do *Dominó*, ha ha ha ha! Imagina se eu fosse do *Balão Mágico* e do *Dominó*?!

Meu nome é uma mistura de Selva e Dalton, nomes dos meus pais. Meu sobrenome é Melo com um L. Na primeira novela que fiz, *Dona Santa*, na TV Bandeirantes, escrita por Marcos Caruso, dirigida por Geraldo Vietri, quando vi a abertura meu nome saiu Selton Mello. Eu me lembro de olhar aquilo e pensar: "Hmm, bem melhor, mais artístico" e passei a usar a vida inteira o Mello com dois L porque, quando eu era criança, erraram a grafia e eu enxerguei ali esteticamente um *upgrade*, ha ha ha! Falando em nome...

Algumas coisas bem loucas são as variantes do meu nome que já pintaram no meu caminho. Uma vez estava num mercado de Petrolina, filmando *Guerra de Canudos*, uma moça virou pra mim e falou: "É Chet Melli, é?". Selton Mello. Chet Melli. *Cara*. Isso é *genial*. Ha ha ha ha ha! Tipo Chet Baker, demais! Eu pensei em mudar meu nome para Chet Melli, mais curto, mais sonoro, melhor que o original, ha ha ha ha ha. Em Cabaceiras, onde filmamos *O Auto da Compadecida*, as crianças passavam e perguntavam: "O Seu Tomé tá aí?". Ha ha ha ha, Selton Mello/Seu Tomé. *Sensacional*. E a mais fora da casinha foi na saída de um teatro em São Paulo. Um cara virou e disse: "Essa peça aí é com aquele ator famoso, o Zé Trombella?". *Mano!* Ha ha ha ha ha! Selton Mello/Zé Trombella.

Chet Melli é imbatível! Ha ha ha ha. Eu tô pensando em mudar oficialmente para a nova fase da minha vida e passar a assinar Chet Melli em breve. Tenho certeza que com esse nome, minha vida vai deslanchar.

"Meu nome é uma mistura de Selva e Dalton, nomes dos meus pais."

ARTHUR
Dapieve

O extraordinário filme *O Cheiro do Ralo* se presta a inúmeras interpretações. Qual a sua?

Salve, Arthur! Prazer ter você aqui nesta comemoração. Que legal sua pergunta, porque não falamos desse filme tão emblemático. Se tivesse que resumir *O Cheiro do Ralo* seria: um retrato da mesquinhez humana, que pode ser mais fedida que o ralo. Esse filme, baseado no livro fabuloso do Lourenço Mutarelli, apresenta um protagonista abjeto, que se aproveita da fraqueza de pessoas que precisam de dinheiro para tentar tapar algum buraco sinistro da sua vida. Um personagem múltiplo, cheio de camadas. Fizemos esse filme em cooperativa, todos sendo sócios. Foi rodado na Mooca, SP, basicamente dentro de um galpão. Cada personagem que entra naquela sala precisa vender algo que não gostaria de vender se não fosse a necessidade. Lourenço sabe o valor das coisas e não tem nenhuma empatia pelo valor das pessoas. Objetos e pessoas possuem o mesmo peso para o protagonista. O ralo é o inferno? O filme todo se passa dentro do ralo? Talvez. Sarcasmo, vulnerabilidade, perversidade, capitalismo, misoginia, poder. Maior viagem esse trabalho.

Eu li esse livro durante um voo. Quando desembarquei, pasmo com o que tinha acabado de ler, procurei o diretor do filme, Heitor Dhalia, para dizer a ele que eu era a escolha certa para o papel. Ele demorou um tempo até gostar de fato da ideia, mas sacou a jogada. O fato é que eu vinha de trabalhos com personagens absolutamente adoráveis, então ter a minha presença ali seria uma subversão muito atraente para o filme e também para o que eu estava construindo. Foi um período muito fértil para todos os envolvidos. Toda a equipe, o elenco numeroso e fantástico, vivemos dias muito criativos. Foi um mergulho intenso, doido, fora da casinha, vivendo um personagem fantástico, desagradável, hilário e esburacado existencialmente. Poder diariamente conviver com Lourenço Mutarelli, o autor do livro, que para quem não sabe vive o segurança do meu personagem, foi muito gratificante. Muito louco eu dizer pra ele todo o raciocínio sobre a grandeza do homem perante Deus. Para ele! Que foi quem escreveu aquilo tudo. Um personagem muito marcante na minha trajetória, eu amei fazer esse dodói. Era repugnante e fascinante a jornada diária de filmagem.

O filme foi para Sundance, abrindo uma porta internacional para mim. Fez um sucesso grande no Brasil, ganhou a Mostra de São Paulo, fui premiado em muitos festivais pelo mundo, foi uma trajetória bem rica para todos nós da equipe. Exatamente por ser um filme tão estranho e pop e bizarro e cruel e ousado e engraçado e doloroso, até hoje encontro pessoas que amam esse trabalho. Isso é muito interessante: quando o fã chega e fala de um trabalho, eu imediatamente o conheço também, porque seu gosto diz muito sobre sua personalidade.

Voltando ao *Cheiro do Ralo*, que personagem extraordinário, de viajar longe, num humor muito cruel. Uma viagem passar aquele tempo ali na Mooca. A gente pegou um galpão, um grande galpão abandonado e foi nosso estúdio. A gente montou onde ele trabalhava, o canto, o banheiro cenografado pra poder ter a coisa do ralo. No andar de baixo, a gente fez o apartamento dele. A gente ficou trabalhando ali. Era perto do clube do Juventus. Foi um período grande em São Paulo — o que é sempre muito gostoso pra mim, quando eu passo temporadas grandes em São Paulo, porque lembra da minha infância, onde tudo começou.

Foi um encontro maravilhoso com o Heitor Dhalia, o diretor desse filme. A gente tava muito afinado na leitura que queríamos fazer. Misturas muito legais de referência. Sei lá, Sam Peckinpah, Boca do Lixo/pornochanchada, um filme doido. Filme doido bom. Filme doido arrojado. Filme doido bem mandado. Filme doido impressionante. Lourenço Mutarelli é um gênio e sua obra nos inspirou muito.

O Lourenço me disse uma vez o seguinte: "Tem pessoas que eu amo, que às vezes eu só quero ligar e dizer 'boa noite'" — como quem diz muitas outras coisas, como forma de agradecimento, de afeto. E vez ou outra me chega uma mensagem do Lourenço assim:

"Boa noite". Lourenço, aproveito pra te mandar um *boa noite* aqui neste livro.

Falando no Lourenço, eu tenho uma cena com o próprio, em que eu defendo a ideia de que Deus é bom, mas não é tanto assim, não, ha ha ha. Quem é foda mesmo é o homem. Ele diz assim:

"Vou te falar uma coisa... O homem é o Deus do conforto. Entendeu? Deus, ok. Mas quem criou o conforto e portanto está no mesmo nível de Deus — olha o papo! — foi o homem. Então o homem é foda. Nenhum animal seria capaz disso. Você acha que a baleia faria isso? Inclusive ia molhar tudo. A girafa faria isso, pescoçuda do caralho? Pois é... O único ser capaz de criar, por exemplo, este casaco. Olha o meu casaco!" Aí eu mostro o casaco pra ele. "Um casaco felpudo, isso aqui foi o homem que criou, não foi Deus!" A teoria do cara é muito louca! Ha ha ha! Então assim: "Olha essa poltrona. Experimenta a poltrona". Aí ele deita na poltrona e mostra como a poltrona é confortável. "O homem é o Deus do conforto."

E eu falei isso pro Lourenço — que escreveu isso! Que coisa fantástica... Essa profissão tem realmente uns negócios muito loucos!

Vou abrir uma aba aqui, vou sair de *O Cheiro do Ralo* um pouco, eu vou pro *Jean Charles*.

Jean Charles foi um trabalho difícil, eu já falei neste livro algumas vezes. Porque tinha toda a coisa do remédio, de um peso absurdo que eu nunca tive na minha vida, tomando moderador de apetite. Eu tava muito deprimido... eu não tava ali! E Londres, difícil... Bom, no meio de tudo isso, essa parte eu já contei, mas o que eu não contei, que é louco, é o seguinte: eu comecei a sentir muita dor na nuca. *Muita* dor na nuca. Um desespero. Dormia mal, ia filmar com dor, torcicolo. Não conseguia me entender. Daí comecei a trocar de travesseiro, ia lá no hotel, pedia: "Tem um mais gordinho? Tem um menorzinho?". Testei o menorzinho, testei o gordinho, testei dormir com dois, testei dormir de tudo que é jeito. Não me entendia naquele travesseiro, naquela cama, não conseguia dormir. Dor na nuca, mas *muita* dor na nuca. O filme foi indo, foi indo, foi indo, eu com essa sensação de dor, dor, dor, dor na nuca!

E aí a gente foi fazer a cena em que o Jean Charles é assassinado, no metrô de Londres. Bom, como ele é assassinado? Nove tiros na nuca. Essa é a profissão da gente. Óbvio que eu tava com dor na nuca. Eu estava fazendo um personagem que foi morto com nove tiros na nuca. Óbvio que minha tensão estava ali.

Que doido, né? E não acabou a loucura, não.

Aí veio o ator, do elenco de apoio, com a arma pra fazer o policial à paisana que mata o Jean Charles. Fizemos a cena, ele veio com a arma... Aliás, é uma coisa que eu sou griladíssimo por causa do Brandon Lee. Complexo de Brandon Lee. Pra quem não sabe, Brandon Lee, filho do Bruce Lee, fazendo *O Corvo*, que é um trabalho extraordinário, numa hora ele sobe em uma mesa e fala: "Atirem!", e um monte de gente atira nele. Simplesmente tinha bala de verdade num dos revólveres. Aí tem duzentas mil teorias da conspiração sobre isso, mas enfim. O fato é que toda vez que tem arma em cena, eu falo: "Só um instantinho!". Pego a arma, olho o tambor, vejo que não tem nada, devolvo pro ator... Na hora de filmar eu pego de novo. Tipo assim: TOC. Tá maluco? Arma em cena? Não, tem que tomar muito cuidado.

Então, o ator veio e deu os tiros na minha nuca. Cortou e ficamos ali fora, batendo um papo, com uns atores ingleses que estavam fazendo a cena comigo. Aí um assistente de direção chega pra mim e diz: "Você sabia que esse cara que deu os tiros é ator e mercenário?". Eu fiquei: "Hã?". "Sim, ele é mercenário. Já trabalhou em guerras, tá vindo da guerra X agora". Ator e mercenário. Como assim? Ha ha ha!

Olha, essa profissão da gente é extraordinária...

E no *Cheiro do Ralo* houve também os encontros. O Chico Accioly, queridaço, fez a produção de elenco e achou uma galeria de atores extraordinários, vindos de várias escolas diferentes, vertentes diferentes. De São Paulo, do teatro... Eu conheci tanta gente maravilhosa ali. É aquele trabalho que eu saio falando: "Meu Deus, eu queria poder dirigir alguma coisa e botar toda essa gente em cena". Todos eles, maravilhosos.

Tantos encontros... Eu lembro do seu Abrahão Farc. É um ator da velha guarda, já nos deixou, mas também deixo aqui na memória. Muito comovente. A gente fez uma cena bonita, uma cena maluca, em que o Lourenço sai jogando dinheiro pro povo, porque ele acha que esse senhor lembra o pai que ele não tem. Então é por isso que ele compra uma perna e um olho pra começar a construir o pai que não existe. Enfim, esse filme dá muita margem psicanalítica.

Mas o seu Abrahão Farc chegou pro ensaio no primeiro dia, fizemos a cena. Um cara tão frágil e doce. Foi bonito ensaiar com ele. Naquele dia teve o dinheirinho pra ensaiar, alguma ajuda da produção pra pegar condução, uma coisa simbólica, e ele falou alguma coisa do tipo: "Ah, que bom, porque na vinda de ônibus foi difícil". Isso ele já com 70, 80 anos, doente, com alguma coisa física. E aí ele foi devagarinho pra pegar um táxi pra voltar pra casa. E eu tive uma catarse, uma crise de choro.

Foi um choro pela profissão. Pela dureza da profissão, pela injustiça da profissão. Fico emocionado até agora aqui em falar disso. Como é que pode um homem como aquele, uma vida dedicada à arte, com tantas passagens importantes na televisão, no teatro, no cinema, prêmio... Ele estava feliz porque tinha um dinheirinho pra ir pra casa. Ou então ia voltar de ônibus porque ia precisar comprar algum remédio, sabe?

Que dureza... É uma profissão dura. As pessoas às vezes olham de fora e acham... sei lá o que acham. E ainda existe uma vertente que acha que ator é vagabundo ou que faz algo supérfluo. O ator é fundamental. O ator espelha você — nada mais do que isso. Ele tá espelhando uma população. A gente fala português. Então quando você vai ao cinema ver um filme que eu faço, você tá se vendo. Você está vendo sua cultura, suas falhas. E às vezes não é confortável ver suas falhas. É um espelho.

O Cheiro do Ralo está ali pra mostrar um espelho também, de um mundo doente. De um mundo torpe. E é bom a gente se ver na tela. Seu Abrahão Farc aquele dia me fez chorar pela impotência de não poder ajudar os milhares de Abrahão Farc que existem no Brasil.

Os grandes artistas que terminam sem nada, que não conseguiram nem ter uma casa, uma vida decente, vivendo da profissão. Por isso é fundamental a distribuição de renda cultural pros grupos de teatro, pros movimentos de expressão no Brasil inteiro, porque a maioria é Abrahão Farc. A maioria não sabe se vai conseguir fazer a compra de supermercado do mês, não sabe se vai conseguir pagar o aluguel.

Se fosse o Lourenço do *Cheiro do Ralo* ouvindo isso, diria, sem nenhuma alma: "É, a vida é dura". Mas o Selton tá de olho em tudo e sente tudo muito. A Clarice Lispector fala coisas do tipo: "Eu queria sentir menos". Ela fala alguma coisa disso — do quanto é penoso pra ela essa porosidade, essa capacidade de sentir as dores do mundo. Nossa, se você me perguntasse se eu gostaria de voltar no tempo e conhecer alguém, bater um papo com alguém, eu diria: Clarice Lispector. Se eu pudesse voltar no tempo e conhecer alguém, seria a Clarice.

E veja a beleza da arte, da literatura, da educação, né? Ela não está mais aqui, e eu não tenho como conversar com a Clarice. Mas eu converso com a Clarice, quando eu leio as coisas dela. Ela ilumina meu pensamento, ela me faz enxergar coisas, ela faz com que eu me enxergue melhor. E isso é uma coisa muito poderosa.

Então como ator, como diretor, eu tento fazer com que o público sinta alguma coisa, mais do que veja. Eu quero que ele sinta alguma coisa. E essa é uma das coisas mais bonitas que eu venho fazendo nesses quarenta anos.

"O ator é fundamental. Então quando você vai ao cinema ver um filme que eu faço, você tá se vendo. Você está vendo sua cultura, suas falhas. E às vezes não é confortável ver suas falhas. É um espelho."

DIRA
Paes

Selton querido,

Temos duas coisas em comum: começamos cedo na carreira e temos o nome inventado, o que nos une tremendamente, ha ha ha! Quem é o Selton, filho da Selva e do Dalton, irmão do Danton, do mato, da música, amigo dos amigos e dos melhores réveillons?

Dira, queridona. Você é uma pessoa maravilhosa. Eu te amo. Minha mãe te ama. Você formou uma família linda com o Pablo Baião, grande fotógrafo, um cara com quem trabalhei também e amo. Ver seus filhos crescendo é uma coisa linda. E agora você tá dirigindo e eu fiquei muito contente com isso! Nosso cinema vai ganhar muito com seu olhar!

Você é uma das maiores atrizes do cinema brasileiro. Você já fez de tudo, mas é uma mulher do cinema. Antes de eu pensar em fazer cinema, você já estava mandando ver. Você faz cinema desde que nem tinha isso direito no Brasil. É muito impressionante a sua trajetória na tela grande. Te admiro demais. Tenho vontade de estar mais perto, de trabalhar juntos. Mas tudo bem, essa é uma profissão generosa, então nunca será tarde pra gente juntar forças.

E "quem eu sou"? Eu sou essa mistura que o leitor está lendo neste livro até agora — se é que já não desistiu. Ha ha ha! Sou um sonhador vocacional, inadequado nato e tentando fazer parte, meio provisório, meio definitivo, meio errado, meio acertando, meio bossa nova e rock n' roll. Não sou especialista em nada, nem de mim mesmo. Sou de exatas e de humanas. E de boas.

Ninguém sabe o que vai aqui dentro. Aqui, no Engenho de Dentro... Sou muito introvertido, putz... Meu sonho é vir extrovertido na próxima encarnação. Sou do mato, do asfalto, da música. Nossa, muito da música! Muita música na minha vida. Muito rock, Gil, Gal, Bethânia, Chico Buarque... Na adolescência: Ira!, Titãs, Legião Urbana, The Doors... E não só a música, mas a viagem, a poesia do Jim Morrison.

E amigos são aquelas pessoas que você vai encontrando, e alguns vão ficando pelo caminho — faz parte também. As pessoas mudam, cada um vai pro seu lado e pode se reencontrar mais adiante, ou não.

E que engraçado você falar que eu sou o cara dos melhores réveillons. E realmente, porque eu morei em uma casa durante boa parte da minha vida. E era uma casa grande e gostosa, boa de receber os amigos, e eu fazia festas de réveillon muito generosas mesmo. Um convidado levava seis amigos e o outro dizia: "Ah, mas eu trouxe dez parentes meus de Vitória". E eu falava: "Chega aí com os dez!", ha ha ha.

Às vezes alguém comenta do nada: "Amei o réveillon na sua casa em 2006", ha ha ha. E eu falo: "Ah é?", e a pessoa: "É, foi ótimo, eu fui com a minha prima, que é casada com seu amigo...". Enfim, era uma casa muito feliz e você estava lá, muitas dessas vezes!

Como você dá conta de tanto amor? É bom ser tão amado e admirado?

Olha, essa pergunta me faz pensar em duas coisas. A primeira é no amor de pai e mãe. É bom ser tão admirado por pai e mãe? Sim, é muito bom. Até porque nunca foi desmedido, nunca foi narcísico, nunca passava do ponto. O que eu tive dos meus pais foi só bom. Não teve parte ruim.

Agora, do mundo? O mundo é louco, né? O mundo é bonito, é torto, é surpreendente, é maravilhoso, é terrível, prega peças, surpreende positivamente, assombra negativamente. Eu sinto que tenho um público parecido com aquele que está na primeira foto deste livro. Eu sinto que ali fiz uma conexão, sabe? Eu estendi a mão e eles vieram pra ficar. Por isso aquela foto é simbólica e é a primeira do livro. É o ator e o público. Meu contato é direto com eles, sem intermediário.

E realmente eu tenho algo com o espectador muito lindo — e muito consistente. São quarenta anos, né? Quarenta anos que o público me acompanha, que segue com interesse. E a via é de mão dupla: eu quero sempre fazer o melhor por eles. Surpreendê-los.

Oferecer algo novo. A releitura de algo com um olhar de hoje, mais maduro. É um namoro eterno. Somos eternos namorados. É uma coisa muito boa. Existe um namoro com o público que vem da infância até agora.

Que seja eterno enquanto dure!

Qual a sua melhor companhia? A música, o cinema, a solidão ou um amor?

A melhor companhia é a gente com o espírito apaziguado. A mente quieta. O coração tranquilo. E as companhias — as coisas que dão sabor à vida: o outro, os encontros — ficam melhores, porque você está melhor.

Dira, você já me ensinou muito nesta vida, mais do que você imagina.

Selton, o que a vida ainda não te trouxe nesses quarenta anos e o que ainda faz parte dos seus sonhos? Do que você abriu mão no caminho?

Acho que abri mão de muita coisa pessoal e é isso que eu penso quando digo que, nesses cinquenta anos de vida, eu penso em mudar, virar alguma chave... Estou elaborando ainda o que será isso, mas talvez dar um espaço maior entre os trabalhos, sem ocupar esse espaço com mais trabalhos, sabe? Porque foi isso que fiz a vida inteira. Isso é a pessoa fugir dela mesma, e eu não quero fugir de mim. Eu quero olhar atentamente, com tempo, para minhas capacidades e falhas.

Não quero fugir do que eu sinto, de coisas ruins ou maravilhosas que eu possa sentir. Eu quero abrir esse espaço sagrado pra mim. A vida inteira eu abri espaços sagrados pro artista. Agora eu estou abrindo esse matagal, no facão, pro homem. Pra ele ter o seu tempo. E acho que o artista vai se beneficiar disso também. Esse cara precisa descansar mais. Precisa baixar a poeira. São quarenta anos levantando poeira. Preciso olhar com olhos livres tudo: pra dentro, pra fora, pros lados, pra frente.

Agora que a maturidade bate à nossa porta entre arrependimentos e sucessos, você tem medo do fechamento das cortinas, do inevitável fim?

Não sei, Dira. Eu não tenho muito medo da morte, não. Eu penso a morte como uma passagem, uma parte da existência. A gente já nasce morrendo. Parafraseando um chegado querido: "Encontrou-se com o único mal irremediável. Aquele fato sem explicação que iguala tudo que é vivo num só rebanho de condenados. Porque tudo o que é vivo, morre". Então é isso.

A morte é parte do jogo. Temos que ter a manha de preparar o próprio funeral. Tranquilamente. Zelosamente. O fim é apenas simbólico, porque a gente morre ao longo da vida. Ano passado eu morri. Este ano, não. Temos também as pequenas mortes. Eu já morri e sobrevivi algumas vezes nesta vida. Aliás, isso acontece diariamente. Você desiste e morre. No dia seguinte, você levanta e pensa diferente. Encontra algo com um significado maior.

Por isso eu sou muito atento às pequenas mortes, aquelas que acontecem em questão de horas ou dias. Não sei se consegui te responder, mas é bonito falar sobre o fim. É importante ter um final. Sinto-me pronto para o fim.

"Sou um sonhador vocacional, inadequado nato e tentando fazer parte, meio provisório, meio definitivo, meio errado, meio acertando, meio bossa nova e rock n' roll. Não sou especialista em nada, nem de mim mesmo. Sou de exatas e de humanas. E de boas."

DANTON
Mello

Quarenta anos de carreira e o que perguntar para o Selton Mello? Bom, ao longo dos meus 48 anos de vida, perguntei tudo que queria saber desse artista fenomenal! Acho melhor, então, trazer algumas lembranças de nossa convivência como irmãos. Porque eu tive a sorte de nascer na mesma família e crescer ao lado não do Selton Mello, mas do Selton Figueiredo Melo. Com um L somente, diferente do nosso nome artístico! Eu cresci ao lado do ser humano Selton. Do meu Selton, como eu o chamava quando criança. Eu vi esse artista se moldar ao longo das últimas quatro décadas. Vi sua dedicação para chegar aonde chegou. Vi seus tombos, seus medos, suas angústias, os nãos que recebeu e vibrei com suas conquistas mais do que ninguém!

Eu me lembro bem dele cantando no *Programa Dárcio Campos* enquanto eu brincava pelo cenário. Ele sempre aplicado e eu curtindo. Até que uma pessoa apareceu para mudar nossas vidas para sempre: tia Irany. Dona de uma agência de elenco infantil, pediu fotos daquele talentoso menino cantor e do irmão caçula que também estava ali e era um fofo. Começava, então, uma vida nesse mundo artístico que seguimos até hoje...

Passamos pelo bairro do Brás, do qual não tenho muitas memórias, e logo nos mudamos para Aclimação. Ali, lembro bem de nossas brincadeiras embaixo da escada com os bonequinhos Playmobil. Ele não só se divertia como dirigia todas as ações dos bonecos! Já era, próximo aos dez anos de idade, um diretor e roteirista que comandava nosso *set* imaginário com delicadeza e segurança. Naquele início dos anos 80 fizemos muitos comerciais em São Paulo, até que veio o convite para participar de uma novela na Globo. Por causa dele fomos todos para o Rio em 1984. No ano seguinte fiz também minha primeira novela e dali em diante não paramos mais.

Fomos muito bem recebidos pela Cidade Maravilhosa! Além das novelas, veio a dublagem. Como aprendemos nos estúdios da Herbert Richers. Selton, como sempre, dedicado e estudioso. Durante alguns anos, ele ficou ali enquanto eu fazia novelas. Cheguei a pensar se isso o incomodava porque mudamos de cidade por causa dele. Era o menino que sonhava com a vida de artista enquanto eu brincava de contar histórias na TV. Hoje eu sei que não porque não existe pessoa mais generosa e mais protetora com o irmão mais novo do que ele!

Início dos anos 90 estreamos no teatro. Depois de acompanhar seus ensaios e temporada do espetáculo *O Ateneu*, um dia visitei e assisti do lado de dentro, da coxia. Veio o desejo de experimentar também a magia dos palcos. Em 1991, estimulado por ele, fizemos juntos *Romeu e Julieta* nas comemorações de quarenta anos do Tablado. Nunca vou me esquecer da nossa estreia quando, nos agradecimentos, ele cruzou o palco para me dar um beijo e estar ao meu lado naquele momento de receber os aplausos do público!

Pouco depois, ele faz um retorno em grande estilo às novelas. Eu tinha ido procurar trabalho nessa produção também. Como sempre fazíamos, levávamos currículo e contávamos com a fiel torcida familiar para que tudo andasse bem. Ele me ligou para avisar que tinha sido escalado e se eu ficaria triste caso aceitasse. Fiquei tão feliz! Ele merecia aquele personagem mais do que ninguém.

Daí em diante, todos conhecem a trajetória dele. O artista plural que se transformou: ator, dublador, diretor, roteirista, produtor. Mas poucos sabem das dificuldades e desafios que passou ao longo da vida. Em muitos momentos eu estava ao lado dele, outros nem tanto, porque a vida é assim. A gente cresce e segue nossos caminhos. Mas nunca deixamos de estar perto, de conversar. Selton é minha referência, meu conselheiro, meu incentivador... Um ser humano fantástico, preocupado com todos a sua volta. Um filho carinhoso e protetor!

Te amo, irmão!

Danton Figueiredo Melo, meu irmão. Caraca, muito louco ler aqui o que você escreveu pra mim. Muito louco você falar 48 anos de vida. O tempo voa, de fato.

De cara o que me chama atenção e que me faz pensar em muita coisa é exatamente essa tua percepção. A percepção de que ali, cantando na televisão, eu já estava concentradão, aplicado no negócio. Foco na parada. E você, tipo, curtindo. E é curtindo *mesmo*: criança brincando no cenário. Eu também tava brincando no cenário, mas tava levando muito a sério aquilo tudo ali. E é isso. É sobre isso! Eu, uma vida brincando a sério e você, uma vida curtindo. Curtindo tudo ao redor.

Engraçado essa coisa de dois anos e pouco de diferença. Você não tem lembrança do Brás, que foi um bairro em que a gente morou durante muito tempo em São Paulo. Porque a gente morou ali até os meus seis, sete anos. Então, pra você realmente era quatro, cinco anos. Muito louco isso, porque tenho *muitas* lembranças do Brás. Era um bairro muito simples, era um bairro muito... como é que eu vou explicar? Fim dos anos 70. Era um bairro cheio de fábrica, sabe? Era um bairro nada residencial, entendeu? Moramos em duas ruas no Brás, mas era um bairro basicamente comercial, sabe? De indústria, de madeireira, de caminhões carregando coisas, coisas grandes, fábricas, sabe? Essas madeireiras... eu me lembro do cheiro da madeira. Eu lembro que, inclusive, até tinha coisa que voava, umas fagulhinhas de madeira, de ter cuidado de não entrar no olho, essas coisas.

Mas eu lembro que ali... É louco isso, porque você vai elaborando enquanto faz um livro desses. Eu elaborei tantas coisas ao longo deste livro. Essa é mais uma. Do quanto que essa primeira infância — até os seis, sete anos, que você não lembra tanto — foi muito determinante pra mim, pro meu jeito de ser. Porque ali é exatamente o momento de maior perrengue da gente. É um momento de muita dureza financeira, morando num lugar que acho que era até meio perigoso para andar. Eu me lembro do meu pai falar... Minha mãe também contava, que eles se revezavam para comprar leite mais barato. Não sei se é o leite B ou C. Tinha uma coisa do governo de São Paulo que tinha o leite mais barato, aquele leite de saquinho. Acho que é o leite B ou C. E aí eles vendiam por um preço mais acessível. Quando já abria a padaria, sei lá, 6h da manhã, já tinha uma fila gigante. Então, meu pai e minha mãe se revezavam para comprar nessa época o seu leite, porque eu já tinha seis. Então eles acordavam às 3h da manhã pra essa tarefa. Fico imaginando minha mãe, uma mulher de trinta e poucos anos, andando naquelas ruas escuras, vazias, de fábricas. O risco danado para entrar na fila do leite mais barato. O quanto que isso ficou para mim... O quanto que esse senso de responsabilidade, do sufoco, do perrengue, das 3h da manhã, minha mãe saindo de noite para esperar na fila para comprar o teu leite. O quanto que eu introjetei isso e, imediatamente, quando eu tive a chance: "Quero ser artista, quero dar uma vida boa para eles, quero dar tranquilidade para eles. Quero que minha mãe não precise se levantar 4h30 da manhã para comprar leite".

Olha... Elaborei tanta coisa, resolvi tanta questão numa tacada só, que eu vou dar de presente este livro pro meu terapeuta me dar alta, dar um abraço grande nele e vou pra praia, fazer aula de surf, ha ha ha.

A história que contei neste livro também, do ônibus que minha mãe pegou, que ela não tinha dinheiro para comprar a passagem, é no Brás. Meu pai, com medo de perder o emprego, acumulando trabalhos como bancário e um bico no Jockey Clube. Às vezes ele emendava do banco às 5h da tarde, ia para o Jockey e ficava até 2h da manhã. Todo esse esforço para ter mais um dinheiro suado para a gente, para a nossa família. Tudo isso foi no Brás.

Como é importante esse primeiro bloco da vida, como é fundamental o bebê até os seis, o quanto que ali você forma e compreende coisas, porque você não está nem falando, você está sacando tudo, é muito mais por osmose. O quanto que eu peguei disso... Eu falo das dificuldades e também da beleza da generosidade. Nossos tios ajudavam sempre que podiam, mas moravam longe, então era mais difícil. Ninguém tinha dinheiro pra ficar viajando de ônibus toda hora. Nossa vida era mais ali mesmo, nas ruas com cheiro de madeira. Afetos extrafamiliares também sempre existiram, talvez alguém da família dela leia isto: Dona Maria era uma senhora que não tinha filhos e que era amiga da minha mãe, ali no Brás. Olha como o Brás é importante! E aí ela ficou viúva do seu Djalma. Ela tinha uma grande amiga, que era a Ruth. E elas amavam a gente, amavam a minha mãe, tinham um amor pela gente de amiga, empatia. Duas mulheres muito simples e queridas. E elas ajudavam a cuidar da gente, entendeu? Tudo no Brás! Tio Sinval me deu um violão, a primeira porta pra arte, guardo até hoje. Depois ele me deu uma guitarra também, jamais poderíamos comprar aquilo. Tia Sonia, Tia Susana, Tio Silas, Tia Maria, Tia Neuza, Tio Stanley, Tio Salvador, Tia Luzia, primos muito queridos, tanta gente importante na nossa infância. E amigos dos nossos pais, Dona Maria e Ruth, maravilhosas!

Minha mãe fazia costura, costurando naquela máquina, para levar num lugar longe... Às vezes, o cliente nem deixava ela subir. E ela voltava triste: "'Nossa, eu fiz com o maior amor a costura, nem me olharam...". Ela fazia muitas coisas à mão, bordado. Minha mãe era muito caprichosa nessas paradas. Então ela faturava um dinheirinho extra para a família fazendo muita coisa de roupa, de costura, de bordado, de tricô, etc. Ela durante muito tempo costurava as próprias roupas, a vida toda ela costurou as próprias roupas. Criava, comprava o tecido e costurava as próprias roupas. E as costureiras-chefes contratavam ela para fazer coisas de moda. Sei lá, eu nem entendo desse mundo, mas eram coisas em escala grande, entendeu? Era, sei lá, quarenta camisetas, cinquenta lençóis, setenta bordados. Então olha como isso ficou para mim — o esforço, o sacrifício, a dureza, a dificuldade.

A gente comia num pratinho que tinha um desenho meio fábula no fundo. Sabe qual era o meu? A fábula da cigarra e da formiga. A cigarra relax, a formiga trabalhando. Quando chega o inverno, a cigarra fica toda errada porque não se preparou. A formiga toda organizada porque se preparou. Eu virei a formiga. Pratinho miserável, ha ha ha ha ha!

Seria você a cigarra? Ha ha ha. Somos opostos, sempre fomos. Você pra fora, extrovertido, aventureiro. Eu introvertido, criando meu infinito particular.

Minha mãe costurava pra fora, eu costuro pra dentro, como a Clarice Lispector.

É muito curioso isso, Danton. Don, a gente te chama de Don ou Dom. Eu nem sei em que altura você virou o Don, mas é o jeito mais carinhoso e curtinho para te chamar.

Aliás, outra curiosidade sobre você é o seu nome, que originalmente era *Dânton*. Sem acento, mas com ênfase no "Dan". Só que você era tão encapetado que minha mãe precisava te chamar aos berros, ha ha ha. E aí não rolava "Dââânton!". A intenção ficava no final. Então, ela mandava mais: "*Dantóóóóón*! Cadê você?". Ha ha ha ha! "Volta aqui para dentro! Sai da rua, menino!" Então acabou ficando a ênfase na última sílaba, no "ton". Mas, na verdade, originalmente era "Dânton", era pra ser Selton e "Dânton". Engraçado que o "Dânton" nunca vingou. Ninguém te chama de "Dânton", nem eles! Acho que eles te chamaram assim nos primeiros anos, sei lá, bebê. Que engraçado pensar isso. Era um nome e foi virando outro.

E acho que isso tem a ver contigo também — mutante. Você é geminiano, né? Gêmeos: hoje animadíssimo com algo, amanhã já não tão certo daquilo.

Que bicho doido que você é, Danton. Ha ha ha ha! Demorei cinquenta anos pra descobrir que não te conheço. Eu que lute, ha ha ha.

Outra curiosidade a seu respeito. Palmeirense na infância. Camisa do Palmeiras. Camisa do Palmeiras! Menino brincando na rua de camisa do Palmeiras, ha ha! Veio para o Rio em 84. Ah, você nem pensou duas vezes: *pá!* Os amiguinhos ali do Rio de Janeiro... Surf. Flamengo. Flamenguista. Vida inteira flamenguista! E aí, há uns dez anos, você ficou amigo de uns são-paulinos e começou a ir no Morumbi, ver jogo do São Paulo, viajou com o time. Virou são-paulino! Isso diz muito sobre você, ha ha ha ha ha ha!

Na praia você era desenvoltura pura, pegava jacaré, *bodyboarding*, a gente ficava em pânico com suas estripulias. Eu, sem nadar, todo errado, quase morri afogado real uma vez nas praias de Copacabana, na frente da Constante Ramos, onde moramos muitos anos. Fui salvo lá no meio do mar por um surfista, que me levou de volta pra areia, cuspindo água. Ha ha ha.

Mas, enfim, parei de falar da Dona Maria. Dona Maria e Ruth ajudavam muito a gente. Ajudavam a cuidar, sei lá, a ficar com você enquanto eu ia numa gravação. Ou, sei lá, enquanto minha mãe ia levar uma costura em um bairro longe de gente rica. Então, assim, teve uns anjos na vida da gente, sabe? É bonito isso também! Muito bonito! Eu captei isso também, fortemente. De como teve pessoas que foram legais, sabe? Foram ajudando. Outro dia, meu pai me contou outra história — Brás de novo, pagando aluguel. Olha como foi ficando na minha cabeça a dificuldade do aluguel, medo de ser mandado embora do emprego... Será que vai ter dinheiro para pagar o aluguel? De pagar as contas do fim do mês? Olha, com seis anos eu sacava tudo isso, entendeu? Eu já estava ali matutando: "Como é que faz pra ajudar a pagar esse negócio? Para eles não terem tanto sofrimento?". É, esse era o meu mantra. Esse era o meu raciocínio. Assim eu fui formado. Isso me moldou. Fomos muito ajudados na dificuldade e eu carrego isso comigo também.

Então, Aclimação, que você já lembra muito bem, é a gente começando a prosperar. Porque ali nós dois já começamos a fazer comerciais e um monte de coisa, e locução, foto, catálogo não sei para onde etc. E uma coisa legal... A gente sempre foi formiguinha, não é? Você gostava do chocolate Surpresa, porque vinha com os bichinhos em relevo. Você amava esse! Tinha o jacaré, o tucano... Ele era um chocolate ao leite. Eu gostei de vários, já fui apaixonado por vários. Nessa época, acho que era o Sensação de morango. Você vê que eu já sou logo das drogas mais pesadas! Já é o chocolate com um troço de morango, com mais coisa química ali dentro, ha ha ha ha!

É muita coisa, muita lembrança. Essa nossa infância, que eu já falei tanto neste livro. Essa mistura de São Paulo com roça, em Minas. Como isso foi importante para a gente. Muito importante pra nossa formação.

Aí veio o Rio de Janeiro, novela, Herbert Richers, dublagem. Você perguntou se isso incomodava. Você não parou na adolescência. Você continuou fazendo novela. E eu, não. Esse momento, para mim, foi muito difícil e ao mesmo tempo de muito orgulho de você! Torcendo, achando você sensacional em *Tieta*, por exemplo! Você fez *Vale Tudo*! Um clássico das telenovelas! A gente nunca teve inveja, ou torcer contra, ou qualquer coisa do gênero. Mas óbvio que eu queria também. E eu não tinha.

Mudou a família inteira por minha causa por uma chance rara. E depois eu não dei certo. Esse era meu raciocínio, de ter trazido uma família inteira e falhado miseravelmente. Com doze anos eu já estava frustrado por ter dado errado. Com doze anos eu carregava esse peso nas costas. Então olha... Olha o que eu carregava dentro. Muito louco.

A adolescência é um período cinza para mim. Estranho. E aí nos anos 90 foi muito legal. Lindo você lembrar de *O Ateneu*, que foi uma peça que a gente fez com o Damião, nosso professor no Tablado. E o teatro me deu uma autoestima. Descobri um negócio em mim que eu desconhecia. Até então eu tava na adolescência cinza. E subitamente, através da arte, dos palcos, eu voltei a ficar colorido. Aliás, eu tenho sentido ao longo deste livro uma enorme vontade de voltar ao teatro. Não esperando nem a próxima edição do livro em que eu vou falar tudo ao contrário.

O quanto que o teatro teve uma importância na minha vida. E falar disso tem sido emocionante. Está mexendo dentro de mim. E, como eu sou capricorniano, já pensei em umas três coisas para fazer em teatro, não só uma, ha ha ha.

Ah, o *Romeu e Julieta* foi muito emocionante. Você era o Romeu perfeito. O Romeu comovente, doce, com um sorriso leve, apaixonado. A Julieta era a Aninha Kutner. Olha como a vida é circular. A Aninha Kutner é uma das filhas do Paulo José com a Dina Sfat. Olha como a vida é legal. Filha do Paulo José, que foi lá assistir a gente. Recentemente fiquei muito próximo da Bel Kutner, que é uma atriz — e uma pessoa — maravilhosa, uma companheira incrível. Mas, enfim, a Aninha Kutner era a Julieta, você era o Romeu e eu fazia o Mercuccio. Que beleza que foi aquilo, né? Desencanados. Sem muito peso, sem saber se vai dar certo ou não vai dar certo, indo, leves. Bonita essa lembrança que você falou que eu fui lá te beijar, assim como quem diz: "Aplaudam ele, que ele é foda! Meu irmão é o Romeu e é foda!". Que maneiro! Fiquei emocionado lembrando disso agora.

Que emocionante também você contando aqui, que eu também não lembrava, que a gente levou currículo ou estava sendo cogitado para a mesma novela. E que eu fiquei grilado se você ia ficar triste. Que coisa bonita, né? Muito emocionante, cara. Porque você não ficou feliz por mim só como ator, era como irmão, né?

Você sentia com orgulho que eu merecia ficar colorido de novo...

Às vezes eu acho que na adolescência... eu conheci o que hoje eu sei que é depressão. Só que eu não sabia que tinha um nome. Talvez aquilo que eu vivi na adolescência tenha sido isso. Uma melancolia que passou a andar comigo. Hoje sou íntimo dela e aprendi a escanteá-la. Ou usá-la, para momentos sublimes de criação. Autoconhecimento gera novas ferramentas. Fundamental! É muita coisa... Eu acho que se eu tivesse que definir a gente... Eu tenho a sensação de que a gente fez movimentos inversos, né? Você deu uma importância tranquila, suave para a profissão. Você ama o que você faz, adora estar em cena, curte para caramba! Mas acho que você amou mesmo foi ter sido pai. Acho que você ama *mesmo*, mais do que a profissão, é a Luísa, é a Alice. Ter visto o nascimento delas, a educação delas, a adolescência delas. A dor que você sentiu — porque eu vi essa dor. Aí cada um com as suas. A sua foi quando elas foram morar fora. Quando a mãe delas foi morar fora e achou que era uma oportunidade pra elas. Ali eu vi uma pessoa quebrada. Ali eu vi seu coração partido e você foi muito generoso. Porque você poderia talvez ter endurecido naquilo, ter concordado, mas não tanto. Você enxergou que seria uma oportunidade fabulosa para elas. Uma oportunidade que a gente na idade delas nem podia sonhar, né?

A nossa grande aventura foi ter nascido em uma cidade do interior de Minas, ter crescido em São Paulo porque era ali que nossos pais estavam tendo uma oportunidade melhor pra sobreviver e, na sequência, uma mudança para o Rio que mudou nossas vidas, né? Elas foram para Los Angeles. Estão falando várias línguas. A Luísa estuda artes e psicologia. A Alice agora está indo para a França estudar ciências políticas. Em francês! Eu admiro muito isso em você, nem sei que nome tem isso. É um amor duplo carpado, né? É o querer bem e não poder estar perto. Doloroso e belo. Que mistura que você deve viver e não fala, porque não fomos nunca de falar, mineiros, que guardam as coisas no peito. Essa dor eu vi você sentir, a distância de suas filhas. Essa dor você, na verdade, ainda sente até hoje um pouco. Né? Assim, claro que foi amenizando, foi melhorando, mas... não estão perto, né? Não estão do lado. Não estão no dia a dia. Eu imagino o que é isso para você.

E veio a Dona Selva, né? O declínio da idade. O Alzheimer.

Então a memória dela... agora... Cabe a nós, né? Este livro é uma forma de preservar lembranças. Um livro para preservar recordações, um pequeno recorte de uma família brasileira.

Vivemos, como você falou, muitas coisas juntos, muitas coisas separados. Em muitos momentos eu senti sua falta. Muita falta. Em muitos momentos, certamente, você sentiu a minha. *Muita* falta.

Nos últimos anos nos vimos pouco, falamos pouco. Mas acho que também cada um tem a sua história, o seu jeito de ser. Acho que, mais do que tudo, a gente, mesmo com diferenças grandes, mesmo, sei lá, pensando diferente, sendo diferente, eu acho que a gente acaba sempre se reorganizando. Porque a nossa base é muito afetuosa. Então isso faz com que o afeto sempre venha pro primeiro plano.

Vem pra frente. E ganha. De qualquer coisa.

Este livro-memória é também para exaltar a grandeza do nosso pai. Seu Dalton viu isso tudo, protagonista de nossas histórias, vê diariamente tudo que está acontecendo. E segue firme, do jeito dele, também calado, a idade impondo dificuldades, não falando um monte de coisa que sente, mas firme na sua leveza, sorriso largo, carismático, na paz que deve sentir de ter criado filhos legais, pessoas legais. Na clareza de ter valido a pena os sacrifícios. A impotência diante do estado da mulher da vida dele. A beleza de olhar a vida em perspectiva, aos 80 anos e perceber que as escolhas foram certeiras.

Se ele não tivesse se mandado de Passos pra ganhar um pouco melhor em Ribeirão Preto, se ele não tivesse agarrado corajosamente a segunda chance de se mudar pra São Paulo por uma vaga mais atraente, nossa vida seria outra.

Eu tenho aprendido a falar as coisas, disse a ele outro dia e deixo aqui no livro também: "Obrigado, pai! Por sua audácia, ambição, coragem acima do medo de se mudar, de querer crescer, de arriscar se mudar para uma cidade sem nenhum parente por perto, pra tentar uma vida melhor pra você e pra sua família. Sem medo, grandão. Arriscou. Valeu a pena, pai! Obrigado por tudo!".

Você é o Danton. Meu irmão mais novo que eu amo. Te vejo, atentamente, daqui do meu cantinho mágico. Uma vida saindo correndo, aventureiro, flertando com perigos, sentando em rabo de cachorro que mordeu tua cara, menino furacão, geminiano cheio de dúvidas, almoço afobado, tretas aleatórias, minha mãe em pânico, já sem voz, gritando por você na janela, machucando perna, herdando o sorriso do pai, leve na vida, virando pai, comendo chocolates com animais em relevo.

Eu segui concentrado e criativo, lendo gibis, sentindo as coisas do mundo, escrevendo sonhos, tocando violão, idealizando aventuras, colecionando figurinhas e memórias, fantasiando coisas sensíveis, acendendo velas para nossa proteção, contemplando a natureza humana, ordenando minha desordem, andando a cavalo em estradas sem fim, polindo minha imaginação, colorindo o cinza da minha vida.

Dois irmãos, duas trajetórias.

Você, vive intensamente tudo o que imagina.

Eu, imagino intensamente tudo da vida.

Daqui, debaixo da escada, sempre torço pra você chegar direitinho em casa.

Obrigado por estar aqui neste livro, meu irmão.

Pra me ajudar a lembrar.

Eu precisava me lembrar.

@@

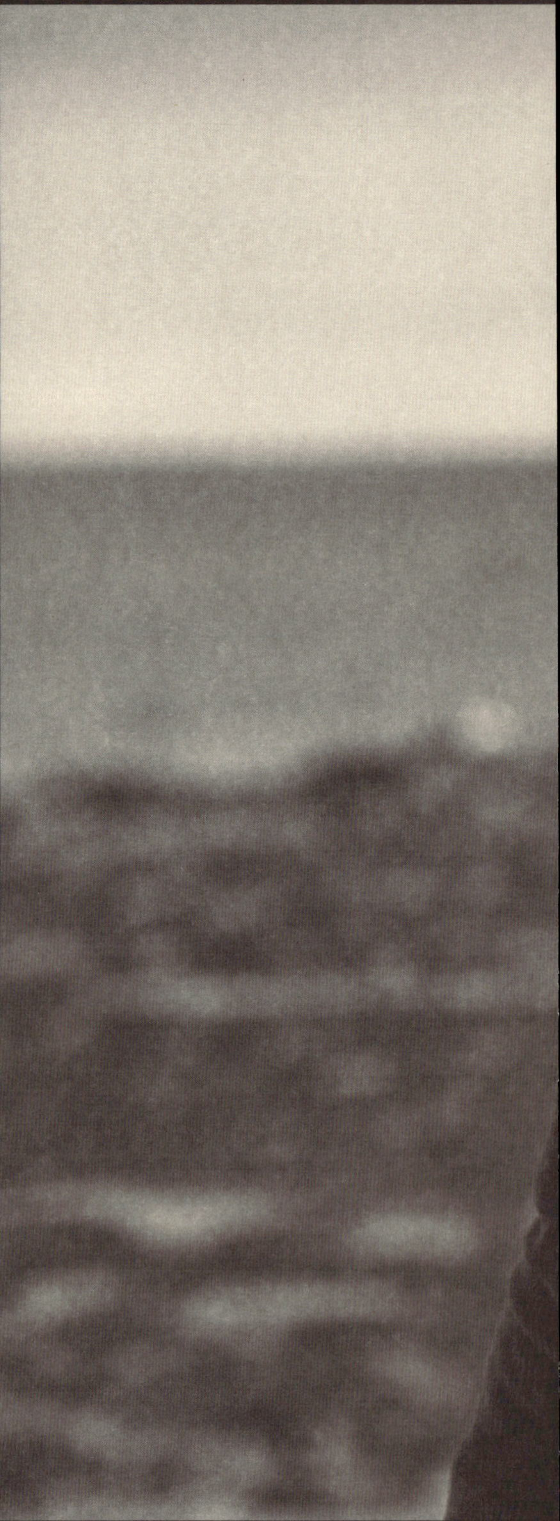

AGRADECIMENTOS

Ao fiel escudeiro Neto Ponte, firmeza total na vida e que me ajudou imensamente nas transcrições das entrevistas.

Ao novo e já clássico parceiro Pedro Paulo Araújo, fundamental para levantar o primeiro esboço do livro.

Mauricio Nahas, um craque diferenciado na fotografia, pelo olhar apurado, nesse ensaio que fizemos despretensiosamente e que ficou eternizado a partir de agora.

Deive "Azaghal" Pazos e Alexandre "Jovem Nerd" Ottoni, por me ajudarem a encontrar uma casa para o livro existir.

Meus sinceros agradecimentos aos extraordinários Guilherme Dei Svaldi, Karen Soarele, Leonel Caldela e André Carvalho, que acreditaram na ideia do livro e fizeram acontecer, com muito talento e elegância, através da minha já querida Jambô Editora.

Jurandir, Flávio, Terezinha, Jô, Rosemere, Bete, muito obrigado e vocês sabem porquê.

Aos queridos amigos que enviaram gentilmente as perguntas, me fazendo relembrar tanta estrada percorrida.

Por fim, agradeço ao público, meu aliado fiel há quarenta anos.